Oliveira Bastos
(coordenador)

Sarney: o outro lado da História

EDITORA
NOVA
FRONTEIRA

Editora Nova Fronteira
Rua Bambina, 25 – Botafogo – 22251-050
Rio de Janeiro – RJ – Brasil
Tel.: (21) 2537-8770 – Fax: (21) 2537-2659
http://www.novafronteira.com.br
e-mail: sac@novafronteira.com.br

Equipe de produção:
Leila Name
Regina Marques
Ana Carolina Merabet
Daniele Cajueiro
Izabel Aleixo
Marcio Araujo
Shahira Mahmud
Victoria Rabello

Revisão:
Cláudia Ajúz
Henrique Tarnapolski

Capa:
Victor Burton

Projeto gráfico e diagramação:
Eduardo Lages Bittencourt

Pesquisador:
Carlos Alberto Silva

Fotos:
Arquivo Orlando Brito
Arquivo Tribuna da Imprensa
Arquivo Jornal de Brasília
Arquivo pessoal José Sarney

CIP-Brasil. Catalogação-na-fonte
Sindicato Nacional dos Editores de Livros, RJ.

S256 Sarney: o outro lado da história / Saulo Ramos... [et. al.] ; Oliveira Bastos (coordenador).
– Rio de Janeiro : Nova Fronteira, 2001-07-31

ISBN 85-209-1201-X

1. Brasil – Política e governo – 1985-1990. I. Ramos, Saulo. II. Bastos, Oliveira.

CDD 320.981
CDU 32(81)

"Todo povo tem na sua evolução, vista à distância, um certo 'sentido'. Este se percebe não nos pormenores de sua história, mas no conjunto dos fatos e acontecimentos essenciais que a constituem num largo período de tempo. Quem observa aquele conjunto, desbastando-o do cipoal de incidentes secundários que o acompanham sempre e o fazem muitas vezes confuso e incompreensível, não deixará de perceber que ele se forma de uma linha mestra e ininterrupta de acontecimentos que se sucedem em ordem rigorosa e dirigida sempre numa determinada orientação. É isto que se deve, antes de mais nada, procurar quando se aborda a análise da história de um povo (...)"

Caio Prado Júnior

Sumário

Afinidades eletivas na arte de conciliar

Pautas Perdidas

Com exceção, talvez, de Arthur Bernardes, nenhum outro governante brasileiro teve sua imagem pública tão deformada e sua atuação administrativa tão distorcida, se não ignorada, quanto o ex-presidente José Sarney. No período em que ele permaneceu no governo (1985-1990) as correntes políticas que apoiaram o regime militar migraram para novas formações partidárias, o mesmo acontecendo com as forças que se opuseram à chamada Revolução de 1964. Era como numa festa de aniversário de crianças em que todos desejam chegar primeiro ao pudim, isto é, ao poder — o que tornou o ambiente político brasileiro de então extremamente egoísta e, de certo modo, dilacerado, menos por incompatibilidades ideológicas do que por estratégias partidárias e pessoais visando às primeiras eleições presidenciais. O PMDB, de onde saíram Tancredo e Sarney para o governo, transformou-se num ponto de fuga ou (se desejarem música popular) numa praça de dispersão, com mal dissimuladas aversões entre suas principais lideranças. Por exemplo: sem espaço para redefinir os quadros e os campos de atuação do partido, já que Ulysses ocupara todos os lugares destinados ao PMDB pelo governo e, mais tarde, sortearia as principais funções da Constituinte entre seus amigos de confiança, o grupo de centro-esquerda liderado por Covas e por Fernando Henrique Cardoso terminou formando outro partido, o PSDB, destinado mais a garantir uma legenda de oposição nítida a Sarney do que a afirmar discordâncias insuperáveis com o grupo de Ulysses — tanto que os quadros do novo partido se viram integrados por nomes que não eram, necessariamente, os mais progressistas do PMDB. O sucesso do plano Cruzado ainda seduziu alguns dissidentes, mas não adiou por muito tempo a formação do PSDB. O número excessivo e a intransigência dos candidatos a candidatos oposicionistas custou-lhes caro: na hora da eleição presidencial, o eleitorado só teve olhos para as novidades que eram Collor e Lula. Este, aliás, é um tema que a inteligência brasileira já deveria ter analisado: — por que os grandes líderes da oposição ao regime militar foram logo abandonados eleitoralmente pelo povo? Todo mundo sabe, mas se recusa a formular a verdadeira resposta. É que Ulysses, Covas, Pedro Simon e os outros que sobreviveram às cassações para resistir, aqui dentro, à ditadura, apesar do extraordinário papel histórico que desempenharam, eram expressões políticas menores, já que os verdadeiramente grandes (ou tidos como tal) morreram pelo caminho, tornado longo por estratégia consciente dos militares, ou se desgastaram no exílio. Ninguém, até hoje, pretendeu estudar a eleição de Collor como fruto do comportamento mesquinho e irracional das lideranças do PMDB durante os anos Sarney e como subproduto do medo irracional da burguesia brasileira, naqueles idos, de que o PT, de comportamento mais irracional ainda para a realidade brasileira de então, pudesse chegar ao poder. O PMDB, comprometido com o fracasso econômico do governo, cedeu suas bandeiras para Collor, e o PT, indiretamente, os milhões ou bilhões de dólares que transformaram essa eleição no melhor negócio, mas negócio mesmo, de todos os tempos.

Nesse quadro de profusa agitação de vaidades e ambições desvairadas, infladas pelos ventos de todas as liberdades públicas, o governo Sarney estava condenado ao limbo jornalístico de onde só conseguiu sair, por momentos, graças à estridência do Plano Cruzado e depois como pauta de gozação permanente. Ao dedicar-se, por consciência de missão, a apagar incêndios do presente e a construir pontes para o futuro, Sarney renunciou à gestação político-partidária do momento — como se não tivesse partido, nem candidato à sua sucessão. E de fato não os teve. Só lhe restava, portanto, para oferecer ao apetite da mídia a matéria-prima das gafes e dos fracassos setoriais. Ao contrário do *irrecuperável* diplomata, a mídia via de regra esconde o que é bom e só mostra o que é ruim. Durante o regime militar, e como forma de combatê-lo, criou-se (muito louvavelmente) o bordão de que jornalismo é oposição — o resto é propaganda. Derrubada a ditadura e com as liberdades públicas asseguradas, essa visão profissional deformada encontrou seu caminho num denuncismo desenfreado e grosseiro, de que o governo Sarney foi a primeira vítima. Uma vítima afável, que sempre se recusou ao duelo proposto, em nome de segurança para a liberdade de opinião.

Enquanto isso, o mundo assistia, bestificado, à implosão do império soviético, ao fim da guerra fria, à entronização do mercado como fator de estratégia política e econômica e à montagem da "aldeia global" do capitalismo financeiro impulsionado pela comunicação instantânea e interativa da informática. A forma como os manipuladores de opinião pública deformaram e desprezaram o comportamento e as iniciativas de Sarney revela que o país, mergulhado (pela ação de personagens medíocres) nos seus conflitos políticos superficiais, não estava preparado, mesmo nas suas elites mais brilhantes, para reagir com racionalidade às mudanças que os novos tempos exigiam. Neste particular é forçoso reconhecer que Fernando Collor foi o único político brasileiro a identificar alguns aspectos da globalização da economia e a propor mudança conseqüente de rumos. Na eleição que ele venceu todos os demais candidatos porfiavam para que o povo soubesse quem era mais de esquerda ou quem tinha mais e melhores propostas para ampliar a ação paternalista do Estado. No mínimo, uns desinformados.

Ora, como não havia mais guerra fria no mundo, Sarney buscou aproximação com a China, daí resultando (na área de produção e equipamento de satélites) a mais importante parceria internacional dos chineses, em nossos dias — pelo menos na avaliação deles. Como conseqüência do fim da bipolaridade internacional, teve Sarney a intuição de que era chegado o momento de acabar com as tensões no Cone Sul e iniciar a formação de um bloco latino-americano — o que o fez passar por cima de ressentimentos e suspeitas centenários e convidar argentinos e uruguaios a reverem suas posições em função de um diálogo sem reticências e sem restrições mentais. Criavam-se, ali, as bases concretas do Mercosul — que o futuro imediato confirmaria não apenas como a mais importante movimentação da diplomacia brasileira no século XX, mas também como pedra angular da nova visão estratégica montada em segredo (por falta de um verdadeiro jornalismo investigativo) por Sarney com a ajuda (isto é importante, gente) dos militares, o general Bayma Denys à frente, que achavam necessário e urgente repensar os destinos do país e de suas Forças Armadas à luz da nova realidade do fim da guerra fria, em cujo contexto nascera, evoluíra e se esvaziara o regime militar de 1964. Nada disso foi analisado com um mínimo de seriedade ou de profundidade. Preferiu-se o deboche, a galhofa, a manifestação selvagem de preconceitos mesquinhos (Sarney é nordestino e não era de esquerda radical — como, de resto, nunca foram os mais famosos formadores de opinião pública do nosso país, na atualidade, já que não se conhece nenhum deles (com exceção de Hélio Fernandes e do pessoal dos nanicos *Movimento* e *Pasquim*) que tenha, de fato, arriscado o pescoço — sequer a gravata).

Pior ainda aconteceu nos dois últimos anos de mandato (1988 e 1989), quando nada do que era proposto ou conscientemente executado em função da eliminação ou da redução de tensões sociais que pudessem comprometer o projeto político da travessia democrática, chegava ao nível da visibilidade jornalística ou, quando acontecia de chegar, era logo transformado em matéria de deboche. O caso do tratamento dispensado à nunca vista elevação da taxa de inflação que, no último ano de governo bateu na casa dos 60% ao mês, é típico. Era um fenômeno tão escandaloso que não tinha por onde não chamar a atenção. Qual a motivação, ou melhor, qual o conteúdo dessa política de governo que deixava a inflação escalar patamares nunca imaginados? O motivo mais forte estava na indexação dos salários. A tendência histórica das políticas de combate à inflação sempre repousou, entre nós, no sacrifício da massa salarial. Indexavam-se os juros, o câmbio, as moedas estrangeiras e toda a pletora de índices governamentais, menos o salário. Quando Sarney determinou a correção monetária mensal dos salários, até os economistas heterodoxos o condenaram. A inflação tornou-se tão galopante que acionou, imediatamente, a especulação financeira, com a caderneta de poupança e os depósitos em banco batendo recordes de rendimento — do que se aproveitaram, inclusive e confessadamente, prefeitos e governadores de Estados. O presidente dizia e repetia até a exaustão: "A economia é o provisório e pode ser resolvida depois, mas a democracia é a base de tudo e tem que ser implantada agora, em caráter definitivo." Não adiantava, ninguém ouvia. A taxa de inflação, olhada isoladamente, era de fato indecente, mas no contexto brasileiro e nas circunstâncias do governo Sarney tinha sua lógica política e, forçoso é confessar, sua função política. Foi essa inflação (irracional para os técnicos) que manteve a economia funcionando, com o nível de desemprego mais baixo até do que o registrado no auge do milagre econômico do regime militar — 3,6% para sermos exatos. Num de seus artigos na revista *Exame*, Mário Henrique Simonsen glosou o fenômeno, como era de seu estilo, mas abriu margem para uma dúvida galhofeira — a de que Sarney talvez estivesse criando o país sem moeda oficial. E esta era uma descrição rigorosamente correta. O Cruzado Novo transformara-se em moeda puramente salarial, passando tudo o mais na economia a se mover em função da ORTN, do dólar etc. É esta, pelo menos, a lição que o professor Antônio Dantas passa a seus alunos, do Brasil e dos Estados Unidos, quando aponta o abandono (por opção dos agentes econômicos) do Cruzado Novo pelas ORTNs nos contratos entre particulares, e mesmo no seio do governo, como uma antecipação da URV, a moeda que tornou possível o Plano Real. Mas nada disso foi percebido ou entendido pela mídia ou pela classe política. Quando Collor escolheu a inflação como o principal tema de sua campanha no primeiro turno, ele falava como um monetarista ortodoxo e, ao mesmo tempo, como um farsante completo já que definira o confisco da poupança popular para nocautear a especulação financeira e sabia que a eliminação da correção monetária mensal dos salários forçaria rapidamente a inflação a encontrar seus níveis históricos. Só que, com essas medidas e, sobretudo, com a abertura abrupta do mercado interno aos investimentos e produtos estrangeiros, começava o calvário do povo brasileiro no rumo do desemprego e da desnacionalização da economia que dura até hoje. Mas esta já é outra história.

Não estou propondo, aqui, nenhuma versão *ad hoc* de uma teoria conspiratória do jornalismo brasileiro. Além do notório engajamento do nosso jornalismo político (mania de criar fatos e liderar acontecimentos), muitos foram os fatores que contribuíram, e com mais intensidade, para a ofuscação de Sarney e de seu governo aos olhos da opinião pública daquele momento. Em primeiro lugar, o cenário não estava pronto, nem fora construído para a eleição indireta e muito menos para a posse de Sarney. O povo, que apoiara o regime militar nos seus primeiros dez anos de sucesso administrativo e de desenvolvimento econômico, demonstrou nas praças públicas que estava farto da prepotência e, no fim, da incompetência do regime, reveladas nos atos institucionais gratuitos (pacotões), na volta da inflação, na anomia administrativa e nas contradições internas da base política do regime. Sarney, ao assumir a Presidência, foi vítima de uma dupla decepção popular — provocada em quem queria um presidente eleito diretamente e que sublimara essa exigência na aceitação de Tancredo Neves como legítimo representante das oposições. Ao ser colocado no lugar de Tancredo, em momento trágico, Sarney estava destinado a ser rejeitado e ver sua imagem deformada até o limite do ridículo, como se fosse o instrumento de uma farsa armada pelo destino. Não se tratava de nenhum despreparado, de nenhum adventício, como destaca o sociólogo Vamireh Chacon. Muito pelo contrário. Ele havia derrubado pelo voto popular uma oligarquia, das mais truculentas, a de Vitorino Freire, em seu estado. E havia liderado verdadeira revolução administrativa no Maranhão, antes de chegar a Brasília como senador e tornar-se importante articulador político a serviço da distensão. Essa deformação da imagem pública de Sarney deve-se, portanto, a um fenômeno coletivo de purgação, no objeto errado, de uma espécie de impotência política. Sejamos francos. O regime militar não foi deposto, nem vencido pelas oposições. Mesmo no fim, quando lhe faltou o apoio popular e as circunstâncias históricas haviam esvaziado o projeto do "Brasil — grande potência mundial", o regime não teve oposição com capacidade para articular um verdadeiro confronto. Houve muita mímica de oposição depois que as heróicas, mas ensandecidas, tentativas de luta armada foram massacradas pelo Exército. Mímica, nada mais que mímica. Coube, então, ao próprio regime ditar, com oito anos de antecedência, as normas de sua retirada, normas que foram aceitas pela oposição e das quais alguns de seus líderes (é vergonhoso mas necessário dizer isto) tentaram até se aproveitar. Ulysses teria aceito prazerosamente a eleição pelo Colégio Eleitoral ampliado com senadores biônicos e só não foi o candidato das oposições porque Franco Montoro, então governador de São Paulo, não o apoiou. Pior fez Brizola, propondo a prorrogação do mandato de Figueiredo em troca da realização de eleição direta na data que lhe convinha. Na imprensa, especialmente, era visível a violência da covardia de quem sabia que não tinha revelado tanta coragem no enfrentamento com o regime militar. Mesmo por trás da barricada de linhas impressas, os bravos rapazes da imprensa gostariam de ter contribuído com algum gesto de mais contundente rebeldia revolucionária contra a ditadura. Como nada disso podiam exibir em seus currículos, voltavam-se para o passado imediato de Sarney (e não para todo o passado) e o atacavam pelo que nele pudesse restar de nostalgia dos governos discricionários. Mas não restava nada. Quem obteve mais de 74% de votos de seu povo na última eleição para o Senado, não precisava de regime nenhum de exceção para continuar sua carreira política, que já dura mais de quarenta anos com ininterrupta sucessão de mandatos eletivos. Ele, aliás, nunca se beneficiou de nenhuma eleição indireta; nem ele nem seus filhos — que sempre tiveram como norma só concorrer a eleições populares diretas. Ironicamente, a primeira eleição indireta que Sarney disputou, como candidato a vice-presidente na chapa de Tancredo Neves, foi a convite da oposição, então encarnada pelo PMDB.

Essa deformação de imagem, aliás, teve dois momentos contraditórios e igualmente indevidos. O primeiro ocorreu logo após o lançamento do Plano Cruzado, no início de 1966, que elevou a popularidade do presidente a índices superiores a 80%. Quase uma unanimidade nacional. Uma semana antes, contudo, a revista *Veja* o tratava como "Sarney, o desastrado", o articulista Fernando Pedreira pintava-o como um caipira caipora; Paulo Francis o via como "um autômato ligado a uma tomada prestes a explodir" e isto tudo a exatos três dias do anúncio do Cruzado. E olhem que esses eram os mais delicados epítetos deferidos ao presidente. O Plano Cruzado, contudo, em seus primeiros cinco meses, conseguiu realizar a utopia da descoberta de uma "realidade" que adormecia escondida, embora sempre suspeitada, nas dobras da democracia negada pelo regime militar. A realidade do quase pleno emprego, do crédito fácil, do consumo ampliado e, sobretudo, da moeda estável. O presidente desastrado, provinciano, caipira, indeciso e manipulado pela cúpula do PMDB passou, subitamente, a ser o estadista que o país reclamava e que as circunstâncias se incumbiram de descobrir.

Não havia o menor conteúdo crítico na nova posição da imprensa e da classe política face ao fenômeno do congelamento dos preços e da mobilização do povo. O choro convulsivo da economista Maria da Conceição Tavares diante das câmeras de televisão passou a ser o logotipo do milagre e Sarney o novo profeta desta terra santa onde todos podiam se servir do maná da promissão democrática. Dentro do governo, o ambiente era de tensão e de dúvidas, como revela o economista João Sayad no Capítulo 5 deste livro. Fora do governo, com exceção de alguns poucos que se opunham ao plano por motivos esdrúxulos (o caso de Brizola, por exemplo, alegando — como sempre — a questão das perdas internacionais), reinava a perplexidade mais feliz e mais acrítica do planeta. Mesmo quando começou o processo de desabastecimento por excesso de demanda e por remuneração negativa da produção, discutia-se nos sítios mais bem informados do mundo universitário a conveniência das mudanças e sua oportunidade. Nunca a responsabilidade técnica do Plano. Olhando numa perspectiva de quinze anos depois, o economista João Sayad — que viveu todos os momentos da montagem, da adoção e da autodestruição do Cruzado — é categórico: aquilo (o Plano) nunca poderia ter dado certo. E não poderia dar certo porque faltavam, na ocasião, instrumentos teóricos e base de experiência comprovada dos resultados de tal iniciativa — instrumentos teóricos e base experimental que só o Cruzado é que viria fornecer, quatro anos depois, ao Plano Real. É por esse motivo que, a partir de seu lançamento, o Cruzado passou a ser administrado não mais pela ciência dos economistas, como mostra João Sayad neste livro, mas pelo instinto político do presidente — tanto para o acerto como para o erro. E Sarney tinha razão para assumir, por suas implicações políticas, o comando do Plano Cruzado. O economista Antônio Dantas, em seu estudo "Economia Brasileira: 1985-1989" foi quem melhor percebeu o imperativo político de uma mudança de rumos na economia ditada pelas expectativas da população depois da derrubada do regime militar. Diz ele: "Os economistas foram cruéis ao sugerirem medidas inovadoras do ponto de vista técnico, mas duvidosas do ponto de vista teórico e sem comprovação histórica de sua eficácia." O presidente agarrou-se a essa sugestão, afirma Dantas, porque vivia num vácuo político e precisava dar conteúdo concreto à secreta esperança popular de que as dificuldades econômicas eram conseqüência da falta de liberdade política e do excesso de ingerência do governo central. Embora amigo de Roberto Campos, de Mário Henrique Simonsen e do próprio Dornelles — Sarney imaginou que o verdadeiro conteúdo das novas expectativas de política econômica estaria em São Paulo com as lideranças políticas que se opuseram, com a veemência de quem sabe que enfrenta economistas desarmados, ao desenvolvimentismo monetarista do regime anterior. Afinal, as multidões que acorreram às praças públicas pelas "Diretas-Já" e a rápida aceitação do nome de Tancredo Neves indicavam que o país reclamava não apenas o fim de arbítrio político, mas mudanças profundas na orientação econômica com ênfase maior na questão social. Nos tempos do "milagre econômico", com a inflação em baixa, os recordes de crescimento mantinham a economia aquecida e as esperanças de melhores dias, acesas. Agora, contudo, o regime não operava mais nenhum milagre, vivia acossado pelo FMI, deixara a inflação ultrapassar a casa dos 230% ao ano, e não tinha mais a iniciativa das ações políticas. Um político com a experiência e a sensibilidade de Sarney tinha que sentir, necessariamente, para onde sopravam os ventos. Além do mais, as diretrizes da ação econômica de Dornelles (sobrinho de Tancredo), porque dolorosas, exigiam respaldo político, justamente o que faltava ao presidente, naquela circunstância. Este foi o sentido da convocação de Funaro.

Aqui cabe um comentário para destruir uma outra lenda: a de que Sarney era um pau-mandado de Ulysses. Os idiotas da objetividade (Nélson Rodrigues), que a inventaram, nunca perceberam que o presidente só aceitava (na verdade, solicitava) de Ulysses e seus companheiros indicações ou vetos para a área econômica e nunca para qualquer outro setor do governo. Daí a impressão de que Sarney era um fantoche nas mãos de Ulysses quando, na verdade, nada entediava mais o presidente do PMDB do que o trato de questões administrativas e, sobretudo, econômicas. O mundo de Ulysses era o da articulação política e partidária. Ele era um líder de líderes parlamentares e nunca um chefe de seita ou um comandante de tropas numa operação de salvamento. A mesquinharia dos detalhes lhe dava sono e descompensava o seu metabolismo. Só lhe interessava operar onde houvesse visibilidade jornalística. De uma grandeza moral sem fissuras ele foi, inegavelmente, o maior e o mais brilhante promotor de eventos políticos de impacto, com exceção de Carlos Lacerda e de Leonel Brizola. Mas só aceitava um cliente: ele próprio. E não tinha paciência para qualquer coisa que não resultasse numa boa e imediata fofoca política para os jornais. Ulysses, por exemplo, recusou-se a permanecer numa reunião convocada especialmente para lhe dar ciência do Plano Cruzado, poucos dias antes de sua adoção. Como quem diz "afastem de mim esse cálice", Ulysses levantou-se de um salto, gritando ao se retirar: "Não me falem nada... eu não quero saber de nada... eu não ouvi nada". Quem conta o episódio, neste livro, é João Sayad, testemunha ocular de todo o Plano Cruzado — já que com ele trabalhavam, no Ministério do Planejamento, Pérsio Arida e Lara Resende.

Do Plano Cruzado é justo dizer-se, portanto, que nunca poderia ter dado certo (Sayad), mas, também, que nunca poderia deixar de ser tentado (Dantas) e, retrospectivamente, que ele constituiu o verdadeiro campo de provas do Real, sem o qual este teria sido tão temerário quanto o Cruzado. Já na área política, suas conseqüências foram fantásticas: em primeiro lugar, sua popularidade deu legitimidade ao mandato presidencial de Sarney e ofereceu ao PMDB a quase unanimidade dos governos estaduais (passou de nove, eleitos em 1982, para dezenove, eleitos em 1986), além de maioria folgada no Congresso para fazer a Constituição que desejasse. Do ponto de vista da pura transição institucional estes dois ganhos de capital político (do governo e do partido majoritário na Constituinte) foram de definitiva importância para o país. Daí por diante, e mesmo depois de evidenciada a inviabilidade econômica do plano, passou-se a discutir (erradamente, já veremos) a duração do mandato do presidente e não mais o seu fundamento como uma fraude do destino — que negara ao país a eleição direta e matara Tancredo para que ele não tomasse posse.

O caso da duração do mandato presidencial é um exemplo típico da obnubilação militante que, não raro, associa políticos espertos a jornalistas nem tanto. Mal se instalara a Constituinte e a primeira pauta jornalística por ela inspirada foi justamente a da duração do mandato de Sarney, que a cúpula do PMDB — já olhando o crescente desacerto da política econômica e seus reflexos políticos — queria fixar em quatro anos para se ver livre dele e de sua previsível impopularidade. Não foi assim, contudo, que a questão foi passada à opinião pública. Para a grande maioria dos veículos de comunicação, Sarney lutou com todas as armas para obter mais um ano de mandato. Como a Constituinte era formada, em sua maioria, por opositores do presidente (o Centrão só se manifestava em questões de interesses corporativos) a aprovação dos cinco anos de mandato teria que ser interpretada como uma capitulação da Constituinte. Não foi. O que ocorreu, de fato —, e Saulo Ramos explica esse lance muito bem no capítulo que escreveu para este livro, é que a origem do mandato de Sarney era a mesma da Constituinte, prevista no pacote de abril de 1977 e que passara o mandato presidencial (a começar pelo de Figueiredo) para seis anos de duração. Sarney aceitava *a redução* para cinco anos, mas não para quatro, como queria Ulysses Guimarães, acolitado pela cúpula do PMDB. É que Ulysses sonhava com uma providencial coincidência que faria (imaginava ele) a sua fortuna política: a da aprovação da nova Constituição com o início da campanha presidencial. Queria sair do palanque da Constituinte diretamente para o palanque eleitoral — o que ocorreria em outubro de 1988 se o mandato de Sarney fosse fixado em quatro anos de duração. Um anjo torto, desses que se escondem na sombra, como o de Drummond, lhe dizia baixinho que ele jamais seria presidente da República se a eleição só viesse em 1989. Três anos antes, em 1984, Leonel Brizola pretendeu convencer o país que seria vantajoso dar um ano a mais de mandato a Figueiredo (que cumpriria, assim, sete anos) em troca da realização de eleição presidencial direta. O que Brizola queria, de fato, era sair do palanque do governo fluminense diretamente para o palanque da eleição presidencial. E o que, em momentos diferentes, Ulysses e Brizola tentaram, era uma violência política — ao passo que Sarney aceitava reduzir o seu mandato, mas nem tanto. Para chegar aos cinco anos, foi necessário apenas que

Saulo Ramos mostrasse às principais lideranças partidárias da Constituinte que um recurso ao Supremo (já consultado, informalmente, através da opinião da maioria de seus ministros) garantiria os seis anos que o pacote de abril (1977) destinara, não ao mandato de Sarney, mas a quem o regime acreditava que seria eleito pelo Colégio Eleitoral submisso ao sistema — e que haveria de concluir, mais lentamente ainda, a transição gradual sonhada por Geisel e Golbery. A visão jornalística da época, no entanto, entronizou a versão de que Sarney sacrificara tudo, inclusive a decência administrativa, para ganhar mais um ano de mandato. A imprensa dita investigativa nunca investigou o tema, o que permitiu ao jornalismo opinativo que opinasse, inopinadamente, e muito, contra a atitude falsamente atribuída a Sarney. "Amor de pauta é pior que amor de puta" — costumava dizer o meu saudoso companheiro de redação Heráclio Salles quando se deparava com algum assunto improvável tomando conta da cabeça de algum repórter inviável. Pois essa história, inverossímil, da "conquista" inescrupulosa de mais um ano de mandato é uma puta paixão de pauta, e nada mais.

Este livro já estava com a maioria de seus capítulos escrita e com seu projeto editorial provavelmente abandonado quando aceitei, por sugestão do professor Vamireh Chacon — acossado por inúmeros compromissos acadêmicos no exterior — coordenar a parte final de preparação de seus textos. São, na sua maioria, depoimentos de personalidades que participaram do governo Sarney e que, em comum, revelam a surpresa de terem vivido uma realidade cuja versão pública não coincide com o que sabem dos fatos. Achei que era necessário, para complementá-los, uma entrevista exclusiva do ex-presidente — no que contei com a ajuda do historiador maranhense Benedito Buzar. Trata-se de documento para a História contra a história até aqui contada.

Cabe ainda uma palavra sobre o texto do economista Antônio Dantas, da UnB e professor visitante de duas universidades americanas, que desenvolve trabalho sobre Sarney como o último presidente nacionalista. É dele a observação de que o Cruzado Novo era moeda levada em conta apenas para cálculo de salários, reajustado mensalmente. O mercado e o próprio governo faziam seus cálculos em dólares, em ORTNs etc. Outra observação dele: a de que Sarney fez o único governo durante o qual a dívida externa não aumentou; pelo contrário, diminuiu.

Entendi que, de certo modo, todos estes textos apontam para a fragilidade de certo jornalismo que praticamos, sequioso de escândalos, displicente quanto à veracidade da informação e irresponsável como arma de crítica e de deboche Quando começou o desabastecimento nas grandes cidades, alguém do governo teve a idéia de caçar e prender os bois no campo. Era uma *boutade*, logo tratada como decisão de governo e fonte de hilaridade nacional. O lado sério da questão — que os invernistas estavam, de fato, escondendo os bois – só foi comprovado em 1989, quando o reajuste mensal dos salários e o vale-refeição aumentaram em 16% o consumo de carne em plena entressafra e o produto nunca faltou. O boi sumira e reaparecera por uma questão de preços. Já o tratamento sério da questão nunca mais fez o caminho de volta. Ficou pastando nas imensas planícies redacionais.

O que este livro pretende, e aqui confessa, é servir de tributo, com espírito crítico, a um momento especial da vida política brasileira em que, sob o tumulto e a algazarra dos néscios, alguns homens de boa vontade, motivados menos pela ambição do que pelo escárnio e, mesmo sabendo que não recebe-riam aplausos fáceis nem manchetes laudatórias, se esforçaram por fazer o melhor que podiam pela democracia em nosso país. Nestas condições, o mais surpreendente é que conseguiram. Com a ajuda dos militares, criou-se uma nova visão estratégica do país, em substituição à que vigorou durante a guerra fria; criou-se o conjunto de premissas para o Mercosul; deu-se integral liberda-de para a formulação de uma nova Constituição; garantiu-se, pela primeira vez em nossa História, o poder aquisitivo dos assalariados pela correção monetária mensal dos salários; encerrou-se um capítulo ridículo da secular idéia de expansionismo territorial do Brasil no Cone Sul que, desde o início do Império envenenou nossas relações com a Argentina, o Uruguai e o Paraguai; criou-se o campo experimental indispensável ao sucesso do Plano Real; garantiu-se toda a liberdade possível ao movimento sindical, com a marca recorde de 12.600 greves sem nenhum conflito policial e sem nenhuma interferência dos órgãos de segurança; aliás, vale notar que, nesse período, não houve nenhum dia — isso mesmo, nenhum dia — de prontidão militar e nunca as Forças Armadas foram convocadas para garantir qualquer propriedade da família do presiden-te; nesse mesmo período criou-se o vale-transporte, o vale-refeição e outras medidas alternativas de grande alcance social; projetou-se e deu-se início à ferrovia Norte-Sul, ridicularizada por todos os lados, mas que de tão impor-tante, terá seu projeto financiado pela iniciativa privada com a criação da maior e mais nova fronteira agrícola do mundo, sem dizer que será a estrada da ver-dadeira integração nacional; foi, finalmente, nesse período que se realizou amais democrática e a mais livre eleição presidencial já vista neste país — a única em que o governo não tinha candidato nem preferências; a primeira em que um ex-operário foi apresentado como candidato à Presidência da República e obteve 48,8% dos votos válidos.

Nesse período foi reconstruída — e, sobretudo, diuturnamente praticada — a democracia que hoje vivemos. Não se trata, portanto, de pedir respeito a Sarney ou a quem quer que seja.

Mas, rigorosamente, aos fatos.

Oliveira Bastos

"Fiz a travessia
com os militares,
e não contra
os militares."

Desafios do Poder

*José Sarney**

O que é a Presidência?

É um lugar perigoso. Governar importa grandes riscos. Na Presidência, não se administram obras; formulam-se políticas públicas. É um cargo que tem o poder de expulsar quem não tem estrutura para exercê-lo. Estrutura não como sinônimo de conhecimento, mas como capacidade para nele permanecer. Reclama um lastro de experiência, comando, paciência, coragem para decidir e para não decidir e, ainda, noção de tempo. Conjugam-se virtudes e defeitos, opostos e em alternância, sem falar na necessidade de ter saúde. O cargo expele de várias formas: pela renúncia, pela falência física, pela deposição, pelo *impeachment*, pelo suicídio. A História do Brasil é bem sortida de exemplos. Dom Pedro I, com a abdicação; Deodoro e Jânio, com a renúncia; Washington

* *Entrevista concedida em janeiro de 2001 a Benedito Buzar.*

Luís, Café Filho e João Goulart, com a deposição; Getúlio, com o suicídio; Costa e Silva, com o derrame; Collor, com o *impeachment*. A responsabilidade perante a história é intransferível. É a velha constatação de que o fracasso não se divide.

Getúlio entre os despreparados?

No seu primeiro mandato, Getúlio administrou a Presidência com maestria, criou um estilo. Ele tinha uma noção de poder como ninguém teve na História do Brasil. Para ele, o poder era o governo, era o centro e a única meta do político. Sua formação era caudilhesca. Correligionário de Júlio de Castilhos, que governou o Rio Grande por trinta anos, Getúlio o tinha como seu paradigma. Com essa formação e visão, manteve-se no poder durante 15 anos. Mas quando voltou, em 1950, foi incapaz de lidar com os militares reciclados com os ideais da Segunda Guerra Mundial e com os quais implantou a ditadura.

Acossado por uma crise como as que ele tanto soubera diluir, só encontrou o caminho da saída na morte, último e desesperado gesto de sobrevivência política. Ele mesmo confessa: "Saio da vida para entrar na História." Reconhecia, assim, que não estava na História. Com a morte, entraria nela. E entrou. Salvou-se, pois se não fosse o suicídio Getúlio passaria como um ditador esperto que, eleito democraticamente, tinha fracassado e caído num mar de lama. Seria um fim melancólico. A tragédia, contudo, sempre deifica os políticos. Foi assim com Júlio César, Lincoln, Kennedy.

O senhor teve que testar seus limites?

Cinco presidentes, no Brasil, assumiram marcados para não terminar seus mandatos: Bernardes, Café, Juscelino, Jango e eu.

Por quê?

Bernardes, pela contestação militar expressa nas revoltas de 1922 e 1924, governou o tempo todo em estado de sítio, com mão de ferro. Juscelino, acossado por setores expressivos das Forças Armadas e pela reação política organizada da UDN e outras forças que não se conformavam com o 11 de Novembro. O cadáver de Vargas, que ajudou a elegê-lo, era também uma fonte de cobranças por setores políticos e militares que queriam a revanche, que afinal chegou em 1964. Com a ajuda de Tancredo, Juscelino cooptou o Lott e o

Denys. Em seguida fez como d. João VI ante a ameaça das tropas de Napoleão. Um fugiu para o Brasil, o outro para Brasília. Se não tivesse saído para a aventura da nova capital e criado a mística do desenvolvimentismo, teria sido deposto. Ele mesmo declarou que a maior obra de seu governo foi conseguir que o país não tivesse tido uma interrupção sequer no processo democrático. Ele soube administrar as revoltas de Aragarças e Jacareacanga e o fogo retórico da UDN. Café e Jango confirmaram as hipóteses.

E o senhor?

Eu tinha tudo para não terminar o mandato. Aliás, eu não tinha condições de começar. Era um vice-presidente fraco, que não participara das escolhas do governo nem fora consultado, alguns setores das Forças Armadas, fiéis ao presidente Figueiredo, com os generais promovidos no esquema da Revolução, olhavam-me com muitas reservas. Todo o esquema das forças políticas me era hostil. Eu vinha de uma facção que não estava constituída em partido, era um grupo difuso, pertenço a um estado pequeno, sem grupos econômicos, de uma região vítima de preconceitos (retirantes, bóias-frias etc.), toda a mídia contra mim e a opinião pública me vendo como um homem do antigo regime, que aderira a Tancredo por motivos de sobrevivência política. Qualquer passo em falso e eu estaria perdido.

Mas houve unanimidade para que o senhor assumisse. Não houve contestação.

Várias reuniões e articulações foram feitas para evitar minha posse. Assumi, porque o preço do meu afastamento poderia ter um custo imprevisível. O poder podia voltar aos militares. Havíamos feito um excelente trabalho de aproximação política com um importante setor militar. Na semana anterior à posse, todo o comando das tropas já estava nas mãos do Leônidas e de seus homens. Por outro lado, o clima de nervosismo, o medo da volta dos militares e os riscos do vazio, fizeram com que me aceitassem. A minha presença, naquele instante, era uma garantia legal de normalidade para os militares que nos apoiavam e para as correntes políticas de oposição que chegavam ao poder. Mas eu não me iludia. Conhecia bem o caldeirão que fervia sob meus pés. Devemos dividir esse período em duas etapas: a doença de Tancredo e a morte de Tancredo. Sou realista. Se, naquele primeiro momento, alguém soubesse que Tancredo ia morrer, eu não teria sido empossado. Na segunda etapa, depois da morte de Tancredo, a situação já era diferente. Para qualquer outra solução, seria preciso a deposição e, para isso, as forças políticas não contavam com as Forças Armadas. A partir desse instante, construí minha estratégia. Eu não queria entrar na História do Brasil como mais um presidente incapaz de exercer o poder e ser responsável por um retrocesso institucional. Era imperioso ganhar tempo e arregimentar alianças. Eu mesmo comecei a pensar numa saída que não comprometesse a transição. Recuei, porque o preço a pagar seria grande para o país e para a democracia. Naquele instante, as Forças Armadas eram a única instituição capaz de exibir uma posição de força. Só elas têm planos estruturados para uma emergência de crise. As Forças Armadas sempre têm programas para evitar o caos. Naquele momento, elas ainda eram as fiadoras do processo político. Afinal, todos estávamos ali cumprindo um calendário de distensão política feito pelas Forças Armadas, pelas mãos do Golbery, do Geisel e do Figueiredo.

Um retrocesso, àquela altura, seria quase impossível...

As forças políticas estavam muito divididas e, a meu lado, somente a facção que vinha da dissidência do PDS. O PMDB tinha a ala do Ulysses, do Tancredo, o grupo autêntico e todos os partidos de esquerda que estavam aglutinados em sua legenda, inclusive os movimentos egressos da clandestinidade, como o MR-8, Vanguarda, PCB, PC do B, Política Operária e muitos outros. Eu não tinha sustentação própria — nem política, nem administrativa. Todo o governo foi montado por Tancredo ouvindo essas forças. Acabou saindo uma composição que somente ele sabia como iria se comportar e até quando funcionaria. Mais que um Ministério, era um rito de passagem. A nomeação de Dornelles para o Ministério da Fazenda, dava a entender que ele seria o próprio ministro, cuja formação era pela ortodoxia no combate à inflação que havia disparado no governo Figueiredo. Mas como Tancredo não era de dar murro em ponta de faca, estou certo de que ele não assumiria o risco de provocar uma recessão econômica e levar a população a sentir saudades da época dos "milagres". Eu mantive o ministério do Tancredo e cumpri os seus compromissos, a sua orientação, o que acreditei ser a sua inspiração. A única nomeação que fiz, de livre escolha, foi a do meu secretário particular, Jorge Murad, para ter uma pessoa de minha absoluta confiança no gabinete. Os outros auxiliares nem sequer conheci anteriormente, embora viesse a ter grandes e agradáveis surpresas no trabalho com eles.

Mas a impressão era a de que todos ficaram de seu lado.

Eu tive de conquistar auxiliares, de estabelecer vínculos de trabalho. num esforço pessoal e numa obra de catequese política que só foi possível com muita humildade e graças ao meu temperamento. Logo depois da morte de Tancredo, e ao contrário do que podia parecer, eu avaliei muito bem as minhas deficiências e as dificuldades de minha circunstância. Eu não tinha legitimidade política e não podia tomar nenhuma decisão que importasse contrariar interesses de qualquer destes grupos confederados que constituíam o governo. Se o fizesse, surgiria o temível impasse. Nessa fase, amparei-me muito no Ulysses Guimarães. Ele era o ícone da resistência. Eu estava, na verdade, condenado à fragilidade. Mas não estava condenado a aceitar a fragilidade. Naquele momento, é certo, não havia outra opção senão a de assumir a minha fraqueza para conduzir o país naquela terrível travessia. Ser fraco era o preço para tornar-me cada vez menos fraco. Até poder traçar um plano realista de legitimação, sem o qual inevitavelmente eu seria expelido do cargo, colocando o país numa terrível encruzilhada. O primeiro passo consistia, obviamente, em buscar apoio nas Forças Armadas. O general Leônidas foi muito importante nessa fase, e socorri-me de nossa velha amizade. Conheci-o tenente-coronel, no gabincte de Jânio Quadros. Sempre nos relacionamos bem. Fui um dos que articularam, juntamente com José Richa e Afonso Camargo, sua aproximação com Tancredo. Havia mais de um ano que me reunia com Leônidas, na Academia de Tênis, secretamente, mensalmente, toda vez que ele vinha a Brasília para as reuniões do Alto Comando, acompanhando a versão militar da situação política. No governo, de saída, estabeleci as diretrizes que guiariam minha ação na área militar e que consistiam, basicamente, em dois pontos inegociáveis: "A transição será feita com as Forças Armadas, e não contra elas. Não admitir revanchismo. Se o comandante-em-chefe sou eu, é meu dever zelar pelos comandados."

Aí chamei Ulysses para conversar e lhe disse: "Nessa área, eu não posso ceder nem aceitar nenhuma interferência. E sem essa definição, Ulysses, nós não caminharemos e poderemos entrar num caminho sem saída e sem volta."

Ulysses queria algumas ações públicas que mostrassem ao povo a intenção do governo de uma restrição aos militares. Um caso concreto foi a cabeça do coronel Ulstra, Adido no Uruguai. Seria um balão de efeito para a opinião pública e um argumento para aplacar os radicais. "Essa é uma área, disse a Ulysses, em que não se pode fazer de conta. A nova estrutura de convivência com os militares se tornará explícita por todos os meios, sem bazófias ou provocações." Chegaria um momento — e era fácil prever — em que as novas lideranças militares isolariam os radicais do passado. E nós já havíamos caminhado muito, construindo uma ponte sólida nas Forças Armadas com o grupo que nos apoiara. Deveríamos, isto sim, fortalecer o Leônidas e o almirante Sabóia, que só conheci no governo, um extraordinário chefe militar e homem público, deixando que eles conduzissem as reversões de expectativas. Na Aeronáutica, contávamos com a lealdade e o comando do Moreira Lima e do Murilo Santos. Ou seja, já tínhamos ao nosso lado as melhores pontes.

E o Ulysses?

Ele teve uma reação altamente responsável. Fustigando-lhe as costelas ele tinha um monte de radicais, os exaltados de sempre, pregando o confronto, ação contra os militares, o rompimento com o governo, mas Ulysses compreendeu a situação e habilmente repeliu as pressões que sofria. Pelo menos naquele momento. Começou a colaborar com essa estratégia e tornou-se grande amigo do general Ivan, com quem passou a conversar permanentemente. Esse foi um momento decisivo no processo de profissionalização e abandono do militarismo que é, teórica e efetivamente, a agregação de poder político ao poder militar. Os próprios militares desejavam isso. Os que estavam na tropa, e eram a maioria, sofriam com o sucateamento dos quartéis e sua utilização por um grupo de militares que exerciam o poder. Eu mesmo fui surpreendido pelo estado de abandono das Forças Armadas, sem condições de trabalho. Não podíamos falar em profissionalização e volta aos quartéis sem que tivessem condições de exercerem suas atividades. Assim, considerei prioritários o aparelhamento e a modernização das três Forças e dei meios para que voltassem a ter condições de trabalho verdadeiramente profissional. Paralelamente, iniciamos a definição de uma nova visão estratégica do país e das Forças Armadas, o que se impunha depois da volta à legalidade democrática. Essa foi obra silenciosa e profunda, que mostra o nível de responsabilidade do trabalho conjunto do meu governo com as Forças Armadas, cabendo aqui menção especial ao general Bayma Denys que, ao meu lado, na Casa Militar, foi o meu assessor cotidiano, não só nessa, como em outras importantes áreas. (*Ver na parte de documentos ao final do livro os textos cedidos pelo general Bayma Denys e que fazem parte de seu arquivo pessoal.*)

Presidente, durante o seu governo, o senhor parecia empenhado em passar a imagem de que o fundamental, naquela ocasião, era criar alicerces firmes para a Democracia e que a Economia poderia ter seus problemas resolvidos depois...

Isso só é verdade no que diz respeito à inflação. Veja bem, o Brasil não era mais uma ditadura, porém estava longe de garantir o pleno exercício da democracia. O mundo estava cheio de exemplos de transições políticas traumáticas, como em Portugal e na Grécia, para não me referir aos sucessivos abortos institucionais na América Latina. Os próprios processos argentino, chileno e uruguaio preocupavam. Não era possível resolver tudo ao mesmo tempo. O Tancredo tinha um projeto cauteloso de transição. Mas ele chegava ao poder com um cacife político extraordinário, uma verdadeira federação de anseios populares. Podia, portanto, estabelecer prioridades tanto na política como na economia. Eu, não. Eu chegava desamparado à Presidência, numa verdadeira armadilha do destino. Havia uma diferença enorme de circunstâncias. O Tancredo, por exemplo, achava que a legalização do Partido Comunista deveria ser resolvida pela Justiça — o que demandaria algum tempo. Ele provavelmente não convocaria a Constituinte imediatamente. E mais: tenho certeza de que ele iria cozinhar a questão econômica, até que amadurecessem as searas partidárias e militares. Tancredo era um mestre do tempo, da administração do tempo político. A sua genialidade pode ser observada na forma como, igual a Nabuco, viveu durante os dez primeiros anos do regime militar uma absoluta viuvez e, depois, como se expôs a todos os riscos para colocar-se, vertiginosamente, à dianteira de uma solução negociada para a transição do regime. A própria maneira como ele aceitou e agradecia nossa ajuda para aproximá-lo dos setores mais profissionais das Forças Armadas, mostra como ele estava muitos degraus acima das outras lideranças das oposições. Ulysses, por exemplo, só muito mais tarde compreendeu e aceitou a importância dessa aproximação. Esse período da vida institucional do país e da vida pessoal de Tancredo merece uma cátedra em todos os nossos cursos de ciência política, tal a profundidade, a inteligência e a versatilidade da sua atuação política. O poder não é uma dádiva para os pobres de espírito. Aliás, essa é a primeira e a mais importante lição de Maquiavel. As outras lições consistem apenas em mostrar como usar a inteligência, mesmo desacompanhada de escrúpulos, para conquistar e manter o poder. Mas de Maquiavel posso assegurar que não aprendi nada, a não ser a convicção de que é preferível ser amado e não temido.

Mas o senhor ia dizendo que nada disso correspondia à sua circunstância?

Para legitimar o meu governo, eu não podia recorrer nem ao PDS que ficou com Maluf, nem tinha apoio dos partidos que fizeram oposição ao regime militar. Eu tinha que buscar um caminho próprio que me levasse diretamente à opinião pública. Mostrar que eu tinha intenção e estrutura para comandar a transição. Eu resolvi, então, fazer uma abertura. Correr o risco de ampliar espaços e estabelecer uma sociedade em condições de retomar a prática da liberdade em todas as dimensões de seu cotidiano. É claro que essa decisão tinha seus custos: 12 mil greves, imprensa com total independência e sequiosa de testar seus limites que, como se viu, eram ilimitados. Legalizei logo o Partido Comunista e convoquei a Constituinte unicameral. O objetivo era claro: romper os bolsões de pressão, criar espaços onde a energia para a contestação fosse liberada. Era o caminho da minha legitimação. Quem melhor compreendeu essa estratégia foi o PT, que aproveitou esses espaços para se consolidar. Enquanto os partidos de talhe tradicional disputavam posições de governo em vez de apoiá-lo em um programa e pacto para a transição.

Restava o desafio da economia. Se ela entrasse em colapso, tudo estaria perdido. É impossível qualquer abertura, a efervescência da abertura, com recessão. E era essa a fórmula do sucesso que me sugeriam. Eu teria apoio internacional e a boa vontade das classes dirigentes. Não mordi a isca. Saí à cata de uma solução para a inflação, que já era insuportável. Meu grande aliado e construtor desse instante foi João Sayad.

Fico perplexo quando se fala que o Cruzado foi eleitoreiro. Que foi feito ou usado para ganhar eleição. Ora, nenhum político faz qualquer coisa em fevereiro visando ganhar eleições de novembro, ainda menos um plano novo, sem precedentes, cheio de riscos. Eu nunca pensei em eleições; pensava, isto sim, na legitimação do governo, sua capacidade de mover-se.

O Cruzado era, em primeiro lugar, uma questão política, cheia de riscos. Depois, ele se revelou como estruturador de uma nova postura do povo. A partir dele, todos ficaram cientes de que existia uma nova consciência de cidadania. O fiscal do presidente não apontava apenas para a minha nova existência política. Ia muito mais longe e constituía-se num marco da existência de uma sociedade que não queria apenas obedecer; queria também fiscalizar. E politicamente salvou a transição, matando para sempre o saudosismo e qualquer tipo de retorno. Provou que a democracia era melhor que a ditadura.

Quando o Plano Cruzado fracassou, recorri a um projeto social que protegesse os assalariados contra a inflação, que mantivesse a economia funcionando, inclusive aumentando o nível de emprego e que amparasse efetivamente as camadas mais pobres da população. Isso tudo em função do rito de passagem que nos levasse à maturidade democrática. Repito, a prioridade da minha agenda era política, era a consolidação da democracia, mas se a economia entrasse em colapso tudo estaria perdido. A inflação, eu sabia, poderia ser administrada por algum tempo; uma depressão econômica, em época de transição política, nunca. Ela tragaria a transição.

Quer dizer que o senhor nunca pretendeu deixar a economia para depois?

A maior inflação do país não foi no meu governo. Foi a de 1993. Mas a menor, sim, foi no meu governo, em março e abril de 1986. A de março de 1990, pela qual sou acusado até hoje, não era mais minha e foi gerada pelas expectativas desencontradas provocadas pela posse de Collor. Em dezembro, ela estava dentro de padrões controlados. Nada aconteceu até março, os parâmetros estão aí, a não ser a expectativa de um novo governo que já se denunciava como chegado a atitudes extravagantes. Ninguém, afinal, sabia o que viria. Eu tenho números, índices e estatísticas oficiais mostrando que eu transferi para meu sucessor um país sem problemas de inventário. O orçamento de 1990 estava intacto; a balança comercial com superávit nunca mais alcançado pelo país, o terceiro do mundo, atrás do Japão e da Alemanha; estoque regulador, à disposição da Cibrazem, de dez milhões de toneladas de grãos; a taxa de desemprego, 2,36%, foi a menor da História do Brasil; enfim, saí do governo consciente de que ninguém, naquelas circunstâncias, faria melhor do que eu fiz. Por exemplo: o déficit primário do Tesouro, em 1984, foi de 2,58% do PIB e, quando saí, deixei um superávit de 0,8%.

No entanto, a impopularidade do governo e a sua, pessoalmente, era massacrante e a inflação, obscena.

Não, a do governo era assim, mas a minha, pessoalmente, era a de um homem bom e respeitável. Nunca as pesquisas indicaram uma atitude raivosa do povo contra mim. Nem os meus adversários, nem os meus possíveis aliados, souberam interpretar estas pesquisas. As oscilações da imagem de um homem público dependem de circunstâncias. Depois dos dias áureos do Cruzado, em que todos os políticos queriam ser fotografados ao meu lado, a palavra de ordem era fugir de qualquer contato comigo. O PSDB foi criado para projetar a imagem de um partido de oposição mais nítida ao meu governo, que o PMDB de Ulysses, comprometido com o Cruzado, já não conseguia projetar. Todos os seus fundadores (do PSDB) foram filhos eleitorais do Cruzado. Depois, o grupo mais íntimo de Ulysses o convenceu, num erro político irreparável, de que ele também deveria romper com o governo. Fiquei isolado, politicamente, de modo que nem candidato a presidente da República me foi dado apoiar.

E qual seria o seu candidato?

Minha intenção era restaurar a aliança PMDB/PFL, que tornou viável a eleição de Tancredo. Articular a candidatura Ulysses. Havia espaço. Aureliano é um excelente homem público e seria sensível a um trabalho dessa natureza. Eu era do PMDB, como sou até hoje. Portanto, o candidato poderia ser o Ulysses. Quando ele manifestou publicamente que não admitia nenhum tipo de comprometimento com o meu governo, só me restava sair de campo, como fiz, e assumir a posição que era do meu agrado — a de magistrado.

Mas essa postura de estadista não era a que mais lhe convinha?

Sim, mas meu dever era procurar uma boa solução. Configurado o quadro, o que eu não podia fazer era tumultuar o ambiente sucessório, envolvendo-me na disputa. Se o Ulysses tivesse se apresentado com o meu apoio, ele teria sido eleito.

Não entendi...

Eu disse que o Ulysses teria ganho a eleição. Veja bem: ele obteve cerca de 8% dos votos e o Lula, 16%. Com o apoio do governo o Ulysses ultrapassaria fácil os 16% do Lula e venceria o Collor no segundo turno. Venceria, sim. O Lula quase venceu. Roseana votou no Lula, no segundo turno, e o PT se consolidou naquela eleição.

Diga só para nós: em quem o senhor votou, então?

Votei no Aureliano Chaves. Um dos melhores homens públicos do país. E grande caráter.

Uma coisa é certa: foram as eleições mais limpas já realizadas no Brasil, do ponto de vista do comportamento do governo.

Tive eleições em todos os anos de meu governo e em nenhuma delas houve acusação de envolvimento da máquina do governo no pleito. No Maranhão, cheguei ao ponto de apoiar um adversário, não apenas para tentar uma conciliação geral, mas também para não ser acusado de partidarismo político. Todas essas eleições — orgulho-me de lembrar — foram as mais pacíficas e democráticas possíveis, embora o ambiente fosse de grande efervescência política.

E o caso da duração de seu mandato?

Este foi um dos maiores erros da mídia, no Brasil. Passaram ao público a idéia de que eu prorroguei meu mandato em um ano quando, na verdade, eu abdiquei de um ano. Meu mandato, firmado no termo de posse assinado pela mesa do Congresso, em função da lei então vigente, expirava em 1991, no mês de março. Era, portanto, um mandato de seis anos, como fora o do presidente anterior. Para pacificar o ambiente, já tumultuado pelo açodamento de alguns candidatos à minha sucessão, declarei que aceitava a fórmula de "cinco anos". Aí desencadeou-se a campanha pelos quatro anos. Eu cometi um erro, confesso. Devia ter ficado calado. Caso a Constituinte fixasse meu mandato em quatro anos, bastaria ir ao Supremo, que confirmaria os seis — direito adquirido pelo diploma que me outorgaram.

Mas voltemos à economia e, sobretudo, à questão da inflação...

Considere o panorama político de 1988 e 1989. Havia uma Constituinte em plena elaboração, brandindo a visão do mundo dos direitos humanos e, no bojo dela, várias candidaturas à Presidência, em gestação. Isto em 1988. Em 1989 já estávamos em plena campanha, quando se iniciou verdadeiramente o calendário político, em março. Tanto a Constituinte, com o estéril e inconseqüente debate sobre a duração de meu mandato, como a campanha sucessória posicionaram suas armas contra mim e conseguiram que os frágeis apoios que eu ainda tinha migrassem para longe. Pois foi nessas condições extremamente difíceis que tive que fazer opções delicadas, de que não me arrependo já que foram conscientes e longamente avaliadas, mas paguei um preço alto. A inflação não foi uma invenção minha, nem do meu governo. O Figueiredo já deixou a desvalorização da moeda perto dos 300% ao ano.

Sim, mas quando o senhor deixou o governo a inflação estava na casa dos 80% ao mês.

Já disse que essa inflação não era minha. Era fruto da expectativa do futuro governo Collor. O Brasil tinha, no fim do meu governo, três moedas. O dólar, com a qual se faziam todos os negócios, como taxa de referência manteve uma inflação média de 7% ao ano; a ORTN, moeda dos contratos, mesmo oficiais; e o Cruzado Novo, que era uma moeda estritamente salarial, mas com a qual se operava no dia-a-dia, embora com correção total e mensal. Mas era um mal necessário e menor. Minha opção pessoal foi de indexar os salários, corrigindo-os mensalmente. E eu não podia retirar a correção mensal porque era o colchão no qual se apoiavam os assalariados para diminuir o impacto da inflação. Fala-se em inflação com correção monetária e inflação sem correção, como se fossem a mesma coisa. São coisas impossíveis de comparar. Basta dizer que numa inflação sem correção, quando ela chega a 100%, o valor da moeda é zero. Eu digo que uma inflação de 6% ao ano sem correção monetária, como vinha ocorrendo com o salário do funcionalismo, é mais corrosiva do que a de 80% ao mês daquele tempo, corrigida mensalmente. Pergunte a qualquer trabalhador, com mais de 35 anos, o que ele acha das duas situações. E não havia desemprego. Pela primeira vez na história do Brasil, cuidava-se do pobre verdadeiramente marginalizado, do totalmente excluído, com programas como o do leite, do vale-refeição, do vale-transporte, do direito ao atendimento médico etc. Mas pago até hoje o preço de não ter provocado uma recessão, ou seja, de não ter lançado o país numa tragédia social em plena descompressão política. Quem governa, o faz com realidades e não com abstrações. Não defendo a inflação. O maior de todos os seus males é o de desorganizar a economia e gerar instabilidade. Apenas, como homem de estado, enfrentei uma realidade complexa e potencialmente explosiva, e optei pela melhor solução possível, naquelas circunstâncias a menos traumática.

O senhor culpa a mídia pela má cobertura ou pela nenhuma cobertura do que, de fato, ocorria durante o seu governo?

Não. De modo nenhum. Eu fui, algumas vezes, mal interpretado, e até maltratado outras tantas vezes, mas sempre compreendi a posição da imprensa. Como jornalista, eu não ignorava que o governo não era a melhor pauta e que depois de 21 anos de regime discricionário, a imprensa atravessava um período de descompressão total. Por coincidência quem estava ali, na hora da desforra, era eu. Mas qualquer outro que ali estivesse sofreria a má vontade da imprensa. Mesmo tendo esse entendimento, eu nunca tive problemas com jornais ou jornalistas, nem mesmo com os que pretendiam ou precisavam ser abertamente contra mim. É preferível uma imprensa injusta, a uma imprensa ameaçada ou censurada. Eu achei que deveria suportar calado todas as ofensas para provar que não penso assim apenas da boca para fora. Nunca processei um jornalista, como presidente.

Mas o senhor não teve apenas dias de infortúnio no governo. Na época do Cruzado o senhor viveu dias de glória plena, de popularidade nunca vista no país. Conte, agora, como nasceu, de verdade, o Plano Cruzado. Quem é, ou quem são, os verdadeiros pais do Cruzado?

Todo mundo sabia, no governo, que eu não admitiria uma política econômica de recessão, com desemprego, penalização dos assalariados e todo o sinistro cortejo de infortúnios sociais provocado pelos métodos ortodoxos ou clássicos de combate à inflação. Eu vi o que o Figueiredo sofreu e errou com essa política, que é boa para o FMI, mas para nós era trágica. Além do mais, nosso objetivo maior, nosso imperativo categórico, era consolidar a democracia. E isso aconteceu. Meu pressuposto era político. Durante todo o regime militar eu fiz restrições à política econômica com a qual eu só concordei, com reservas, durante o governo Castello Branco e pelo fato de que ela tinha, então, caráter cirúrgico. Ora, durante todos esses anos, as oposições combateram frontalmente essa política econômica. Era óbvio que deveriam ser inspiradas por quadros técnicos que tinham outras propostas de solução, outras receitas. Só um idiota chegaria à Presidência da República sustentado pelas oposições e não procuraria saber que outras fórmulas ou receitas de combate à inflação, que não penalizassem o povo, seriam essas. Um dia, conversando com o Mathias Machline, ouvi dele palavras sobre um plano que estava em andamento em Israel, baseado numa forma heterodoxa de combate à inflação. Lá, funcionou. Mas houve um pacto entre os partidos e a sociedade civil (como antes acontecera na Espanha), com grande apoio internacional. Aqui, todas as condições eram adversas; a sociedade contorcia-se na pobreza e não havia grandeza na posição das correntes políticas que disputavam o poder. Chamei o ministro Sayad e pedi-lhe que verificasse essa experiência. Ele mandou o Pérsio Arida que, muito discretamente, incógnito, foi a Israel e de lá voltou com um relatório. Sayad passou, então, a comandar, com uma equipe muito fechada e em estreita sintonia comigo, o embrião do Plano Cruzado. Havia, nessa direção, alguma literatura do próprio Sayad, do Lara, do Chico Lopes, sobre técnicas heterodoxas de combate à inflação inercial. Todos foram convocados ou consultados, mas não havia um plano pronto na cabeça de ninguém. Nem antes, nem durante o lançamento do Cruzado. Posso assegurar que, no período de elaboração do plano, houve muito mais dúvidas entre os técnicos do Sayad do que na minha cabeça. E por uma razão muito simples. Eu estava empenhado numa luta de legitimação do governo, enquanto os economistas tentavam erigir uma estrutura lógica, intemporal. Assumi, algumas vezes, diante da perplexidade deles, como conta o próprio Sayad com a extrema correção que é de seu feitio, a responsabilidade integral das decisões do plano — que eram, afinal, decisões de governo. O Cruzado deu fôlego ao governo, legitimou o presidente e serviu de bandeira na eleição que escolheu os governadores e os constituintes. Diga-se o que se disser, não poderia haver cenário mais propício ao amadurecimento da transição política do que esse em que o PMDB se tornava o senhor das iniciativas governamentais e constitucionais. Sem o Cruzado, não sei o destino da convocação da Constituinte. O projeto político da abertura estava intimamente ligado ao Cruzado. Quando ele começou a fazer água, nas minhas costas, diminuiu dramaticamente a nossa capacidade de gerenciar crises políticas.

Onde o senhor acha que o Cruzado começou a afundar?

O Sayad diz, 15 anos depois, que o plano nunca poderia dar certo. Pois eu acho que ele nunca poderia dar errado. Em primeiro lugar porque havia uma exigência nacional reprimida de mudança da política econômica e financeira. Esse fato logo mobilizou o apoio popular que envolveu o Cruzado e quem estava perto dele. Foi essa energia do Cruzado que ultrapassou o tempo e tornou possível o Plano Real. É claro, então, que valeu a pena. Mas o Sayad tem razão num ponto. Ele mesmo me falou embrionariamente do que seria o Plano Real e dos desafios que nos aguardariam. Eram muitas as incógnitas não resolvidas pelos economistas, naquela ocasião, como ficou claro na reunião de Carajás. Embora poucos, não havia unanimidade entre eles sobre várias questões básicas. O Cruzado começou a afundar na cabeça dos economistas, exatamente quando eles se deram conta de que ainda não havia respostas para todos os desafios. Hoje, muitos deles posam de gênios, de donos da verdade.

Pode até ser que hoje sejam donos da verdade, mas naqueles dias não eram e alguns chegaram a exibir enorme fragilidade ética. Mas houve, também, compensações gratificantes, como a inteireza moral e técnica do Sayad.

O que o senhor diz bate com tudo o que o Sayad tem declarado e escrito, inclusive neste livro. Mas a imagem que o senhor passava, na Presidência, era de uma pessoa indecisa, vacilante...

Eu sou, por temperamento, um conciliador, um operário do consenso. Mas posso lhe garantir que nunca deixei de tomar as decisões que eram de minha responsabilidade. Tem sido assim ao longo de toda a minha vida. E lhe digo mais: nunca tomei uma decisão no tempo errado. Posso até ter errado no conteúdo das decisões, mas nunca por indecisão ou por vacilação. Eu gosto de ter certeza de que vou tomar a decisão que me parece certa. A política me ensinou que é preciso aprender a arte do amadurecimento do tempo.

E onde o senhor aprendeu essa arte?

Tive muitas escolas e muitos mestres. O primeiro, foi meu avô materno Assuero, que vagou por vários estados nordestinos, fugindo das secas e terminou chegando ao Maranhão. E soube, desde logo, que aquela era a terra prometida. Tudo nele era forte — o corpo, o vozeirão, a disposição moral. Falava por provérbios com grande propriedade, e tem sido uma presença inesquecível da minha infância. Por contraste, minha mãe tornou-se um verdadeiro cordeiro familiar — doce, compreensiva, sempre pronta para o afago, para o perdão. Meu pai, juiz e desembargador, veio de um ramo pobre e decadente de uma família de tradição política. Meu bisavô, Guilherme Luís de Araújo e Souza, na Assembléia Legislativa, em meados do século XIX, negou subvenção à publicação de vários livros, inclusive o famoso Dicionário de César Marques, brandindo "a fragilidade do erário". Quando governador, tive a oportunidade e o orgulho de reparar essa injustiça histórica, liberando verbas para a publicação dos livros que meu bisavô bloqueara para não agravar a então muito frágil situação financeira da província. Mas escola mesmo, eu cursei na política estudantil. Foi curso completo. Desde o curso primário eu senti que era centro das decisões da turma. No ginásio, fui presidente do Grêmio, editei jornal, fui presidente da Federação Maranhense de Estudantes, presidente do Diretório, na Faculdade de Direito, delegado na UNE. Cruzei toda a escala de conflitos, repressões, negociações, comportamentos, vitórias e frustrações da política estudantil. A outra escola foi o jornalismo. Tinha 17 anos quando entrei para a reportagem policial do jornal *O Imparcial*, dos Diários Associados, passando depois pelos outros setores da redação. O jornal representa um choque de realidade, pelo seu lado mais violento. Sem falar que me deu oportunidade de convívio com o grupo de intelectuais de minha geração, como o Bandeira Tribuzi, o Ferreira Gullar e muitos outros. Aí, eu já estava preparado mesmo para a política partidária. Ingressei na UDN por dois motivos. O primeiro porque era o partido contra Vargas, o Estado Novo, a ditadura, e o segundo porque, no Maranhão, o Vitorino Freire era o representante dessa vertente política. Na eleição de 1954 fiquei como primeiro suplente na bancada federal do partido assumindo, algumas vezes, o mandato. A amizade com Odylo Costa, filho, que era secretário de Virgílio Mello Franco, me abriu portas importantes, tanto no partido, como na imprensa da capital. Isto me deu alguma visibilidade. Na eleição de 1958 voltei à Câmara mas, desta vez, como o deputado federal mais votado do Maranhão. Ainda não havia completado 29 anos e tinha cara de menino. A UDN daquela época era um banco de sábios e de personalidades brilhantes. Penso, por exemplo, e com saudade, no Prado Kelly, no Otávio Mangabeira, no Carlos Lacerda, no Adauto Lúcio Cardoso, no João Agripino, no Afonso Arinos, que liderava a bancada. Pois foi justamente o Afonso Arinos que sugeriu, na primeira reunião da bancada, que o colégio de líderes fosse integrado também por gente jovem e não apenas por sábios idosos. Tornei-me, assim, vice-líder da UDN no Congresso Nacional com apenas 28 anos. Essa é, resumidamente, a história da minha formação política. Isso nos anos 50, os chamados "anos dourados". Mas o grande mestre na arte de administrar o tempo foi Tancredo. Mitterrand foi outro sábio.

Mas o senhor afirmou que alguns setores militares não o olhavam com bons olhos.

Essa é outra história, dentro da mesma história. Na política estudantil e no jornalismo eu sempre tive uma posição de esquerda não radical. Mas nunca entrei para o Partidão porque tinha, como até hoje tenho, uma profunda formação católica tradicional. A Igreja foi, no Brasil, até o início dos anos 60, a grande barreira ao avanço do comunismo. Basta pensar que a Igreja chegou a ter mais de 90% do ensino de segundo grau em suas mãos. Daí a grande batalha de Anísio Teixeira para implantar a rede de ensino público. E a posição da Igreja não era apenas ideológica; era principalmente teológica, ao combater um regime político ateu. Mas o apelo político da minha geração e da minha região, o Nordeste, era de esquerda. Eu entendo, melhor do que ninguém, a frustração cheia de maldade do Oswald de Andrade quando percebeu que o ciclo do romance nordestino havia destronado, no interesse popular, o elitismo intelectual dos modernistas de São Paulo. Disse ele: "Nós estávamos mergulhados em pesquisas formais e nem percebemos quando os búfalos do Nordeste irromperam carregando a questão social." Os búfalos eram Graciliano Ramos, Jorge Amado, Rachel de Queirós, José Lins do Rego etc., ídolos literários da minha geração. A UDN era modernizadora, até porque tinha como principal base eleitoral as populações urbanas de classe média. O aparecimento da "Bossa Nova", um grupo mais à esquerda do espectro ideológico do partido, foi um fato importante da política brasileira de então, e eu fui seu fundador e autor de seu manifesto. Juscelino, em suas memórias, fala de sua importância, inclusive citando meu nome. Foi justamente o grupo a que se ligou o Jânio Quadros, desde o início de sua campanha e com quem ele subiu a rampa do palácio do Planalto, depois de eleito. Ora, quando o Jango assumiu, uma parte desse grupo passou a namorar Jango e as reformas de base. Eu, depois da renúncia de Jânio, afastei-me do grupo, então muito ampliado e divergente da UDN. Pela minha posição no Maranhão, onde o Jango era a favor do senador Vitorino Freire e contra nosso grupo. É claro que ele não poderia ter meu apoio.

Quase toda a "Bossa Nova" foi cassada, menos o senhor?

Essas cassações foram injustas e atrabiliárias. Mas não foram muitos. Nenhum deles merecia. Eram idealistas, meus amigos àquele tempo e até hoje. Eu nunca fui a favor do Jango. Além disso, a UDN sempre teve grande apreço por mim. Mas reconheço que àquele tempo o processo político era muito exaltado e radical. O senador Vitorino Freire era muito influente entre os militares. Várias vezes falaram em cassar meu mandato, mais em 1968 do que em 1964. Em 1964, Adauto Cardoso, meu líder de bancada, me disse que o presidente Castello Branco mandara avisar-me que as notícias sobre a cassação do meu mandato eram improcedentes. Nunca quis averiguar de onde vinham, nem tomar conhecimento delas.

Em 1968, a coisa foi mais séria. Governador do Estado do Maranhão, fui o único no país a manifestar-me contra o AI-5. Numa reunião de governadores com o presidente Costa e Silva, em Petrópolis, ouvi dele que não cassara nenhum governador porque não desejava "desmontar a federação". Mas havia fortes setores políticos e militares pedindo minha cabeça, sobretudo porque na véspera do AI-5 eu recebera Juscelino no Maranhão. (*Ver carta do ex-presidente nos documentos finais.*)

Mas em 1965 deixaram o senhor ser governador.

Eu já era candidato a governador, registrado, quando veio 1964. Apenas não decretaram, como desejavam meus adversários, que eu fosse afastado. Acho que a condição de ser capaz de vencer eleições foi muito importante na avaliação dos militares. No governo do presidente Castello Branco os políticos foram muito ouvidos e com ele eu tive um excelente diálogo, e mereci muita atenção de seu governo, especialmente da área econômica, sobretudo do Roberto Campos. Castello Branco deu profundidade moral e administrativa ao movimento de 1964 e evitou que o mesmo se transformasse em mera quartelada.

Onde entra, então, o sentimento de estranho no ninho da Revolução?

Sentimento, não. Em 1964 eu estava na UDN, que apoiou o movimento militar que derrubou Jango. Eu não participei nem tive conhecimento da conspiração e do movimento, mas estava no partido do poder. Acontece que o amigo dos militares não era eu, e sim o Vitorino Freire, que era o meu maior adversário político. Pouca gente pode avaliar, hoje, o que era a influência, o prestígio, a força do Vitorino junto aos oficiais que haviam chegado ao generalato aí por volta de 1964, alguns dos quais ele ajudou a promover durante os governos Dutra, Getúlio e Juscelino. O Vitorino chegou à política levado pelos tenentes amigos de Juracy, de Juarez etc. Basta traduzir a equação pela qual eu era adversário de um dos maiores amigos de fortes lideranças, para concluir que eu podia até ser tolerado, mas nunca promovido.

Mas o senhor não chegou a ser promovido a presidente do partido deles?

Em 1974, quando as eleições já eram indiretas, eu tive meu nome aclamado nas ruas e vetado, mas vetado mesmo, e não pude ser candidato ao governo do meu estado. Fiquei no Senado e aproveitei para transformar o Instituto de Pesquisas e Assessoria do Congresso (IPEAC), juntamente com o Franco Montoro e Carvalho Pinto, em instrumento da distensão, através de debates, seminários etc.

Com o afastamento do Krieger e a morte do Petrônio Portela, o general Golbery convenceu o Figueiredo a me chamar para presidir o partido. Eu dirigia o partido, mas o Figueiredo não me prestigiava e não me consultava para nada. Um dia, ele quis, assim presumi, que eu o ajudasse a embaralhar as regras da sucessão, que já estavam definidas desde a época do Geisel.

Será que eu ouvi direito?

Sim. Ele me chamou e me entregou uma carta renunciando à sua filiação ao PDS e rompendo com o partido. Não entendi seu gesto. Pedi que o adiasse. À tarde, voltei ao palácio e levei-lhe duas cartas minhas: uma, renunciando à Presidência do partido e outra à filiação partidária, e lhe disse que a minha lealdade a ele seria assim: ele saía e eu saía, também. Figueiredo voltou atrás e ficou com as minhas cartas. Minha interpretação era a de que o presidente desejava sair do partido para situar-se acima das agremiações e para abrir espaço à prorrogação de seu mandato e, ao fim, fazer eleições diretas. Era a tese do Brizola e do Fernando Santana, porta-voz do PC. Não entendi, até hoje, aquele episódio. Figueiredo, em entrevista, falou dele, dizendo que "certa vez quis renunciar ao PDS, Sarney não aceitou. Depois, ele saiu e me deixou". Mas esqueceu-se de dizer que entre um fato, provocado por ele, e outro, passaram-se dois anos. E não havia mais como evitar a eleição de um novo presidente.

Ideologicamente, como o senhor se considera?

Eu me considero um político de centro-esquerda, que sempre agiu movido por intensa preocupação social. Como católico praticante, eu sempre achei que a doutrina social da Igreja, quando realmente praticada, pode revolucionar as relações de classes e acabar ou diminuir sensivelmente as diferenças de renda. O Brasil — e isso eu me orgulho de dizer — só tomou conhecimento de uma política verdadeiramente social no meu governo. O Getúlio cuidou da parte organizada da sociedade, os assalariados, com o sindicalismo e a Previdência — criando proteção para quem ele controlava. O Juscelino cuidou do desenvolvimento do país, sem pretender atingir a massa operária. Mas nenhum deles e nem qualquer outro presidente cuidou de proteger a grande massa de excluídos, de marginalizados, aqueles de quem Humberto de Campos dizia que "não morriam de fome, mas da ilusão de ter comido". Os historiadores do futuro, tenho certeza, identificarão nas medidas adotadas ou preconizadas no período do meu mandato, o tempo em que foram alicerçadas as condições para uma sociedade verdadeiramente democrática, no Brasil. Eu protegi os assalariados, corrigindo-lhes os salários mensalmente, criando o vale-transporte, o vale-refeição, o programa do leite, e assim por diante. No Brasil de hoje, a massa proletária a quem se destina e de onde se origina o PT, por exemplo, ainda é um mandarinato salarial. Pobres mesmo são os que não conseguem ter acesso ao mercado de trabalho, à escola, ao posto de saúde. Para estes, toda e qualquer ajuda é necessária e justa, chame-se merenda, cesta básica ou que nome tenha. Eu fui o primeiro a entender isso, no exercício da Presidência da República. Pouca gente se lembra, outros fazem questão de esquecer, que antes de 1985 quem não estivesse no INPS (hoje, INSS) não tinha direito a nada. Eu criei a universalização da saúde, a proteção ao homem do campo, pescadores, deficientes. Criei o direito à impenhorabilidade da casa própria, o bem da família. Estendi aos pobres o direito à cidadania. O de que mais me orgulho é, quando consulto as estatísticas oficiais, verificar que durante o meu governo registrou-se o mais baixo índice de miséria no Brasil. E que foi nesse período também, e não por coincidência, que se registraram as mais baixas taxas de desemprego em toda a História do país.

O senhor está tirando do Getúlio um título que niguém lhe nega: o de ter sido o iniciador da política social no Brasil.

Esse é um grave erro de interpretação histórica. O que Vargas fez foi criar uma estrutura sindical e previdenciária de dominação política do crescente assalariado urbano. O sociólogo Wanderley Guilherme dos Santos criou, aliás, uma expressão muito feliz para descrever o que ocorreu na área da política social depois de 1930, ao denominá-la de "cidadania regulada", ou seja, um espaço de direitos controlados pelo Estado. Vargas era castilhista, caudilhesco. A verdadeira inspiração para a criação do Ministério do Trabalho veio dos tenentes, de cujo apoio Vargas se socorreu para se consolidar no poder. Os tenentes queriam reformas sociais, e não apenas eleições livres e administração correta. Homens como Joaquim Távora e Siqueira Campos eram socialistas, como Prestes e a maioria dos tenentes. Socialistas, mas democratas. Daí o rompimento político (mas não pessoal) com Prestes, a quem admiravam e a quem estimavam muito. Vargas traiu a ideologia tenentista. É esta a razão por que grande parte do Exército nunca o perdoou.

O ministro Pazzianotto, que foi advogado dos metalúrgicos do ABC conta, neste livro, como, no seu governo, a questão social deixou de ser policial e passou a ser prioridade política, trabalhista, sindical.

O verdadeiro sindicalismo só surgiu no Brasil, livre do Estado e até contra o Estado, no fim dos anos 1970, início dos anos 1980, com Lula e seus companheiros. Fez greves históricas, e firmou as primeiras lideranças que não eram peleguistas. Se escolheram atuar somente nos setores estratégicos, era porque lhes interessava, também, minar o poder do Estado. Quando eu assumi, a mentalidade era policialesca, no sentido de caracterizar toda e qualquer greve como atentatória ao interesse público — o que dava margem à convocação da polícia. Ao manter Pazzianotto no Ministério, eu quis exatamente sinalizar para a mudança de mentalidade. No começo parecia que os sindicatos estavam travando um torneio para saber quem desafiava mais o Estado. Só que o Estado não estava mais interessado em reprimir reivindicações trabalhistas. Mesmo assim tivemos que conviver, durante todo o meu governo, com mais de 12 mil greves.

Isso foi bom ou ruim?

Foi muito bom. Criou-se, nesse período, a cultura da negociação entre patrões e empregados e instituiu-se, definitivamente, a Justiça do Trabalho, com enorme capilaridade devido à criação de centenas de Juntas de Conciliação e Julgamento. Foi uma área em que meu governo atuou com grande competência, tanto política quanto jurídica. Eu diria que o saldo foi fantástico, embora a criação do PT tenha apenas invertido, e não eliminado, a equação de Vargas.

Em que sentido?

Vargas usou o Estado para aprisionar o universo sindical; já o PT parece querer usar o sindicalismo, politicamente, para aprisionar o Estado. De qualquer modo, o saldo positivo da implantação do verdadeiro sindicalismo pode ser aferido do seguinte fato: pela primeira vez, na história do país, um operário teve condições de apresentar-se como candidato à Presidência da República. E, em 1989, quase ganha a eleição.

Boris Casoy disse, recentemente, que a História começa a lhe fazer justiça. O senhor está usando uma linguagem de quem cobra justiça, não?

A História só tem valor se esclarece os fatos, se gera perspectivas para a sua compreensão correta. Veja o caso da lei de Responsabilidade Fiscal, que será importante instrumento de saneamento das práticas políticas e administrativas do país. O Gustavo Franco, em artigo na revista *Veja*, confessa que foi preciso um longo tempo para se concluir o corajoso trabalho começado em 1986, com a criação da Secretaria do Tesouro e o fim da conta movimento do Banco do Brasil, até se chegar à lei de Responsabilidade Fiscal. Quem se lembra, hoje, do que era a conta movimento do Banco do Brasil? Era o instrumento mais importante e mais desagregador da política brasileira. O Banco do Brasil tinha uma carteira que administrava recursos resultantes de emissões de papel-moeda e que se destinavam a socorrer empresas de amigos do governo. Eu acabei com isso, criando a Secretaria do Tesouro. Maílson da Nóbrega, então secretário do Ministério da Fazenda, muito pugnou por uma reforma desse teor. Calabi estruturou a Secretaria e pode, melhor do que ninguém, contar o que era esse fantástico instrumento de corrupção política e administrativa, denominado "conta movimento do Banco do Brasil". Não existe, na história da República, gesto maior de moralização e transparência de recursos públicos, do que este. Todo mundo que chegava à Presidência deixava essa monstruosidade orçamentária continuar porque era altamente útil ao aliciamento político. De um golpe, eu acabei com esse poder de fazer dinheiro e distribuir a quem o presidente mandasse. E isso nunca deu manchete de jornal.

O seu governo foi acusado de corrupto, mas o seu nome nunca apareceu envolvido diretamente em nenhum caso concreto. O Collor, por exemplo, fez a campanha do primeiro turno das eleições de 1990 em cima do tema da corrupção, mas no segundo turno não tocou mais no assunto. Como o senhor lidava com essas acusações?

Desde que a política passou a depender da opinião pública e não apenas da força bruta — e isto aconteceu na Grécia — o tema da corrupção é o que mais sensibiliza a população não apenas porque expõe diretamente o desvio de conduta dos administradores, mas também, e sobretudo, porque tenta explicar o motivo por que a maioria passa dificuldades enquanto uns poucos se locupletam com a pilhagem dos recursos públicos. Em outras palavras: porque é abominável e injusta, a corrupção se transforma, quando denunciada, na mais poderosa arma de oposição a qualquer regime ou governo. É preciso distinguir, então, o que é corrupção do que é apenas a retórica do combate político ou eleitoreiro da corrupção. E só exite uma forma: apurando todas as denúncias e não interferindo, no Congresso, contra sua apuração. Quem for podre que se quebre.

Mas, voltemos ao seu governo...

Vou já chegar onde vocês querem, mas deixem-me concluir meu pensamento porque não se deve invocar os gregos em vão. O primeiro documento que se conhece sobre o governo do povo — o que hoje chamamos democracia — é o discurso de Péricles aos mortos na guerra do Peloponeso. Pois ali já se acusa o adversário de ter roubado o ouro da estátua de Fídias. Eu não poderia escapar, como ninguém escapa, de acusações de fundo político. Mas com um aspecto extremamente importante para mim: nunca, mas nunca mesmo, ninguém fez qualquer acusação ou referência sobre a minha conduta pessoal, envolvendo aspectos morais. Nenhuma denúncia chegou perto do presidente. Nenhuma ficou sem apuração.

Mas o Congresso chegou a instalar uma "Comissão contra a Corrupção", não?

Para começar, basta lembrar quem era o relator, o arauto da ética administrativa de plantão naquela época. Era o senador Chiarelli, ministro de Educação do presidente Collor, de onde saiu coberto de lama e que até hoje amarga o constrangimento de ter seu nome incluído entre os mais abomináveis dos que já passaram pela política do Rio Grande do Sul. Era uma comissão organizada, dirigida e relatada para chegar à mídia. Eu poderia, com a maior facilidade, ter impedido a sua instalação. Mas não fiz nada e até cheguei a pensar que ela me ajudaria a identificar desvios de conduta na administração. Aliás, foi a imprensa que batizou essa coisa de "Comissão da Corrupção". Nos papéis oficiais do Senado que juntei aos meus arquivos, o que existe é "Relatório da CPI que apurou irregularidades na administração pública".

E o que apurou?

É ridículo. A pior acusação é a destinação de recursos para o município de Pinheiro, igual a outras, mas destacada pelo fato de contemplar o município "onde nasceu o presidente". E eram recursos para saneamento básico, cerca de cem mil reais, em moeda de hoje. Essa comissão foi um instrumento de produção de especulações contra o governo, visando apenas a ganhos eleitorais. Quer saber de uma coisa? Dá até saudades daquelas acusações quando comparadas com o que veio depois. Falo isso em relação ao que existiu contra os presidentes da República. Quanto ao que se dizia da máquina administrativa, sobre o emperramento burocrático, nem tudo era mentira. Mas o mal vinha de longe, não era invenção do meu governo. É preciso considerar que saíamos de um regime discricionário em que a máquina administrativa cobria todos os setores da vida econômica e social do país, geria bancos, empresas de seguros, de metalurgia, de eletricidade etc., chegando até ao ramo da hotelaria. Era impossível não haver descontroles em alguns lugares, em alguns momentos. Mas nunca com o conhecimento e, muito menos, com a cumplicidade do presidente.

E a Norte-Sul?

Este é um assunto até hoje inexplicável e, para mim, incompreensível. Montou-se uma campanha de extermínio para inviabilizar a obra, sob a alegação de que ligaria o nada a coisa nenhuma e, principalmente, de que a concorrência teria sido fraudada ou montada para favorecer determinados grupos. Tudo absurdamente mentiroso e falso. Tomamos a responsabilidade, para fazer a coisa transparentemente correta, de operar a concorrência por uma empresa estrangeira, dentro dos melhores padrões técnicos e cautelas morais. Os trechos eram praticamente iguais e o preço base era o mesmo para todos; não havia como fraudar, nem favorecer ninguém. Ganharam 17 empresas. Só duas foram excluídas. É impossível, e até extravagante, pensar em acordo com todos os concorrentes, já que todos foram vitoriosos e não precisavam disso. Todas as empresas inscritas foram contempladas, menos duas — a OAS, que não tinha àquele tempo condições técnicas, e a C.R. Almeida, que se desinteressou. A lista de ganhadores não era de ganhadores, mas de participantes da obra, todos trabalhando pelo mesmo preço, prefixado. Até hoje estou convencido de que não existe melhor critério para a construção dessa estrada. Publicaram, com antecedência, a lista das empresas que ganhariam a concorrência e este fato desencadeou o escândalo e a abominação da obra. Mas se todos concorreriam à mesma coisa e mediante o mesmo pagamento, onde a corrupção? Foi tão grande e tão unânime a campanha contra a ferrovia, que eu não tive forças para enfrentá-la. Cancelei tudo, com a convicção, que tenho até hoje, de que estava negando ao país, por pressão absurda, uma obra que mudaria o destino do povo brasileiro. Quando pronta, essa ferrovia unirá o Norte ao Nordeste e ao Centro-Oeste, já ligado ao Sul. Será a verdadeira via da integração nacional, sem aludir que abrirá a mais nova e a maior fronteira agrícola do mundo. Hoje a Norte-Sul é uma unanimidade nacional e vai acabar sendo construída por capitais privados. Mas se ela já estivesse pronta, como era meu desejo, o Brasil seria bem melhor. O mais do que tricentenário sonho da interiorização já estaria concretizado. Como a flor do poeta Drummond, essa estrada vencerá tudo, o nojo, o tédio, o preconceito, a burrice, a má-fé, e acabará se impondo como obra do destino nacional. Eu sinto pena de não ter tido condições políticas de realizar essa ferrovia; mas sinto orgulho de ter sido acusado de ter tentado realizá-la.

E a moratória?

A segunda crise do petróleo abalou fortemente a economia mundial. Pela primeira vez, o volume do comércio mundial caiu, no após-guerra. O Brasil não tinha recursos para pagar a sua dívida. Vivia de tomar empréstimos para amortizar o principal e pagar juros, desde 1982. Não havia investimento interno, que nunca passou de um bilhão de dólares. Em 1985, o problema da dívida externa era agudo. Tancredo deu a diretriz do seu comportamento na famosa frase, "não vamos pagar a dívida externa com a fome do povo". Quando assumi, nossas reservas eram baixíssimas. Procurei acertar uma tomada de posição conjunta dos países devedores. Os países ricos respondiam aos nossos apelos com a alegação de que a dívida era simplesmente um problema econômico e nada tinha de político. Levantei a bandeira de que tinha chegado a níveis estratosféricos pelo aumento, unilateral, dos juros internacionais. O Plano Cruzado recebeu forte resistência internacional porque desafiava a receita ortodoxa do FMI. Quando ele entrou em dificuldade nossas reservas não agüentavam três meses de importações básicas. A única saída que tínhamos era suspender o pagamento da dívida. A moratória não era, portanto, uma decisão de voluntarismo político, era uma realidade técnica: não tínhamos dinheiro.

Mas foi um fracasso político, não?

Claro, e eu ia dizer isso. Foi um grande erro político. Primeiro, porque o poeta José Sarney ficou acima do presidente e julgou que abriríamos caminho para provocar uma solução justa para o problema da dívida. Sonhou que teríamos o apoio dos países devedores, muitos deles que tinham acenado com essa possibilidade. Segundo, porque julgou que teria uma frente interna coesa, apoio da oposição (que diariamente pedia essa medida) e todas as forças nacionalistas. Não teve apoio de ninguém. Os países devedores procuraram aproveitar a decisão do Brasil para fazerem acordos separados e o fizeram. A oposição e as forças internas estavam mais interessadas em ver o fracasso do governo Sarney do que em forçar a solução da dívida. E não deram respaldo nenhum.

Foi, assim, uma decisão política errada. No mais, recebemos uma reação internacional arrasadora. Paradoxalmente, esquerda e direita se uniram contra a moratória! Reconheço a minha ingenuidade ao pensar que o Brasil poderia enfrentar essas forças externas e que as forças que me combatiam tinham por objetivo salvar o Brasil e resolver a questão da dívida. Em vez de aliados e motivação de apoio, a moratória transformou-se em instrumento de ataque ao governo. Enfim, os pressupostos estavam errados, inclusive a minha boa-fé. Eu não avaliei bem a repercussão da palavra moratória no mundo financeiro. Era uma palavra satanizada.

Errei e paguei caro. Mas, nosso desejo não era o calote. Era o de criar condições de pagamento. Detectado o equívoco, recomeçamos logo a negociação, mas com o terreno minado. Em 1988, o ministro Bresser, da Fazenda, propôs ao secretário Baker, do Tesouro americano, a troca dos títulos da dívida com descontos, proposta razoável e exeqüível. Foi rechaçado e quase expulso dos gabinetes das autoridades monetárias de Washington. Pois bem, depois que saí do governo, essa fórmula foi adotada com o nome de Plano Brady e beneficiou os outros países da região. Recomeçamos a pagar a dívida ainda em 1988. E, numa política bem-sucedida, restringimos ao máximo as conseqüências da moratória e iniciamos uma corajosa e vitoriosa política de exportação. Quando deixei o governo, o Brasil tinha o terceiro saldo de exportação do mundo, superado apenas por Japão e Alemanha. Até hoje, esses resultados não foram ultrapassados.

"Vamos concluir com uma espécie de resumo do julgamento que o senhor faz hoje, 20 anos depois, dos fatos mais comentados de seu período de presidente. A que o senhor atribui a imagem de seu governo projetada pelos veículos de comunicação? Afinal, o senhor sempre foi um 'homem de jornal' e teve toda a sua carreira política ajudada pelos jornais..."

Houve uma conjunção de fatores incontroláveis, a partir de 1987. O Plano Cruzado deixou um rastro de frustração e de decepção, agravado pela percepção de que eu havia demorado a adotar medidas corretivas apenas para beneficiar, eleitoralmente, o PMDB. Não era justa a acusação. Os economistas, todos ligados à antiga oposição ao regime militar, não estavam de acordo sobre o caminho a seguir. Meses antes das eleições eu tentei forçar uma definição de rotas, convocando a reunião de Carajás. Não deu em nada, tal o dissenso na equipe econômica. Acontece que só eu, como é natural num regime presidencial, levei a culpa. E a verdade — é só consultar o Sayad — é que naquela época ninguém sabia, com segurança, onde estava a saída salvadora. E tinha que ser salvadora pois, do contrário, eu arriscaria todo o projeto institucional, lançando o país no caos, à véspera de uma eleição plebiscitária. Só dez anos depois, quando do lançamento do Real, o país percebeu que eu tinha tido a coragem de lançar o Cruzado, que agora iria servir de base para o sucesso do novo plano de estabilização financeira. Foi a audácia do Plano Cruzado que revelou onde residiam as fraquezas de uma mudança não convencional da economia. Mas tem muito mais...

O quê, por exemplo?

Eu havia contrariado poderosos interesses financeiros, que nunca me perdoaram. Ao acabar com a tal conta movimento do Banco do Brasil, um orçamento particular de onde o presidente da República podia sacar livremente para atender seus amigos ou correligionários em dificuldades, eu deixei muita gente frustrada. Amigos me advertiram de que eu estava renunciando ao mais poderoso instrumento de poder da República, inclusive junto a veículos de comunicação em dificuldades. Mas esse era um recurso político imoral e eu o fulminei. Tem mais ainda: eu acabei com a indecência que era o regime de liquidação das instituições financeiras criado pela lei n° 6.024, de 1964, que congelava o passivo e deixava os ativos em plena valorização. Ou seja, os poupadores eram punidos, enquanto os criminosos administradores das instituições financeiras eram protegidos contra a desvalorização da moeda e ainda conseguiam lucros astronômicos. Ninguém, naquela ocasião, revelou-se disposto a encarar esses interesses contrariados. Fiz a lei do Colarinho Branco...

Mas o governo era indeciso...

Passava essa imagem. Mas era uma imagem falsa e, sobretudo, injusta. Ao convocar a Constituinte, que se instalou em janeiro de 1987, eu abria mão da condução do processo político. A Constituinte era como um palco iluminado, onde se desenhava o perfil do futuro institucional da nação. O governo, por seu lado, era um palco apagado, obrigado a agir nas sombras (e agiu muito, como está contando, neste livro, o Saulo Ramos) para não ferir suscetibilidades, não desencadear confronto de poderes. Vocês se lembram como fui criticado quando levantei a tese de que a nova Constituição não poderia minar a governabilidade do país? Era uma advertência, que a consciência da responsabilidade da função presidencial me impunha. Logo logo se viu que a Constituição-cidadã criava mais direitos que obrigações, mais verbas que fontes de recursos. Um dos efeitos danosos, para o país, foi a necessidade de emendar continuamente essa Constituição. E, a cada emenda, o governo torna-se refém da parte menos nobre do Congresso. Mas essa é uma situação incontornável. Mais de duzentas emendas já foram propostas à Constituição de 1988!

Não podia fazer nada...

Podia sim, e fiz. Mas sem a capacidade de atrair a atenção da mídia como tinha a Constituinte, lançando todo dia idéias maravilhosas de mudanças, ainda que inviáveis. Transformei a Presidência numa grande gerência de programas especiais de combate à pobreza. Mandei pesquisar e identificar, município por município, quais as dificuldades mais prementes sofridas pela população. Foram definidos 16 projetos de ajuda direta às comunidades carentes, dirigidos por agentes das próprias comunidades, como as pastorais, escolas, entidades assistenciais etc. Índices nacionais e internacionais que medem a qualidade de vida em nosso país revelam, como fez recentemente a ONU, que a mais radical diminuição da pobreza, no Brasil, ocorreu durante o meu governo. Por causa, evidentemente, dos programas de ação comunitária de ação direta, sem intermediação política ou administrativa. 26 milhões de pessoas foram beneficiadas com o vale-transporte; 18 milhões de beneficiados, diariamente, com o vale-refeição; 7,6 milhões de famílias atendidas diariamente pelo programa do leite; e assim por diante. A mortalidade infantil foi reduzida em 41% graças ao programa de saúde na comunidade. 230 mil voluntários foram mobilizados nesses programas...

...de pouca repercussão, na época.

Veja como são as coisas. Os programas de ação comunitária foram implantados em 2.349 municípios, escolhidos entre os mais pobres, e não numa esquina da avenida Paulista ou da avenida Rio Branco. Eram de difícil visibilidade jornalística, enquanto na Esplanada dos Ministérios ressoavam com estridência as metáforas de alguns parlamentares e de outros gigantes da retórica política brasileira. A Constituinte sonhava que estava construindo uma nova pátria, sem nenhuma ligação com o país do regime militar, e a imprensa, muito justamente, se considerava parte dessa construção. Eu cuidava da miséria antiga, da população que, no porão do navio, fazia a mesma viagem, mas sem direito a conforto, a comida, a remédio — sequer a uma visão do céu ou do mar. O país dos miseráveis, o país do verdadeiro povo brasileiro. As eleições de 1990 iriam acordar os construtores de sonhos. Afinal, o pesadelo estava apenas começando.

Castello Branco
deu seriedade
ao golpe de 64

De 1964 ao Governo Sarney

*Ronaldo Costa Couto**

Anos 1960, auge da guerra fria. O ano de 1964 começa ameaçador no Brasil. Densas nuvens negras: instabilidade política, efervescência social, crise econômica e inflação, sinais de ingovernabilidade, conspirações. A esquerda teme golpe da direita. A direita teme golpe da esquerda ou autogolpe do presidente João Goulart.

Madrugada de 31 de março de 1964, Juiz de Fora, Minas Gerais. O afoito general-de-divisão Olympio Mourão Filho se rebela e ordena o deslocamento de tropas e equipamentos do Exército rumo ao Rio de Janeiro. O estopim está aceso, o golpe militar nas ruas. Objetivo: derrubar o governo federal. A propagação é galopante. Não há resistência. O presidente Goulart exila-se

---

* *Ronaldo Costa Couto é escritor e doutor em história pela Universidade de Paris — Sorbonne e foi ministro-chefe do Gabinete Civil da Presidência da República, ministro do Trabalho e ministro do Interior durante o governo José Sarney.*

no Uruguai. As Forças Armadas assumem o poder. A ordem legal está rompida. Saem a democracia representativa e o populismo. Entram o regime militar e o autoritarismo. O poder civil mergulha em agonia que vai durar até a posse de José Sarney na Presidência da República, em 15 de março de 1985.

As Forças Armadas não permitem ditadura unipessoal. O regime é autoritário, mas não é fascista. Há rotatividade de generais-de-exército na Presidência da República e não há esforços para estruturar apoio das massas populares ao governo. Nem para impor partido único acima do Estado ou tentar conquistar ideologicamente os setores letrados. Nas universidades e meios culturais, predominam ideologias de esquerda. Arremeda-se o regime democrático.[1]

Brasília, 11 de abril de 1964. O Congresso elege o marechal Humberto de Alencar Castello Branco para completar o mandato de Goulart. Ele é referência profissional e moral dentro do Exército, destacado combatente na Segunda Guerra Mundial. Principal nome do chamado Grupo da Sorbonne, composto de militares ligados à Escola Superior de Guerra. Governa de 15 de abril de 1964 até 15 de março de 1967. Assume com discurso democrático. Apresenta a intervenção militar como corretiva e transitória. Mas não consegue evitar que a ditadura se imponha e perdure.

Nos estados, os governos são chefiados por políticos aliados do poder central, eleitos indiretamente. Não por militares.*

O governo Castello Branco institucionaliza o regime autoritário. Implanta doutrina de segurança nacional; cassa centenas de direitos políticos; assina três atos institucionais e 11 emendas constitucionais, sanciona centenas de leis ordinárias. Baixa 312 decretos-lei e milhares de decretos ordinários. O regime é ditatorial. Suspende garantias constitucionais, extingue os partidos políticos, acaba com as eleições diretas para presidente, espicha em um ano a duração do governo, intervém em sindicatos. Mesmo assim, o clima ainda não é o

---

* *Rio de Janeiro, palácio das Laranjeiras, início de 1965. O presidente Castello Branco recebe José Sarney, jovem deputado federal maranhense, que estranha a exigência de quatro anos de domicílio eleitoral para candidatos a cargos eletivos. O sisudo Castello explica:*

— Se não fizermos isso, só vamos ter governadores militares. Questão de poder e de hierarquia, o senhor sabe como são essas coisas. O general Kruel vai querer o governo de São Paulo; o general Guedes, o de Minas; o marechal Lott só pensa no governo da Guanabara; o general Muricy, no de Pernambuco, e por aí vai.

— E o meu Maranhão, presidente?

Castello abre raro sorriso:

— O Maranhão é posto de major!

de uma ditadura radical. Há relativa liberdade de imprensa, o Judiciário opera regularmente, apesar de encarcerado na legislação autoritária. O Parlamento funciona, ainda que com pouco ou nenhum poder. As oposições estão desfiguradas, sem força. Para a implantação do bipartidarismo, no início de 1966, a Arena, partido do governo, "emprestou" deputados para a criação do MDB, que não dispunha do número mínimo legal. Num quadro recessivo, o governo promove reformas econômicas e administrativas de grande envergadura e transcendência. Arruma a casa. Controla a inflação e reduz o déficit do balanço de pagamentos. Deixa prontas as bases do crescimento econômico acelerado do período 1968-1973.

Tropas militares invadem e fecham o Congresso em 20 de outubro de 1966. Motivo: inconformidade e rebeldia da Câmara dos Deputados — liderada por seu presidente, o arenista Adauto Lúcio Cardoso — diante da cassação dos mandatos de seis de seus membros oito dias antes. A casa é reaberta no final do ano para discutir projeto de Constituição. É a Constituição de 1967, autoritária, mas menos dura do que os atos institucionais. Em 15 de março de 1967, o presidente Castello Branco entrega o governo e a nova Constituição entra em vigor. Ele morre em julho de 1967, em acidente aéreo. Choque de aviões no céu de Fortaleza, Ceará.

O sucessor é o marechal Arthur da Costa e Silva [1902-1969], principal líder da linha dura militar, que preconizava a permanência do regime. Gaúcho de Taquari, destaque nas escolas militares preparatórias, tinha grande prestígio na tropa. Assumiu o comando do Exército logo após o golpe e foi ministro da Guerra do governo Castello Branco. Governa de 15 de março de 1967 até o final de agosto de 1969, quando é afastado em virtude de acidente vascular cerebral.

O período coincide com o início de longa e brilhante fase de crescimento e transformação da economia brasileira, mais tarde impropriamente chamada de "milagre". No campo político, há forte e crescente efervescência interna. Algumas organizações de esquerda optam pela luta armada contra o regime. A culminância é no final de 1968, ano marcado por idéias e movimentos libertários em todo o mundo. No Brasil, há crescente inquietação. O clima é tenso. Manifestações de rua nas grandes cidades, greves, contestações ao governo. A corrente militar radical reclama o endurecimento do regime.

Em 13 de dezembro de 1968, uma sexta-feira, Costa e Silva baixa o ato institucional n.º 5. É o golpe dentro do golpe. Ao contrário dos anteriores, temporários, tinha vigência indefinida. O pretexto veio do Congresso: no dia anterior, a Câmara negara licença para o governo processar o jovem deputado carioca Márcio Moreira Alves, do MDB. Indignado com violenta invasão policial da Universidade de Brasília no final de agosto, ele tinha feito contundente discurso contra a ditadura e os militares no "Pinga Fogo" da Câmara de 2 de setembro de 1968.

Uma das primeiras providências foi a prisão, no Rio de Janeiro, do ex-presidente Juscelino Kubitschek de Oliveira e do ex-governador Carlos Lacerda, líderes da Frente Ampla, movimento contra o regime militar e pela democracia, iniciado em 1966. Ambos são libertados na semana seguinte.

O AI-5 garroteia garantias e direitos individuais, oprime a cidadania. Permite fechar o Congresso, cassar mandatos e suspender direitos políticos, intervir em estados e municípios, censurar previamente a imprensa. Seus efeitos não se sujeitam à apreciação judicial. Concentra poderes quase ilimitados nas mãos do presidente da República. Assim, coage, desfigura e empobrece a representação política, atingida por nova temporada de cassações. Constrange e limita o Poder Judiciário. Suspende o *habeas-corpus* para acusados de crimes contra a segurança nacional. Consolida expectativa de impunidade que estimula a radicalização do aparelho repressivo. Facilita, assim, procedimentos lesivos aos direitos humanos, como prisões arbitrárias, perseguições, seqüestros, tortura, desaparecimentos. Ao fechar os caminhos de contestação ao regime, induz parte dos opositores mais radicais, principalmente jovens estudantes esquerdistas, a abraçarem a luta armada, a guerrilha.

Costa e Silva adoece irreversivelmente em 29 de agosto de 1969, época em que tentava arejar o regime mediante emenda constitucional liberalizante. Novo golpe: os ministros militares formam Junta Militar que usurpa o poder, impedindo a posse do vice-presidente constitucional, Pedro Aleixo. Ela outorga pesada e abrangente emenda constitucional, que incorpora a legislação autoritária e preserva o AI-5.

A junta articula a eleição do general Emílio Garrastazu Médici [1905-1985], comandante do III Exército, também expoente da linha dura militar. Gaúcho de Bajé, tinha apoiado a Revolução de 1930 e participado do golpe de 1964. Foi ministro-chefe do SNI de 1967 a 1969.

No quadriênio do governo Médici [1970-1973], a economia brasileira acumula mais de 50% de expansão. A culminância é em 1973: 14%. Anos de ouro do crescimento. Há também relativa estabilidade monetária. Os ventos internacionais são excepcionalmente favoráveis. E a política econômica interna é pragmática e desenvolvimentista. É a época do "milagre econômico", do "Brasil grande", do "Ninguém segura este país", do "Brasil, ame-o ou deixe-o".

No plano político, entretanto, o país vive o auge da ditadura. De um regime opressivo, anacrônico, lastreado na força das armas, mas politicamente "legitimado" pela prosperidade nacional. Mais que antes, o governo atua como um suprapoder, que dispõe de poderosos instrumentos de coação e punição. É época de muito medo e ansiedade. A oposição está em coma; a imprensa censurada; a guerrilha agoniza desde 1972. Ainda assim, o hipertrofiado aparelho repressivo age intensamente, à margem da estrutura e da cadeia de comando militar tradicional. *Manu militari.* Anos de chumbo.

Em outubro de 1973, brota a primeira crise energética internacional. Os preços do petróleo quadruplicam em três meses, atingindo o coração do modelo econômico. O país é o terceiro importador mundial. O impacto no balanço de pagamentos é asfixiante. Além disso, o fenômeno redefine o quadro positivo da economia mundial, agora marcado por incertezas, ajustes e recessão. O Brasil tem que fazer mudanças fundamentais na economia.

O poder militar resolve que já é hora de começar lenta e prudente abertura.

Governo Geisel: abertura política e mudanças econômicas

Rio de Janeiro, palácio das Laranjeiras, 12 de junho de 1973, seis da tarde. O general Ernesto Geisel [1908-1996], presidente da Petrobras, irmão do ministro do Exército, general Orlando Geisel, chega para encontro com o presidente da República. Poderoso e popular, Médici tem todas as condições para escolher o sucessor. Ele solicita ao general Figueiredo, chefe do Gabinete Militar, que entre primeiro e sozinho. Pergunta: "Mas você me garante mesmo que o Ernesto está de relações cortadas com esse Golbery?" Médici e Golbery são desafetos. Ligado aos três e um dos articuladores da candidatura de Geisel, Figueiredo vai dizer depois que respondeu com a primeira e única mentira de sua carreira profissional: "Eles estão distanciados. Não se falam há mais de um ano." "Então mande entrar o Ernesto."

Ernesto Geisel sai do Laranjeiras candidato da Arena à eleição indireta de resultado previamente assegurado.* Pelas mãos do presidente Garrastazu Médici, dirá. Mas jornalistas espicham a frase: "Pelas mãos do Médici e pelos ombros do Orlando."[2] O adversário vai ser o deputado Ulysses Guimarães, presidente do MDB, sem qualquer chance. Contrário ao regime e a eleições indiretas, ele se define como anticandidato. Uma candidatura meramente simbólica. O objetivo é ocupar espaço, denunciar a ditadura, fazer pregação política pelo país afora. Seu companheiro de chapa é o jornalista Barbosa Lima Sobrinho.

Em 15 de janeiro de 1974, o Congresso dá quatrocentos votos a Geisel e 76 a Ulysses Guimarães.

O novo governo recebe um país próximo da crise econômica e distante da democracia.

Na economia, a nova realidade mundial induz a substituição do modelo econômico que vigorava desde 1967. A velha restrição do balanço de pagamentos sobre o desenvolvimento volta a se impor. Emerge longo período de ajustamento, redefinição de prioridades, grave endividamento externo, flutuações de desempenho, dificuldades inflacionárias e, mais tarde, recessão.

No campo político, brota progressiva liberalização, processo que se arrastará por 11 longos anos. Até o término do governo Figueiredo, em 1985. A abertura chega em doses homeopáticas, às vezes com paralisações e mesmo recuos táticos. Mas terá final feliz. O renascimento político da sociedade civil, a retirada não traumática do poder militar e a democratização.

Paradoxo: é exatamente o mais autoritário e marcial dos cinco presidentes militares que desencadeia o desmanche do regime. Geisel é o ditador da abertura política. Teme pela hierarquia militar, que entende ameaçada pela autonomia e hipertrofia do sistema de repressão política. Considera o regime anacrônico e desnecessário. Mas está convencido de que não pode ser desfeito abruptamente sem grave risco de descontrole. Desconfia da seriedade da imprensa, mas considera a censura inaceitável e estimulante da corrupção. Seu principal projeto político é a distensão, a abertura política gradual. É contrário

---

** Em março de 1985, Tancredo Neves, presidente eleito, em visita a Washington, ouve do vice-presidente George Bush que a apuração das eleições presidenciais americanas será feita em menos de 24 horas, graças ao avanço espetacular da informática. Tancredo: "Nisso o Brasil está muito adiante dos Estados Unidos. A partir de 1964, sabíamos quem ia ser o próximo presidente da República muito antes das eleições."*

a eleições diretas para presidente da República e partidário de governo forte, com grande poder de mando e dependência mínima do Congresso em assuntos substantivos, como o orçamento público. Para ele o Parlamento deve ser pouco mais que uma consultoria. Local de conversas políticas, debates e discursos, sem poder real significativo.

Gaúcho de Bento Gonçalves, filho de imigrantes alemães, nascido em 1908, faz brilhante carreira militar. Tem clara noção do poder, visão política, senso da História e da necessidade de preservação de valores fundamentais do país e das Forças Armadas. Tem horror à anarquia. É cerimonioso, formal, discreto.

Prudente, cultiva o hábito de verificar cenários. Avalia circunstâncias e riscos, custos e benefícios, avança passo a passo. Cautelosamente. Por exemplo: opta pela distensão política, mas só abre mão do AI-5 nos últimos dias do governo, após garantir a eleição do sucessor que escolheu, general Figueiredo.

Geisel foi um dos líderes brasileiros que mais concentrou poderes nas próprias mãos. Contam que, alertado sobre dificuldade de absorção de certa medida pelo sistema militar, respondeu secamente: "O único sistema a que me submeto é o decimal." Chefe do Gabinete Militar do governo Castello Branco [1964-1967], ministro do Superior Tribunal Militar [1967-1969], presidente da Petrobras [1969-1973], presidente da República [1974-1979]. Depois de deixar o cargo, preside a empresa Norquisa S.A., sediada no Rio de Janeiro. Morre em 12 de setembro de 1996 no Rio de Janeiro.

A principal estrela do ministério é o general Golbery do Couto e Silva, do Gabinete Civil da Presidência da República, estrategista e operador político, entusiasta da liberalização lenta e controlada. O ministro do Exército é o general Vicente de Paula Dale Coutinho, que morre em julho de 1974 e é substituído pelo general Sylvio Frota, típico militar de carreira, anticomunista ferrenho. O SNI é entregue ao general João Baptista de Oliveira Figueiredo. O comando da economia é compartilhado pelos economistas Mário Henrique Simonsen, da Fazenda, e João Paulo dos Reis Velloso, do Planejamento. O vice-presidente é o general Adalberto Pereira dos Santos, antigo comandante do I Exército e chefe do Estado-Maior do Exército, ex-ministro do Superior Tribunal Militar.

Geisel governa com a abertura em uma das mãos e o AI-5 na outra. A flor e o chicote.

No discurso de posse, não menciona a distensão política. Mas quatro dias depois, na primeira reunião ministerial, mostra a flor:

"Quanto ao setor político interno, envidaremos sinceros esforços para o gradual, mas seguro, aperfeiçoamento democrático, ampliando o diálogo honesto e mutuamente respeitoso e estimulando maior participação das elites responsáveis e do povo em geral, para a criação de um clima salutar de consenso básico e a institucionalização acabada dos princípios da revolução de 64."

Em seguida, estala o chicote:
"Os instrumentos excepcionais de que o governo se acha armado para manutenção da atmosfera de segurança e de ordem, fundamental para o próprio desenvolvimento econômico e social do país, sem pausas de estagnação nem, muito menos, retrocessos sempre perigosos, almejo vê-los não tanto em exercício duradouro ou freqüente, antes como potencial de ação repressiva ou de contenção mais enérgica e, assim mesmo, até que se vejam superados pela imaginação política criadora, capaz de instituir, quando for oportuno, salvaguardas eficazes e remédios prontos e realmente eficientes dentro do contexto constitucional."

A flor e o chicote. Um aceno à abertura, outro à poderosa linha dura. Uma no cravo, outra na ferradura, atitude emblemática do governo Geisel. Jogos golberianos.

De qualquer modo, é a tímida sinalização inicial do que ele chamará depois de "distensão lenta, gradual e segura", principal marca de seu governo e biografia.

Por que abrir?

Naquele momento, a questão para Geisel, Golbery e outras lideranças militares hegemônicas não era desencadear ou não a abertura. Era como promovê-la de forma controlada e em ritmo lento. Não necessariamente por ideais democráticos, mas pela evidência de que era preciso desmontar a ditadura de modo inteligente. Antes que ela, obsoleta, carcomida, desabasse por si mesma. Predominava a idéia de que chegara a hora de descomprimir e oxigenar o regime. Isso pesou na própria escolha de Geisel, cuja determinação, idéias e convicções eram conhecidas. Realmente, já passava da hora. A luta armada, vista como principal óbice, inclusive pela corrente moderada, acabara. O velho fantasma da ameaça comunista desaparecera. E agora as ditaduras eram cada vez mais malvistas internacionalmente. A economia mundial mergulhara na crise do petróleo, asfixiando o modelo de crescimento do "milagre brasileiro", antes a principal fonte de afirmação política do regime. O presidente estava apreensivo quanto às repercussões da liberdade de atuação das forças de repressão sobre a hierarquia e a disciplina das Forças Armadas. E também questionava seus métodos. Havia evidências pontuais de penetração no meio militar da corrupção crescente, facilitada pela censura à imprensa e pela inoperância e fraqueza da ação fiscalizadora do Poder Legislativo.

A corrente militar hegemônica percebe a senectude do regime e o crescente custo político de mantê-lo tal como é. Mas o cauteloso Geisel quer trabalhar com risco zero, manter o poder durante o maior prazo possível. Até para vencer resistências militares e evitar riscos. Eis sua resposta sobre os objetivos da distensão:

> "Qual é o primeiro princípio de Maquiavel? Que os governos devem lutar para manter o poder. Pessoalmente não disse que queria manter o poder para sempre, mas nenhum governo diz a seus aliados que quer entregar o poder para a oposição."[3]

Assim, a abertura não é uma dádiva do governo Geisel. Nem uma conquista independente da sociedade civil organizada. Ela surge, sobretudo, como resposta do poder militar às novas circunstâncias econômicas e políticas internas e internacionais. Opção inteligente, engenhosa, maquiavelicamente idealizada. Que inibe e constrange grande parte dos adversários políticos, conscientes de que devem dosar a oposição ao governo que está enfrentando a linha dura. Isso facilita o prolongamento da sobrevivência pacífica do regime. Assim, a abertura política dura 11 anos. Mais de metade de todo o ciclo militar.

O governo Geisel [1974-1979] coincide com forte inflexão da trajetória econômica e política do país. Na economia, agora ausentes as extraordinárias condições internacionais da época do "milagre econômico", o governo decide não renunciar ao crescimento. Aumenta a estatização da economia, a dívida externa quintuplica, mas a economia cresce em média mais de 6,5% anuais no qüinqüênio 1974-1978, o que favorece a transição. A política externa tem perfil independente. Tenta escapar à tradicional influência americana. O Brasil restabelece relações diplomáticas com países socialistas, inclusive a China, e estreita os laços com o Terceiro Mundo.

Pouco a pouco, a ditadura vai sendo desmontada. A sociedade civil se organiza, renasce politicamente, ganha força. Instala-se processo de concessão-conquista-concessão de espaço político. As eleições legislativas de 15 de novembro de 1974 deixam claro que o povo quer mudanças. A oposição dá um salto nas urnas. Elege 16 senadores e 160 deputados. O PDS, partido do governo, faz apenas seis senadores e 204 deputados. É a maior vitória da história do MDB. O bipartidarismo dá caráter quase plebiscitário ao pleito. A leitura é de condenação do governo e do regime. Ao analisar os resultados, o governo concluiu que a facilidade de acesso a rádio e televisão favorecia a oposição. Em 1976, vai impor a "lei Falcão", que proibirá nesses meios de comunicação o debate político, a divulgação de idéias e propostas do candidato e até mesmo mensagens de seu partido político.

Um evento fundamental do período é a exoneração sumária, por Geisel, do general-de-exército Ednardo D'Ávila Mello, comandante do II Exército, em São Paulo, no episódio da morte sob tortura, em janeiro de 1976, no DOI-Codi paulista, do operário Manuel Fiel Filho, ligado ao PCB. Gildásio Cosenza, líder estudantil, dirigente do PC do B, estava lá preso e sob tortura:

> "A cela do Fiel ficava do lado de uma sala dessas típicas de delegacias. A do Herzog tinha sido no andar superior do outro pátio. Aí, a gente saindo da tortura... Quando eu saio da tortura, esse carcereiro já veio com a minha roupa e disse: 'Pode botá, porque você já tá indo embora. Morreu mais um. Não agüentou o pau.' (...) Agora, com relação ao Manuel Fiel Filho, o que nós achamos é que eles esperavam ter um apoio muito grande e derrubar o Geisel. O objetivo deles era peitar o Geisel. No caso do Fiel, primeiro eles não tinham nenhuma informação a mais para retirar. Porque aí já estava presa toda a direção do PCB lá em São Paulo. E eles sabiam que o Fiel era final de linha em termos de estrutura. O Fiel não tinha ninguém abaixo dele. Depois de derrubar o comitê central do PCB, derrubar o comitê regional, derrubar o comitê municipal, derrubar os dirigentes de células, aí pegam o cara lá e torturam até matar. (...) Foi provocação, inclusive pelo nível de agressividade."[4]

A tragédia do operário Fiel comove o país. A versão oficial é de suicídio por enforcamento, rejeitada pela imprensa e pela opinião pública. Geisel estava em Belo Horizonte. Foi imediatamente avisado pelo governador Paulo Egydio Martins, de São Paulo. Indignado e sentindo sua autoridade ferida, age depressa. Exonera sumariamente o general Ednardo. Não dá conhecimento ao ministro do Exército, general Sylvio Frota, que passava o fim de semana no Rio de Janeiro. O general Ednardo estava num sítio de amigos no interior de São Paulo.

Anteriormente, em agosto de 1975, havia morrido nesse mesmo DOI-Codi o tenente José Ferreira de Almeida, da PM paulista, ligado ao PCB. Geisel questionara e condenara os métodos da repressão em carta manuscrita ao ministro Figueiredo, chefe do SNI. Em outubro de 1975, também sob tortura, morre ali Vladimir Herzog, de 38 anos, jornalista, professor universitário, diretor da TV Cultura de São Paulo. Convidado no dia anterior para depor, apresenta-se normalmente no horário determinado. Afinal, já sopravam forte os ventos da abertura. Mas é surpreendido com tortura. Cardiopata, não resiste ao suplício, que rotineiramente incluía choques elétricos e asfixia. Trágica trapalhada.

Há ampla repercussão. A sociedade se mobiliza, protesta contra o regime militar. O processo de abertura já permite. A imprensa denuncia grosseira simulação de suicídio por enforcamento. O presidente avisa aos comandos militares que não vai tolerar novos episódios.

É o que acontece naquele janeiro de 1976, que marca a virada nos exageros e abusos da repressão. Nas palavras do próprio Geisel:

> "Houve um fato, por exemplo, que marcou muito. Um fato extremamente desagradável, que foi a exoneração do comandante do II Exército, em São Paulo. Porque, contrariamente à minha orientação, ali a repressão estava se exercendo de uma maneira absurda, estúpida. (...) Não posso afirmar, mas aquilo, aquilo... Aquilo foi um verdadeiro assassinato!"[5]

A mudança marca o começo do fim da tortura de prisioneiros políticos. Geisel finalmente põe a mão no aparelho de repressão política, cujo enquadramento considera essencial à ordem e à disciplina das Forças Armadas. Impõe suas prioridades e diretrizes. E escolhe o novo comandante, general Dilermando Gomes Monteiro, homem de sua confiança pessoal, identificado com a abertura. Um forte golpe na repressão. De Delfim Netto: "Ali, na verdade, ela quebrou a espinha, não é?"[6]

> José Genoíno, guerrilheiro no Araguaia, era prisioneiro político:
> "Eu estava preso nessa época e vi que o aparato de segurança dos DOI-Codi era contra a abertura. Aliás, eu acho que se não fosse o Geisel eles tinham ido, aqui, para o mesmo que a Argentina. O desejo da Comunidade de Informações era ir para o modelo argentino. Não o modelo, porque não tinha. Mas iria dar no que a gente conheceu da Argentina. Eliminação indiscriminada de gente e por aí afora. No final do governo Médici, muitos desaparecidos eram pessoas que não estavam na luta armada. Um monte de desaparecidos não fazia luta armada. Muitos foram mortos. No começo, diziam: 'Vamos matar quem faz luta armada.' Agora, no final, já estavam eliminando muita gente. O Herzog morreu [outubro de 1975] e não fazia luta armada."[7]

Em 1.º de abril de 1977, um retrocesso: o governo fecha o Congresso. Mais: duas semanas depois baixa ditatorialmente o chamado "Pacote de Abril", que muda casuisticamente as regras eleitorais. Os futuros mandatos presidenciais são espichados para seis anos, as eleições para governador continuam indiretas. Surgem os senadores eleitos pelas assembléias legislativas — pelo artificialismo, ficam conhecidos como "senadores biônicos" — e a regra segundo a qual nenhum estado pode ter mais de 55 ou menos de seis deputados federais. O governo maximiza, assim, o seu controle sobre o Colégio Eleitoral que irá eleger novo presidente da República em 15 de janeiro de 1985. Sai também reforma do Judiciário.

Outro fato político-militar de grande significado para a abertura é a exoneração, em 12 outubro de 1977, do ministro do Exército, general Sylvio Frota, presidenciável da linha dura. Foi pacientemente preparada pelo próprio presidente nos dias anteriores. Era feriado em Brasília, dia de Nossa Senhora Aparecida. Mas o ministro foi chamado bem cedo ao palácio do Planalto. Uma conversa difícil. O presidente diz abertamente que os dois já não se entendem e solicita que Frota deixe o cargo. Mas ele se recusa. Ocorre então o seguinte diálogo:

Geisel: "Eu gostaria que o senhor apresentasse seu pedido de demissão, pois preciso do cargo."

Frota: "Não! Demissão eu não apresento."

Geisel: "Mas o cargo é meu."

Frota: "Então o senhor me demita."

Geisel: "Então o senhor está demitido."[8]

Quase explode conflito armado. Os frotistas tentam organizar resistência. Mas o afastamento acaba assimilado. Geisel consegue manter o controle da situação. No final da tarde, nomeia e empossa o novo ministro do Exército, general Fernando Belfort Bethlem. A partir daí, consegue o pleno controle do sistema militar. O episódio fortalece a abertura política e consolida a candidatura do general João Baptista de Oliveira Figueiredo à Presidência da República. A abertura prossegue, então, com maior velocidade e sem contratempos ou constestações importantes. Figueiredo é eleito em 15 de outubro de 1978, com larga vantagem sobre o general Euler Bentes Monteiro, candidato do MDB.

Durante o qüinqüênio de Geisel [1974-1978], a economia cresceu cerca de 35% reais. A taxa de inflação passou de 34% em 1974 para 40% em 1978.

Março de 1979, fim do governo. Não obstante fatos negativos, como cassações de mandatos e direitos políticos, o Pacote de Abril de 1977 e a demora em enquadrar o poderoso e rebelde aparelho repressivo, o saldo favorável da abertura no período é significativo. Há liberdade de imprensa; a atividade política está parcialmente revalorizada, o Congresso recuperou parte apreciável do poder e prestígio, a oposição política renasceu. Nasceu um novo sindicalismo em São Paulo, que relançou com sucesso as greves operárias e vai gerar o Partido dos Trabalhadores-PT, fundado em 1979. As Forças Armadas estão em ordem, a linha dura e o aparelho repressivo sob controle, a tortura de presos políticos eliminada, o *habeas-corpus* restabelecido. Parte dos exilados ganhou condições de voltar. O AI-5 acabou, extinto pela emenda constitucional n.º 11, de 13 de outubro de 1978.

O país já discute anistia política ampla, geral e irrestrita. O Judiciário atua mais livremente. O novo presidente, general Figueiredo, jura "Fazer do país uma democracia". Fazia sentido. Apesar de tudo, o estado de direito ainda estava distante. Mesmo sem o AI-5, a essência do poder político continuava com os militares. Também legalmente o governo concentrava poderes extraordinários. Como os da Lei de Segurança Nacional, as salvaguardas de emergência introduzidas na Constituição ou o domínio absoluto do orçamento público. Além disso, o aparelho de repressão política permanecia intacto, apesar de controlado.

Governo Figueiredo: abertura política e recessão econômica

"Na transição, eu não fiz nada. Só evitei que saísse bofetão."[9]

A avaliação do presidente Figueiredo [1918-1999] subestima seu papel na abertura política. Ele teve participação importante. Aos trancos e barrancos, manteve fidelidade ao projeto e ao juramento. E o principal: não bombardeou a marcha rumo à democratização. Pelo contrário. Foi até o fim. Até a última pá de cal no regime que ajudou a fundar em março de 1964.*

* *A espontaneidade, a impaciência e a franqueza rude do general Figueiredo produziram manifestações surpreendentes. Depois de sua morte, a imprensa divulgou falas inéditas, contundentes, às vezes ressentidas, destemperadas ou mesmo desrespeitosas. Exemplos: "O que interessa mesmo são os homens que estão lá em*

Ele governou num período especialmente adverso da economia mundial. Cavalgavam juntos quatro cavaleiros do apocalipse. O segundo choque do petróleo; as dificuldades de obtenção de créditos internacionais e a brutal escalada dos juros resultante do "reaganismo", que pegou o Brasil em grave posição de endividamento; a recessão mundial e, finalmente, a queda dos preços das matérias-primas brasileiras. O período é profundamente marcado pelo agravamento das dificuldades econômicas. Pela combinação de estagnação e inflação, a estagflação. Conforme dados do IBGE, trabalhados pelo autor, o Produto Real cresceu cerca de 14% no período 1979-1984 e 24% no qüinqüênio 1985-1989. Seu valor *per capita* caiu mais de 4% reais no governo Figueiredo [1979-1984]. No período 1985-1989 [governo Sarney], ele aumentou mais de 12% *per capita* e 25% em valor absoluto.

Politicamente, os anos Figueiredo coincidem com a exaustão e crepúsculo do regime militar. Alguns episódios pontuais de contestação são superados. Mas a liberalização política não cessa de prosperar. Ocorrem muitos avanços de alto quilate. O ponto mais alto é a aprovação da Lei de Anistia, em 1979. O mais baixo, a fantasiosa apuração do atentado terrorista do Riocentro. Mas há outros acontecimentos marcantes. Como o crescimento da presença e papel político das oposições; o restabelecimento do pluripartidarismo; a retomada das eleições diretas para governador; a eliminação das eleições indiretas para parte do Senado. A gigantesca e civilizada mobilização popular por eleições presidenciais diretas dos primeiros meses de 1984. E a campanha e eleição do candidato presidencial das oposições, Tancredo Neves, exatamente no Colégio Eleitoral montado pelo governo militar. Assim, apesar de alguns sustos, riscos e ameaças, o país completa pacificamente a travessia para a democratização.

O presidente Figueiredo nasceu no Rio de Janeiro em 1918. Foi primeiro aluno nas escolas preparatórias. Dono de longa experiência de participação em governos, sempre ligado à área militar. Oficial de cavalaria, adotou estilo tosco, rude, que transparece em atitudes e declarações inesperadas, contundentes, ásperas, de pedregoso senso de humor. Mas outras de inegável pertinência, como: "Lugar de brasileiro é no Brasil", pronunciada durante o equacionamento

---

cima, mandando. Ditadura pode ser coisa boa"; "Tudo aqui é diferente do que se faz lá fora. Até ditadura aqui é diferente, porque os generais combinam a alternância no poder"; "Tancredo Neves não era de nada. Só fez politicagem em Minas"; "Na realidade, fomos driblados. E, levamos um drible. Mais que isso, tomamos um gol contra do nosso centroavante, o Sarney" [sobre sua sucessão na Presidência da República]; "Imagina, reeleição! Eu já não agüentava mais o convívio desgraçado daqueles infames."

da anistia, em 1979. Emotivo, temperamental, explosivo, mercurial, às vezes imprevisível. Muito mais um soldado que um político: "Você é político profissional e eu sou soldado. Você pensa na eleição de amanhã e eu penso é na alvorada e no silêncio."[10] Em 1961, no governo Jânio Quadros, integra a equipe chefiada pelo então coronel Golbery do Couto e Silva no Conselho de Segurança Nacional. No governo João Goulart, assume as funções de instrutor da ECEME. Promovido a coronel, em agosto de 1964, chefia a Agência do SNI no Rio de Janeiro. Em 1966, é transferido para São Paulo. General em 1969, é nomeado ministro-chefe do Gabinete Militar da Presidência da República no governo Médici (1969-1974). Ministro-chefe do SNI do governo Geisel de 1974 a 1978. General-de-exército em 1978, ungido por Geisel, candidata-se a presidente da República nas eleições indiretas de 15 de outubro de 1978. Governa o país de 15 de março de 1979 a 15 de março de 1985, período marcado por forte recessão da economia e continuidade da abertura política desencadeada no governo Geisel. Deixa o poder em 15 de janeiro de 1985. Não volta à vida pública. É certamente recordista em permanência contínua na cúpula do governo federal. Como ministro dos governos Médici e Geisel e seis anos presidente da República, totalizou mais de 15 anos. Figueiredo delegava amplamente e não tinha gosto pela política e pela administração. Era apaixonado por matemática, gostava de resolver problemas complexos. E por cavalos e equitação. Na Presidência, foi também o oposto do Figueiredo de antes: como ministro-chefe do SNI, era discreto, quase inacessível, misterioso, sempre escondido atrás de pesados óculos escuros. Mas desde o final de 1978, com a candidatura à Presidência, transforma-se. Torna-se descontraído, informal, falante, espontâneo, pitoresco, chistoso. Novo papel, nova personagem, nova imagem. Era casado com Dulce Figueiredo, primeira-dama de destacada presença. Seu pai, general Euclydes Figueiredo, considerado um democrata, combateu o governo provisório de Vargas na frustrada Revolução Constitucionalista de 1932, quando teve que exilar-se. O presidente Figueiredo morreu em 24 de dezembro de 1999 no Rio de Janeiro.

O novo ministério combina figuras dos governos Médici e Geisel. Há poucas novidades. O general Walter Pires, amigo pessoal do presidente, assume o Ministério do Exército. Golbery do Couto e Silva permanece no Gabinete Civil e Mário Henrique Simonsen, ministro da Fazenda de Geisel, vai para o Planejamento comandar a política econômica. Mas ambos, frustrados, vão deixar o governo. Simonsen logo, em agosto de 1979, desalentado com a falta de apoio e sustentação a seu programa de aperto de cintos. Cético, recusara várias vezes o convite de Figueiredo. Não queria permanecer na função nem viver em Brasília. Mas terminou cedendo às pressões. Fez exigências que considerava indispensáveis para ganhar condição de efetivamente comandar o projeto de ajuste da economia que julgava inadiável. Figueiredo prometeu atendê-lo, dar-lhe carta branca na área. Então ficou. Mas Simonsen, apesar de economista brilhante e criativo, não tinha o perfil de um executivo enérgico e determinado, com capacidade de liderança para impor sua política. Dependia muito da solidariedade do presidente Figueiredo, este pressionado por seu ministério estelar. Como Andreazza, do Interior, um campeão de obras públicas que acalentava projeto presidencial. Desiludido, Simonsen foi embora, substituído por Delfim Netto.* Quanto a Golbery, depois de ver seu poder e influência crescentemente reduzidos, sai em agosto de 1981. A gota d'água foi sua inconformidade com a apuração do episódio terrorista do Riocentro, ocorrido em 30 de abril daquele ano no Rio de Janeiro. O substituto é o jurista João Leitão de Abreu, titular do cargo no governo Médici.

Desde a campanha, Figueiredo se impõe compromisso com a restauração democrática e a estabilização da economia, particularmente com o controle da inflação, crescente e ameaçadora depois da crise energética. Ao receber a faixa presidencial de Geisel, em 15 de março de 1979, faz profissão de fé democrática e pede o entendimento nacional. Fragmentos:

> "Reafirmo, portanto, os compromissos da revolução de 1964, de assegurar uma sociedade livre e democrática. Por todas as formas a seu alcance, assim fizeram, nas circunstâncias de seu tempo, os presidentes Castello Branco, Costa e Silva, Emílio Médici e Ernesto Geisel.
>
> Reafirmo: é meu propósito inabalável — dentro daqueles princípios — fazer deste país uma democracia. As reformas do eminente presidente Geisel prosseguirão até que possam expressar-se as muitas facetas da opinião pública brasileira, purificado o processo das influências desfigurantes e comprometedoras de sua representatividade.

---

* *Simonsen resumiu assim a mudança: "O Figueiredo não tinha alternativa. Ou ficava comigo ou tinha que mudar todo o ministério. No fundo, ele devia me achar um chato, pois eu só levava más notícias. Ele era bem mais informal que o Geisel nos despachos e, de manhã, fazia sua cavalgadazinha";* Delfim Netto, assim: *"O Mário foi embora porque sabia que o Brasil tinha quebrado. Figueiredo me chamou e disse: 'O Brasil é um pinto que botou um ovo de avestruz e está todo arrebentado. Sua tarefa é costurar o bicho". Fontes:* História indiscreta da ditadura e da abertura, *deste autor, Editora Record, Rio de Janeiro, 1998, p. 264;* e Correio Braziliense, *de 6 de dezembro de 1998, respectivamente.*

Reafirmo: sustentarei a independência dos poderes do Estado e sua harmonia, fortalecendo, para que atinja sua plenitude, a federação sonhada pelos fundadores desta pátria.
Reafirmo o meu gesto: a mão estendida em conciliação. Para que os brasileiros convivam pacificamente. Para que as divergências se discutam e resolvam na harmonia e na boa vontade, tão da índole de nossa gente."

Na posse, diante do Congresso Nacional, emocionado, tinha sido ainda mais direto: "Juro fazer deste país uma democracia."

Logo depois, eufórico, em entrevista à imprensa, assusta os adversários da abertura: "É para abrir mesmo, e quem quiser que não abra eu prendo, arrebento."

Numa ditadura que completava 15 anos, foi um espanto.

Anistia

A aprovação da lei de Anistia Geral, em agosto de 1979, é talvez o momento de maior brilho do governo. Um pacto complexo, melindroso e sofrido, mas fundamental para a trajetória da abertura. Transitou por caminho pontilhado de ressentimentos, mágoas, ódios, perdas. Envolveu questões éticas complexas, às vezes dolorosas. Inicialmente reivindicada com discrição, ganhou estridência no final do governo Geisel. Discursos, passeatas, manifestações, comícios, entrevistas. É a sociedade civil que se mobiliza, luta. Pressiona por lei que anistie todos os prisioneiros políticos e também os banidos com base nos atos institucionais. Os negociadores políticos certamente a consideraram vital também para a saída pacífica dos militares. Estenderam seus benefícios a todos, inclusive integrantes da repressão. Prevaleceu a idéia de passar uma borracha no passado. Até para exorcizar temor de revanchismo, prejudicial à abertura. Todos os prisioneiros políticos acabam libertados.

A anistia pacifica, tranqüiliza, restabelece direitos políticos. Permite a volta dos exilados. De líderes como Leonel Brizola, Miguel Arraes, Luís Carlos Prestes, Darcy Ribeiro e muitos outros. A legislação relativa à inelegibilidade é modificada para permitir que os anistiados possam participar do processo político.

De Ulysses Guimarães, muitos anos depois, no momento máximo de sua vida pública:

"Conhecemos o caminho maldito: rasgar a Constituição, trancar as portas do Parlamento, garrotear a liberdade, mandar patriotas para a cadeia, o exílio, o cemitério. (...) O Estado autoritário prendeu e exilou; a sociedade, com Teotônio Vilela, pela anistia, libertou e repatriou."[11]

Um ponto importante é o restabelecimento do pluripartidarismo em 1979-1980. Arena e MDB desaparecem. Surgem o PDS, o PMDB, o PP, o PDT, o PTB e o PT. O governo não quer novas eleições plebiscitárias, basicamente voltadas para sua aprovação ou reprovação.

Outro destaque é a força crescente do movimento operário, principalmente em São Paulo. Ocorrem dezenas de greves de metalúrgicos e de professores em 1979.

As bombas do Riocentro

Em 1980-1981, há uma escalada de atentados contra organizações e personalidades políticas, sedes de publicações da esquerda, bancas que vendiam jornais de oposição. A culminância é a atrapalhada tentativa de implosão da abertura no extraordinário episódio das bombas do Riocentro, em 30 de abril de 1981, no Rio de Janeiro. Uma quase tragédia coletiva.

Como parte das comemorações do Dia do Trabalho, o Centro Brasil Democrático-Cebrade organiza *show* de música popular brasileira, que reúne artistas consagrados: Chico Buarque de Holanda, Gal Costa, Elba Ramalho, Gonzaguinha, Alceu Valença e outros. Mais de dez mil pessoas, principalmente jovens de classe média e alta, comprimem-se no interior de um pavilhão fechado, não preparado para permitir rápida evasão do público. Quase todas as portas de saída estão trancadas a cadeado. De repente, no estacionamento, explode potente bomba dentro de um Puma, carro esportivo. Ela mata instantaneamente o sargento Guilherme Ferreira do Rosário e fere gravemente o capitão Wilson Luiz Chaves Machado, ambos ligados ao DOI-Codi do I Exército. Os dois usavam trajes civis. Uma segunda bomba estoura cerca de meia hora depois na casa de força, sem fazer vítimas nem interromper o fornecimento de energia. Milagrosamente, a multidão, que naquele momento ouvia o cantor Alceu Valença, não percebe as explosões. Os dois militares são vistos pela imprensa e pela opinião pública como os desastrados executores do atentado. Aponta-se como seu objetivo a produção de uma grande tragédia, que seria atribuída à esquerda, fornecendo pretexto para fechar o regime. Mesmo com as organizações de guerrilha urbana fora de combate desde 1972. Um plano macabro e ardiloso. O último baluarte guerrilheiro fora extinto em 1975. A Guerrilha do Araguaia, no Pará. A Lei da Anistia vigorava desde 1979. E o atentado de modo algum interessava às oposições. Mas, se não tivesse falhado, a versão poderia driblar a realidade e despencar sobre a abertura política.*

Apesar das evidências, inquérito policial-militar, conduzido pelo coronel Job Lorena de Sant'Anna, divulgado no final de julho de 1981, conclui que o capitão e o sargento foram vítimas de terroristas não identificados. Ninguém é responsabilizado. Em 2 de outubro de 1981, por dez votos a quatro, o Superior Tribunal Militar decide pelo arquivamento do caso.**

Apesar dos temores da oposição, a liberalização política não sofre descontinuidade. Pelo contrário, intensifica-se. Nessa altura, a transição é praticamente consenso nacional. Mas não está imune a manobras procrastinatórias. Há quem acredite que o saldo político do atentado terminou sendo até positivo para a abertura. Teria permitido a troca da impunidade dos executores e eventuais mandantes pela aceitação da agenda política, inclusive das eleições diretas para governador de 1982, antes contestadas por radicais da linha dura. Do presidente Figueiredo:

---

* *Capricho do destino: Andréa Neves da Cunha, neta do futuro presidente Tancredo Neves, cuja eleição, em 1985, vai sacramentar o fim do regime militar, é quem socorre o capitão Wilson, levando-o às pressas ao Hospital Lourenço Jorge. Segundo ela, ele disse apenas o seguinte durante o trajeto: "Sou do Exército, tenho uma filha de seis meses. Não posso morrer."* História indiscreta da ditadura e da abertura, *op. cit., p. 287.*

** *Em junho de 1999, portanto mais de 18 anos depois das bombas do Riocentro, o procurador-geral da Justiça Militar Kleber de Carvalho Coelho, após ouvir reserva-damente o antigo capitão Wilson Machado – agora coronel, servindo no Quartel-Gene-ral do Exército, em Brasília – e outros, solicitou ao Exército a abertura de novo Inquérito Policial Militar. Machado foi indiciado. E também o general Newton Cruz, chefe da Agência Central do SNI em 1981, acusado de falso testemunho. Mas o Superior Tribunal Militar-STM, por intermédio do ministro-relator Carlos Alberto Marques Soares, em 4 de maio de 2000, determinou o arquivamento do caso, sob o argumento de que, do ponto de vista jurídico, não há nada a ser feito. Para ele, a Lei da Anistia e a emenda constitucional nº 26, que ampliou seus efeitos, não permitiriam a reabertura do caso. No dia 23 de maio de 2000, o STM, por dez votos contra um, rejeitou recurso do Ministério Público contra o arquivamento.*

"Talvez a bomba, com todas as desgraças que ela trouxe para o Brasil, tenha sido um benefício para a abertura. Porque, com ela, cessou tudo."[12]

Estagflação

Ainda em 1981, o aprofundamento da crise externa impõe a adoção de política econômica corretiva, que aborta o surto desenvolvimentista iniciado no final de 1979. Há elevação dos juros internos e outras medidas recessivas. A inflação anual bate em 95,2%, o PIB cai 4,3% reais. É o fundo do poço. No final de 1982, começam negociações com o Fundo Monetário Internacional. O país precisa de pelo menos US$ 6 bilhões para fazer face à crise de liquidez e honrar os pagamentos do serviço da dívida no ano seguinte. Em 1983, desvalorização cambial de 30% impacta a economia, então amplamente indexada, inclusive os salários. A inflação supera 200%, o PIB baixa 2,9%. Mas 1984 sinaliza início de recuperação. Apesar de a inflação superar 220%, a economia avança 5,4% reais. Além disso, registra-se superávit comercial da ordem de US$ 13 bilhões, fundamental para o equacionamento de curto prazo das contas externas no governo seguinte. Até porque a dívida externa saltara de US$ 43,5 bilhões para US$ 91 bilhões entre 1978 e 1984.

Dois Figueiredos?

Coincidência ou não, a partir do caso Riocentro o presidente Figueiredo acusa crescentes problemas de saúde e acentuada queda de motivação e desempenho. Surge um novo governo Figueiredo, cada vez mais distante de Geisel e mais próximo de Médici em termos administrativos. Muita delegação, concentrando-se mais ainda o exercício do poder em "superministros", como Walter Pires, do Exército; e Delfim Netto, do Planejamento, que gerencia grave e desgastante crise econômica.

O presidente Figueiredo mudou, virou outro? Resposta do presidente Ernesto Geisel:

> "O governo dele mudou um pouco, sofreu um pouco, em conseqüência da doença. O Figueiredo de antes do infarto é um, o de depois do infarto é outro. (...) Eu, naquela época, preconizei a renúncia. O pessoal em torno dele insistiu na permanência."[13]

O general Leônidas Pires Gonçalves, comandante do III Exército no governo Figueiredo e ministro do Exército no governo Sarney [1985-1990], tem proposta de explicação:

"Sabe que ele foi três anos meu aluno na Escola de Comando e Estado-Maior? Um aluno brilhante! Eu tenho a impressão de que o João teve alguns miniderrames ou coisa parecida. Porque a personalidade dele mudou completamente. (...) Como cavalariano, é sempre um pouquinho mais [explosivo] do que o normal, não é? Mas não tinha nada desses exageros que fazia. É uma pessoa por quem eu tinha e tenho grande admiração. Porque o observei de vários ângulos. Agora, que ele mudou de personalidade eu não tenho a menor dúvida."[14]

De Paulo Salim Maluf:

"Eu conheci dois Figueiredos. Era um antes da cirurgia do coração, que foi em 1983. Ele seguiu para os Estados Unidos em junho de 1983. Antes da cirurgia do coração, era um homem valente, disposto, desejoso de fazer as coisas. (...) O Figueiredo de depois da cirurgia do coração era um homem cuja atitude não era muito coerente. Ele mudava de ponto de vista muito rapidamente."[15]

Estranha diarquia

Apesar de influenciadas por casuísmos eleitorais e pelo controle da propaganda eleitoral, as eleições de novembro de 1982 permitem amplo debate político no país. As oposições melhoram sua posição no Congresso e elegem dez governadores, inclusive os de Minas Gerais, Tancredo Neves; São Paulo, André Franco Montoro; e Rio de Janeiro, Leonel Brizola. Asseguram, assim, considerável fatia do poder real.

Diretas já!

Em 1983, começa a disputa sucessória dentro do PDS, partido do governo, que tem o controle do Colégio Eleitoral. Luta de líderes de grande influência, que vai levar à implosão do partido e ao isolamento político de Figueiredo no ano seguinte. Paulo Maluf, Mário Andreazza, Aureliano Chaves,

José Sarney, Marco Maciel, Antônio Carlos Magalhães. E principalmente o próprio presidente.

A prioridade das oposições é agora o fim das eleições indiretas para presidente. Em 18 de abril de 1983, um jovem e desconhecido deputado do PMDB do Mato Grosso, Dante de Oliveira, apresenta proposta de emenda constitucional, a PEC 5/83. Objetivo: eleições diretas já para o sucessor de Figueiredo. É o ponto de partida do que será a campanha das "Diretas-Já", maior movimento cívico da história brasileira. Incipiente no final de 1983 — o primeiro comício, em novembro, foi em São Paulo-SP —, cresce vertiginosamente de janeiro a abril de 1984. Há mais de trinta comícios suprapartidários em vários estados. Transformam-se em eventos político-culturais de grande repercussão. Alguns em megaeventos. Fato raro na política brasileira: o povo participa, reivindica, pressiona. Tradicionalmente, apenas a cúpula política toma as decisões, manobrando as bases e a população. Líderes da oposição juntam forças, inclusive nos palanques: Ulysses Guimarães, agora o "Senhor Diretas", Tancredo Neves, Franco Montoro, Leonel Brizola, José Richa, Mário Covas, Fernando Henrique Cardoso, Miguel Arraes. Notáveis como Sobral Pinto, Afonso Arinos de Melo Franco, Barbosa Lima Sobrinho e outros. Governadores oposicionistas, senadores, deputados, expoentes da Igreja Católica, artistas, intelectuais, jornalistas, empresários, prefeitos, vereadores, lideranças sindicais, estudantes. E povo, muito povo. Uma gigantesca cruzada cívica. Há forte sentimento coletivo pela democratização, pelo fim da ditadura, pelo direito de escolher o presidente da República.

A história política entra em ritmo acelerado. No final da campanha, há comícios com mais de um milhão de pessoas. A imprensa está engajada, o povo empolgado, esperançoso. Mas a mudança constitucional depende de reunião do Congresso marcada para 25 de abril de 1984. Baseado em salvaguardas constitucionais, o governo impõe medidas de emergência em Brasília. Entrega a execução ao general Newton Cruz, comandante militar do Planalto. Muita movimentação, presença ostensiva de soldados nas ruas, algumas escaramuças e episódios pitorescos. A esperança popular é quase certeza. Há muito otimismo. Mas o sonho morre na Câmara dos Deputados depois de mais de 16 horas de sessão. Faltaram 22 votos. Houve 298 votos a favor [55 de deputados do PDS]; 65 contra; três abstenções e 114 ausências. Final frustrante. Mas nem tudo está perdido. As conseqüências político-partidárias e a energia liberada pelas Diretas-Já não têm retorno. Vão pesar decisivamente na sucessão presidencial.

O movimento valia por si mesmo, como reafirmação da sociedade civil. Seria vencedor de qualquer jeito. A emenda caiu, mas a mobilização e a causa ficaram. O alvo agora é o Colégio Eleitoral que vai se reunir em 15 de janeiro de 1985.

Tancredo no Colégio

O governador Tancredo Neves já percebera que a derrota das Diretas eventualmente abriria chance para uma vitória da oposição no Colégio Eleitoral. A própria votação da emenda Dante de Oliveira mostrara que o PDS estava trincado. Ele sabia todo o tempo que o PMDB jogava com dois cenários básicos. O das Diretas, com maiores chances para Ulysses Guimarães, e o do Colégio Eleitoral, com quase certeza de opção por ele próprio, Tancredo, mas dependente de cisão do PDS, que controlava a maioria dos votos.

Ele era sem dúvida presidenciável. Muito mais: correspondia ao perfil que as circunstâncias históricas exigiam. Conforme Sarney: "Tancredo Neves foi o homem que a história preparou para ser o instrumento da transição democrática brasileira." Referência política nacional, tinha biografia, prestígio, legitimidade, competência e projeto para o país. Imagem consolidada de homem de centro, avesso a radicalizações. O último da última geração de gigantes da política mineira: Juscelino Kubitschek, Milton Campos, Pedro Aleixo, Magalhães Pinto, Israel Pinheiro, San Tiago Dantas, Negrão de Lima. Destacou-se inicialmente como advogado, inclusive de empresas privadas. Acumulava longa e diversificada experiência de governo: primeiro-ministro, governador, ministro da Justiça, presidente e diretor do BNDE, diretor do Banco do Brasil, secretário das Finanças de Minas Gerais. E muitos mandatos populares. De presidente da Câmara de Vereadores de São João del Rei a deputado federal, senador e governador de Estado. Era estrategista político, hábil articulador, negociador, veterano domador de crises. Um político moderado e conciliador: "Eu sou pragmático e conciliador na ação, mas inflexível em matéria de princípios."

Como poucos, conhecia o Brasil e os brasileiros. E o Congresso como o próprio rosto. Tinha patriotismo, sabedoria e astúcia política, paciência, coragem. Era profundamente religioso. Uma vida de coerência política, de obediência aos princípios democráticos. Por eles combateu a ditadura Vargas e foi preso no Estado Novo. Por eles, ministro da Justiça no governo democrático do mesmo Vargas [1951-1954], propôs na última reunião do ministério, em agosto de 1954, que todos permanecessem no palácio do Catete e resistissem até o fim. Por eles não votou no marechal Castello Branco, seu amigo pessoal, em 11 de abril de 1964, apesar da pressão maciça do PSD, inclusive de Kubitschek e Ulysses Guimarães. Achava que fora da democracia não há salvação. Que nenhuma ditadura convinha ao Brasil. Ensinava: "Sempre que você transige em princípios, ganha num episódio, mas apenas num episódio. Perde em substância e permanentemente."[16]

Na manga do paletó, guardava acordo feito em Minas com Aureliano Chaves: se um saísse candidato, o outro apoiaria. Tinha outros trunfos fortes. Como a baixa resistência a seu nome dentro das Forças Armadas. Era bem-aceito, bem-visto, considerado confiável, equilibrado, incapaz de permitir revanchismo. Era dono de mais dois anos e meio de mandato em Minas. Mostraria desprendimento e confiança se dele abrisse mão. Tinha vontade, saúde e um projeto presidencial acalentado a vida inteira. Agora, aos 74 anos, estava diante da derradeira oportunidade de realizá-lo. Sua última tentativa de credenciar-se tinha sido a fundação do Partido Popular-PP [1979], abatido por legislação eleitoral casuística em 1981. Para o estrategista político Thales Ramalho, um dos raros confidentes políticos de Tancredo Neves, ele não hesitaria em candidatar-se se as Diretas-Já tivessem passado:

> "Ele não teria nenhuma dúvida! Ele se preparou a vida inteira para isso. Ele não fazia nada conflitante com isso. O que convenceu o doutor Tancredo a se candidatar ao Senado por Minas foi a candidatura à Presidência. Ele era muito condicionado por ela. E isso era absolutamente legítimo, não é? Ele já tinha sido tudo no país."[17]

O fulcro de seu projeto político era o fim da ditadura e o reencontro com a democracia. Combatera mais de vinte anos por isso nas trincheiras da oposição ao regime militar. Sabia que agora o único caminho curto e viável para sacramentar pacificamente o fim do autoritarismo era o Colégio Eleitoral. Mudanças-já, por via indireta. Fugir do chamado da História, era eleger Paulo Maluf, talento político emblemático do regime em agonia. Ou outro candidato situacionista. Sabia também que a hora era aquela. E que era sua vez. As oposições não dispunham de outro nome com aceitação política, militar e potencial de vitória no Colégio Eleitoral. Nem Ulysses nem Brizola nem Lula nem ninguém poderia promover, em torno de si, a aglutinação política indispensável ao sucesso do projeto. Eles também sabiam disso. E ainda que, se o dinamismo econômico fosse recuperado, o quadro poderia mudar rapidamente. Já tinha acontecido durante o "milagre", quando o general Médici, da linha dura, quase vira ídolo popular. A profunda recessão dos anos Figueiredo era excelente trunfo político. Uma dádiva das circunstâncias.

Política é isso: a arte do possível. Depende de quem vê, do que vê, quando vê e, principalmente, do que convém ver. Tudo é e não é. Em política, até o já acontecido muda, se mudam as circunstâncias. Principalmente em sociedades pobres. Versões, antes de tudo.

Tancredo tinha a rara habilidade de invadir discretamente o território adversário para solapá-lo com serena eficácia. Mais que todos, ele sabia que Tancredo-presidente era a democracia, o estado de direito, o pleno exercício da política, a Constituinte, as eleições diretas em todos os níveis, o fim da legislação excepcional, a liberdade sindical, a valorização do Judiciário e do Legislativo, o fortalecimento de estados e municípios, o respeito à cidadania, a volta dos militares aos quartéis, a prioridade do desenvolvimento econômico e social, a normalização institucional. Significava a possibilidade de desenlace seguro e pacífico da luta pela democratização.

O racha do PDS

A implosão do PDS é desencadeada pelo presidente do partido, José Sarney. Inconformado com a condução da escolha do candidato à sucessão de Figueiredo, ele renuncia em reunião da Comissão Executiva, no dia 11 de junho de 1984, em Brasília. Compareceu armado:

> "Os jornais haviam dado que dois ou três deputados, cujo nome eu não quero relembrar, tinham dito que iam tumultuar a sessão, tirar-me de lá no tapa. Eu tinha um revólver. Aliás, não foi a primeira vez, não. Eu andei armado muito tempo. Tinha uma inimizade com o senador Vitorino Freire, lá do Maranhão, que era muito agressivo. E ele dizia: 'Vou tirar o bigode do Sarney.' Então eu fiquei preparado. Todo dia, eu chegava ao Senado e pensava: 'É hoje que vão tirar o meu bigode e eu tenho de estar preparado.' Treinei a andar com uma pistola. É melhor, porque revólver a gente vai puxar e ele sai do ponto, a gente erra. (...)

> Mas no dia da reunião do PDS, eu fui com essa disposição. Na hora, um daqueles deputados realmente começou a ficar meio saliente. E eu parti em cima dele: 'Enquanto eu estiver aqui neste cargo, não admito isso! Cale-se!' Eu já estava com a minha determinação... Aí, eu senti que ele afrouxou. Eu anunciei minha decisão. A reunião terminou. (...) No dia seguinte, os jornais e revistas anunciaram que Maluf seria o presidente da República, que havia afastado a última pedra que tinha em seu caminho com a minha renúncia. Dois ou três dias depois disso, o Ulysses Guimarães foi à minha casa. Começou então um processo de cooptação. Na outra semana, o Tancredo veio. Ele já havia me telefonado, solidarizando-se. Veio me visitar em Brasília. O meu desejo era realmente deixar a política. Até porque não é fácil sair de um rompimento daquela natureza. Rompi amizades, rompi afetividades. Foi muito traumático para mim. Mas aí houve uma coisa maior, que era evitar uma solução que pudesse desembocar numa coisa pior para o Brasil. A partir daí, nós começamos a conversar. E fiquei com a função de falar com o Aureliano Chaves e com o Marco Maciel. Começamos a ampliar. Depois, veio o projeto de fazer a Aliança Democrática. Em dois ou três meses o projeto amadureceu e avançou."*

O gesto de Sarney é apoiado pelos presidenciáveis Aureliano Chaves e Marco Maciel, por Jorge Bornhausen e outros líderes. Aureliano explica:

> "Nós defendíamos a tese da consulta prévia, que tinha sido aceita pelo Figueiredo. Depois, por que razões eu não sei — que espécie de pressões sofreu o presidente Figueiredo para recuar da decisão de convocar as prévias, o que seria de responsabilidade do Sarney, presidente do PDS, eu não sei. Mas o fato é que ele havia concordado preliminarmente com o Sarney e, depois, escreveu-lhe uma carta. Essa carta foi o estopim da

---

* *Fonte: depoimento do presidente José Sarney ao autor em 18 de janeiro de 1995. Comentário bem-humorado do general Leônidas Pires Gonçalves, ministro do Exército do governo Sarney, atirador emérito: "Houve aquela reunião tensa. Sarney queria ouvir as bases sobre quem seria o candidato. Ganharia o Aureliano. Maluf não quis e foi a Figueiredo. Este decidiu que somente apoiaria a consulta se todos os candidatos a aceitassem. Sarney sentiu-se prejudicado. Chegou a meter revólver na cintura para ir a uma reunião do PDS. Mas acho que não sabia engatilhar nem desengatilhar. [*Risos.*] O PDS acabou implodido. E os dissidentes foram para Tancredo." Fonte: depoimento ao autor em 31 de janeiro de 1995.*

dissidência de direito. Com ela, o Sarney renunciou e foi acompanhado por outros companheiros, entre eles o Jorge Bornhausen."[18]

Visão do presidente Figueiredo:
"Aquilo ali foi uma precipitação do Sarney. Ele foi acicatado, vamos dizer assim, foi maltratado pelo pessoal do Maluf numa reunião do partido. E, precipitadamente, saiu do partido."[19]

Tancredo sente que a hora de anunciar a candidatura está próxima. No mesmo dia, declara à imprensa: "Eu previ que haveria uma briga de foice no escuro entre os chamados presidenciáveis do PDS. Está havendo, não está?"

Posteriormente, dirá sobre a guerra dentro do PDS: "Naquele momento, vi que estavam criadas fissuras definitivas que viabilizariam uma candidatura de oposição."[20]

Ele sabe que a decisão de Sarney pode redefinir o mapa do Colégio Eleitoral. Além de partir o PDS, ela significa que Aureliano Chaves dificilmente será candidato. Sem consulta prévia às bases do PDS, tem chance remota. Então, configura-se claramente a possibilidade de obtenção do apoio dos dissidentes. Ótimo. Nesse mesmo dia, Tancredo recebe no palácio das Mangabeiras, em Belo Horizonte, o secretário de governo de São Paulo, Roberto Gusmão. Este lhe diz que o governador Franco Montoro está em situação embaraçosa. Não tem como conter Ulysses, sem Tancredo lançar a candidatura. Inteligente, Gusmão lembra que o governo de Minas terá final melancólico se Maluf for presidente.

A elaborada encenação do feiticeiro político Tancredo Neves é um sucesso. Ele não se oferece como candidato. Pelo contrário. Dissimula, aparenta resistência, cumprindo o *timing* mais conveniente. Assim, grandes lideranças nacionais, políticas ou não, tentam convencê-lo do que já está mais do que convencido. Diz a Gusmão: "Admito pensar na hipótese."

No dia 19 de junho de 1984, nove governadores da oposição, inclusive Leonel Brizola, do PDT, reunidos por mais de três horas no palácio dos Bandeirantes, sede do governo paulista, tentam convencer Tancredo de que é o momento de lançar a candidatura. Mas ele não cede. Pede 15 dias para pensar e fazer sondagens. Tinha dois problemas. O primeiro, acertar-se com Ulysses Guimarães, com quem tinha relacionamento político complexo e delicado. Ulysses insistia em continuar a campanha das Diretas-Já, sob o argumento de que ir ao Colégio Eleitoral era inaceitável. Tancredo admitia que não era o ideal, mas afirmava: "Ir ao Colégio pode ser ruim, mas não ir pode ser péssimo."*

Referia-se, claro, à entrega da eleição aos adversários. Era fundamental manter o PMDB unido. O outro problema: aprofundar os entendimentos com os dissidentes do PDS.

Mesmo não formalizada, a candidatura se tornara praticamente irreversível. É o que Tancredo diz a Risoleta, sua mulher, na noite de 22 de junho de 1984.

Finalmente, em 29 de junho de 1984, Ulysses vai ao encontro de Tancredo em Belo Horizonte. Conversa a dois, no palácio das Mangabeiras. É o coroamento de melindrosa operação da delicada engenharia política em que Tancredo está empenhado. Pelas legítimas ambições presidenciais de Ulysses, amparadas em densa biografia política; pelo respeito e rivalidade, pelo peso e liderança do velho amigo na oposição. Ulysses mostra realismo e grandeza raros na história política do país. Tancredo lhe diz que tem o apoio das seções do partido, de governadores do PDS, dos parlamentares dissidentes do PDS, mas que só será candidato se tiver também seu apoio pessoal. Ulysses responde que não só vai apoiar, como chefiar a campanha e empenhar-se ao máximo para manter o PMDB unido em torno da candidatura.

A pá de cal no acordo com Aureliano Chaves é mais demorada. Em 2 de julho de 1984, o general Ernesto Geisel pede a Aureliano que adie o lançamento da Frente Liberal. Quer fazer uma última tentativa de reunificação do PDS. E faz. Ele queria ver Aureliano na Presidência da República. Vai ao presidente Figueiredo, em Brasília, no palácio da Alvorada, em 6 de julho de 1984, com o objetivo de tentar convencê-lo a liderar a sucessão. O avião presidencial, tendo a bordo o ministro Octávio Medeiros, foi buscá-lo no Rio de Janeiro. Eis trecho em que Geisel sintetiza o resultado de três frustrantes horas de conversa com seu antigo ministro-chefe do SNI naquele dia:

> "Eu disse: 'Nesse impasse, você tem que usar a sua posição, a sua autoridade, a sua influência, e encaminhar uma solução. Se é que você acha que é preciso assegurar a continuidade, se é que você acha que é preciso evitar que o Brasil caia nas mãos do Tancredo.' Ele não gostava

* *Observação de Thales Ramalho: "Tancredo Neves e Ulysses Guimarães são parceiros em uma dança muito singular, cujos passos só os dois conhecem. Quem tenta entrar no meio, acaba tropeçando."*

> do Tancredo. Sua resposta foi: 'Não, eu não vou fazer isso, porque não é democrático.' Perguntei: Mas vem cá, Figueiredo, desde quando você é democrata?"[21]

Com essa pergunta, o presidente Geisel revela que escolheu para sucedê-lo alguém que não considerava democrata. Em outro depoimento, talvez o último de sua vida, ele explica por que considerara a candidatura do general Figueiredo compatível com o avanço da abertura política:

> "Era um homem que conhecia os homens, os outros homens, os homens dos partidos políticos. Por causa de seu relacionamento. Ele viveu dentro da área do governo uns quatro ou cinco anos, enquanto o Médici governou, e os cinco anos do meu governo. E participou também, uma certa época, do governo do Castello. Então, ele estava familiarizado com todo o problema. Além disso, ele era ligado ao Golbery, e eu tinha certeza de que, pelo menos no programa de distensão, de normalização da vida do país, ele trabalharia."[22]

Os entendimentos com os dissidentes do PDS prosseguem. Aureliano resolve pedir algumas garantias por escrito. Uma carta de Tancredo, que recebe no dia 10 de julho de 1984.*

No dia 18 de julho de 1984, avisado pelo ministro Leitão de Abreu de que Maluf não cedera às ponderações do presidente Figueiredo para que desistisse da candidatura em prol da unidade do PDS, Aureliano Chaves formaliza a decisão final. Telefona para o palácio da Liberdade e sela a aliança com Tancredo. E também confirma que o candidato a vice será Sarney. Ninguém imaginava os desdobramentos dessa escolha que, na verdade, definiu o futuro presidente da República. Por que Sarney? Aureliano Chaves:

> "Primeiro, porque ele teve a responsabilidade de fazer a cisão, vamos dizer assim, a cisão de direito. Ele e o Jorge Bornhausen lideraram a

* *Tancredo Neves se divertia fazendo política. Quando toma conhecimento de que Aureliano Chaves exige uma carta, ele faz blague com o emissário, o senador Jorge Bornhausen. Quem conta é José Sarney: "Ele era muito esperto. Esse acordo, o Aureliano disse que só podia fechá-lo depois que o Tancredo formalizasse tudo direitinho numa carta. Queria que ele se comprometesse. Então o Jorge foi ao Tancredo pedir a carta. E aí ouviu dele: 'Olhe, Jorge, volte por favor ao Aureliano e diga a ele que, no sistema político mineiro, a gente não escreve uma carta sem antes receber a resposta. Ele me manda a resposta do que quer e aí eu mando a carta para ele.'" Fonte: depoimento de José Sarney ao autor, em 26 de fevereiro de 1995.*

cisão de direito. Os dois tiveram um papel importante na materialização da dissidência de direito. Ora, o Sarney tinha sido presidente do PDS. Então, nada melhor para caracterizar uma união do que ser o Sarney, recentemente presidente do PDS, e que tinha tido, juntamente com outros companheiros, como o Jorge Bornhausen, que fazia parte do diretório, a responsabilidade de fazer a dissidência de direito."[23]

Sarney relembra:
"O Tancredo achava que pelo fato de eu ter presidido o PDS, conhecia profundamente toda aquela máquina, os delegados, tudo. Ele dizia e repetia: 'O Sarney sabe o mapa da mina.' Eram os delegados. Ele gostava de fazer política. E tinha o gosto de passar rasteira nos adversários. Eu fiz tudo para não ser o candidato a vice-presidente. Achava que teria problemas, porque tinha sido presidente do PDS. Mas o Tancredo achava... Ele tinha essa história prática de que eu é que sabia o mapa da mina. Dizia: 'Se não botar o Sarney, pode complicar.' Tanto que ele me chamou a Minas Gerais para um jantar na casa do empresário Murilo Mendes. Estávamos ele, dona Risoleta, eu, Murilo e a mulher. Ele me disse em particular: 'Olhe, você tem que ser o vice! Você conhece esse pessoal. Inclusive a área militar, você conhece o general Leônidas.' Eu respondi que não queria de modo algum. Depois ele disse a mesma coisa na frente dos demais. No final, falou que a decisão era essencial. Que precisava da decisão, porque ele teria que decidir se deixaria ou não o governo de Minas nos próximos dias para desincompatibilizar-se. Tancredo era muito esperto e muito prático. Ele deve ter tido essa conversa com muitas pessoas, não apenas comigo. Eu senti que havia um pouco de receio. Aí eu disse: 'Olhe, Tancredo, eu aceito. Mas nestes termos: eu aceito aberto. Se você não encontrar um outro nome, outra maneira de somar mais'. (...) "Eu fiz tudo para ser o Marco Maciel! Ele teria que renunciar ao lugar de senador. Se perdêssemos, ele perderia também o mandato de senador. Era a legislação da época."*

** Depoimento do presidente José Sarney ao autor em 18 de janeiro de 1995. Como o senador Marco Maciel tinha sido eleito pelo PDS em 1982, temia-se que pudesse ter o mandato legalmente cassado por infidelidade partidária, caso se filiasse ao PMDB. A hipótese não se aplicava a Sarney, eleito pela extinta Arena em 1978.*

É também de 18 de julho de 1984 a celebração da Aliança Democrática, entre o PMDB e a Frente Liberal. O manifesto é assinado em 7 de agosto de 1984.

A convenção do PMDB acontece em 12 de agosto de 1984. Tancredo Neves recebe 656 votos, com 32 brancos e nulos. Sarney obtém 543 votos, com 143 brancos e nulos.

Dois dias depois, 14 de agosto, em solenidade no palácio da Liberdade, tendo ao lado José Sarney, Tancredo renuncia, em grande estilo, ao governo de Minas Gerais. Diante de multidão aglomerada na praça da Liberdade, despede-se como governador e, simultaneamente, faz seu primeiro comício de candidato a presidente. Assume o cargo o vice-governador Hélio Garcia, que dará pleno apoio à candidatura.

A clivagem do PDS se consolida com a vitória do candidato Paulo Maluf sobre Mário Andreazza, ministro do Interior, na convenção partidária de 11 de agosto de 1984, em Brasília. A facção antimalufista transforma-se em dissidência, reagrupa-se no Partido da Frente Liberal-PFL e apóia a candidatura de Tancredo Neves. Abre-se, assim, a possibilidade de maioria de votos no Colégio Eleitoral. É emblemática dessas adesões a do ex-governador da Bahia, Antônio Carlos Magalhães. Ele vinha conversando com Tancredo desde o início de 1983. Um ano antes, em encontro no apartamento de Tancredo no Rio de Janeiro, este havia manifestado simpatia pelo nome de Andreazza. E Antônio Carlos por Tancredo, como alternativa contra Maluf. Em 14 de junho de 1984, o ministro Andreazza junta-se aos dois. Pede autorização a Tancredo para informar ao presidente Figueiredo que, se candidato, contaria com o voto dos tancredistas no Colégio Eleitoral. Com isso, pretendia quebrar a apatia de Figueiredo. Tancredo concorda. Mas nada muda. Em outro encontro, dias depois, no mesmo local, Antônio Carlos reafirma a Tancredo que em hipótese nenhuma formaria com Maluf. E que o apoiaria se Andreazza perdesse. É o que acontece. Thales Ramalho:

> "A conversa de Antônio Carlos para ser ministro, doutor Tancredo não te contou não? Eu fiquei sabendo pelo seguinte: quando o Andreazza foi derrotado na Convenção do PDS, eu estava em casa e Antônio Carlos ligou para mim: 'Thales, eu estou procurando Tancredo e não encontro.' Eu disse: 'Ele está no Rio.' Eu dei o telefone, ele se comunicou com o doutor Tancredo e viajou para o Rio. Isso eu fiquei sabendo depois. Eu perguntei ao doutor Tancredo, dias depois, como foi a conversa. Ele

disse: 'Foi a mais fácil que eu já tive. Antônio Carlos me disse o seguinte: 'Eu tenho vinte votos: seis delegados e 14 parlamentares. Agora, eu quero um Ministério para a Bahia.' Aí o doutor Tancredo disse: 'Você está convidado para ser ministro.' Só aí foram vinte votos. E por aí foi. Em Pernambuco, nós fizemos seis delegados. Aí pegou. Era irresistível. Era o sentimento popular, ninguém podia ir contra aquilo. A campanha das Diretas foi uma conseqüência de 1974, de um processo todo que terminou, sob a liderança do doutor Tancredo, com a eleição para presidente."[24]

Tancredo arma a campanha como se fosse disputar eleições diretas. Apresenta plataforma de governo, prega a democracia. Quer ir ao Colégio Eleitoral também com a força da aprovação popular. No fundo, repete a fórmula vitoriosa da mobilização pelas Diretas-Já. Faz comícios em várias cidades, adota como lemas básicos "Muda Brasil" e "Tancredo-Já!". A candidatura recebe ampla e simpática cobertura da mídia, inclusive da televisão, poderosa arma eleitoral. Ao empolgar o povo, influencia indiretamente o Colégio Eleitoral. Logo a candidatura é identificada com mudanças sociais e com o fim do regime militar.*

De outro lado, o candidato faz exaustivos contatos com os eleitores indiretos. Na medida em que seu favoritismo vai se afirmando, as adesões crescem, o apoio chega depressa. Coisas da vida, principalmente da vida política. Nada faz mais sucesso que o sucesso. Em setembro, a vitória já é tida como consolidada. O desequilíbrio chega a tal ponto, que uma das preocupações de Tancredo passa a ser evitar a renúncia do adversário, temendo sua substituição por nome de algum político — e principalmente de militar — que lhe complicasse o esquema de sustentação e a candidatura.

Riscos políticos e militares

Tancredo dedica grande parte de seu tempo e energia à tarefa de desmontar armadilhas políticas e militares. De filigranas jurídicas a manobras golpistas ou continuístas. Dá prioridade às articulações com os militares. Traz

* *Pesquisa do Instituto Gallup, realizada em dezembro de 1984, mostrou que Tancredo receberia cerca de 70% dos votos, contra 10% de Maluf, caso a eleição fosse direta.*

na alma e na memória muitas cicatrizes. Da crise político-militar que levara ao suicídio do presidente Vargas em 1954, que viveu e sofreu como ministro da Justiça; da ameaça à posse de Kubitschek e das ameaças que este teve de administrar no governo; da crise de agosto de 1961, com a renúncia de Jânio Quadros e o veto militar à posse do vice-presidente João Goulart, resolvida com a adoção de sistema parlamentarista de governo, de cujo equacionamento participou tão ativamente, que terminou sendo o primeiro-ministro; do golpe de 1964, disparado de Juiz de Fora pelo general Mourão Filho, que terminara na deposição de Goulart e em ditadura, especialmente após o AI-5, de dezembro de 1968. Quer prevenir-se. Receia que algum outro general açodado ou destemperado apronte algo parecido, complicando o sonho democrático e a eleição. Mais que a qualquer outro militar, teme o general Newton Cruz, do Comando Militar do Planalto.

Nessa mesma linha, outra preocupação permanente é o comportamento das esquerdas, que o apoiavam. Reúne-se com os dirigentes do PCB e do PC do B, convencendo-os a moderar a exibição de bandeiras e estandartes com símbolos comunistas nos comícios e outras manifestações. Pede serenidade aos oradores. Não quer dar pretextos a golpistas. Define: "Temos que ser radicais no objetivo e moderados no método." Entre agosto e novembro de 1984, o candidato esteve todo o tempo atento a manobras no sentido de prorrogar o mandato do general Figueiredo, idéia apoiada por parte dos ministros militares e por um ramo do PDS, que contava também com a simpatia do governador Leonel Brizola, do Rio de Janeiro. Tancredo desencadeou intensa articulação com aliados civis e militares para desestimular possíveis conspirações.

Sua assessoria chegou a preparar um plano de fuga de Brasília, temendo possível ação golpista comandada pelo general Newton Cruz. Amigo íntimo do presidente Figueiredo, ele tinha sido o executor das medidas de emergência decretadas quando da votação das Diretas-Já. Agora no Comando Militar do Planalto, com jurisdição sobre Brasília, tinha na mão os instrumentos de força militar para tomá-la. O receio de Tancredo com certeza se deveu a esses antecedentes e a outros sinais. Por exemplo: ele soube que o general Cruz determinara exercícios de simulação de defesa do palácio do Planalto para outubro de 1984. E que, quando convencido de que a reunião do Colégio Eleitoral seria feita, ele teria dito a amigos: "Vou deixar o povo para além de Paracatu." Paracatu fica em Minas, a 230 quilômetros de Brasília. Ou seja: o Colégio se reuniria sem povo, sem televisão e rádio, com Brasília ocupada militarmente.[25] Se a tentativa ocorresse, Tancredo seria imediatamente retirado de Brasília e levado para local de onde pudesse comandar a resistência. Talvez Belo Horizonte, com o apoio certo do governador Hélio Garcia. Ou Curitiba, onde o general Waldyr Martins, comandante da 5.ª Região Militar, subordinada ao III Exército, comandado pelo general Leônidas Pires Gonçalves, um aliado decidido e decisivo. Tancredo sabia que qualquer iniciativa golpista não uniria as Forças Armadas. No próprio Exército, além do III Exército, ele tinha o apoio do general Jorge de Sá Pinho, do IV Exército, e do general Adhemar da Costa Machado, do Comando Militar da Amazônia. Na Marinha e na Aeronáutica, a situação era ainda mais favorável. A maioria da força realmente não queria candidatura militar nem mudanças das regras de jogo. Sarney participou intensamente das articulações:

> "A transição deu certo, porque nós constituímos um grupo de políticos — a união do Tancredo, do Ulysses, Aureliano, Marco Maciel, eu, os outros todos — e fizemos uma coisa fundamental: tomamos a vacina contra a área militar. Para inibir reações de setores militares antagônicos. Isso foi feito com o general Leônidas, no Exército. O Aureliano ajudou junto à Marinha, com os almirantes Sabóia e Maximiano. O comandante Murilo Santos, na Aeronáutica, e assim por diante. Assim, tínhamos um esquema que, na hipótese de qualquer reação, o III Exército, com o general Leônidas, garantiria. Ele fez um proselitismo dentro das Forças Armadas para que a transição fosse feita, fosse bem-sucedida. Graças a isso, nós tivemos a segurança de fazê-la. É a minha tese, que repito sempre: 'A transição tinha que ser feita com as Forças Armadas, não contra as Forças Armadas.' Quer dizer: o contrário do caso argentino. A idéia de que a transição deveria significar a derrubada dos militares do poder, essa era extremamente perigosa. Então nós fizemos justamente com o Tancredo. Foi feito com Tancredo e com as Forças Armadas."[26]

Além de vários pequenos sinais, informes e notícias, surgem outras indicações mais perceptíveis de sombras. Como na ordem do dia do ministro do Exército, Walter Pires, em 25 de agosto de 1984, Dia do Soldado. Trecho:

> "Não nos devemos impressionar, portanto, com a orquestração ruidosa de minorias radicais e estéreis que desejam semear a desordem e o caos, nem com a atitude daqueles que, desertando de seus compromissos com um passado tão próximo que até se afigura presente, apressam-se,

> agora, em tecer um futuro que lhes parece mais propício, como se fosse ético olvidar, ao sabor dos interesses pessoais, atitudes e posições livremente assumidas. (...) Não se iludam os que, fazendo uso da agitação e da violência ou aproveitando-se sorrateiramente de conchavos e maquinações astutas, sonham em modificar, um dia, os fundamentos de nossas instituições políticas, que se assentam em princípios cristãos e democráticos já incorporados à alma nacional, porque não lograrão seu nefasto intento. O Exército estará vigilante e não faltará à nação, com a qual sempre foi solidário, especialmente nos momentos de crise, pois comunga dos mesmos nobres e elevados sentimentos que animam seus concidadãos."

Mais preocupações. Tancredo agenda encontros com várias autoridades militares, como o ministro Walter Pires, do Exército. Para viabilizá-los, recorre a relações políticas e de amizade, concerta. Trata de tranqüilizá-los. Fala de futuro, de conciliação nacional, de não-revanchismo. Acena com perspectivas de continuidade para Alfredo Karam, ministro da Marinha; com a indicação do sucessor na Aeronáutica, para o brigadeiro Délio Jardim de Mattos, e com a nomeação para a Embaixada do Brasil em Portugal para Walter Pires, ministro do Exército.

Francisco Dornelles explica as bandeiras vermelhas de Goiânia:

> "Nós tínhamos um sistema de informação que o Tancredo conseguiu no SNI. Fomos informados de que o SNI tinha montado um esquema grande de levar para Goiânia uma série de pessoas com a bandeira do Partido Comunista e de fazer agressões ao regime militar. O governador Íris Resende foi avisado. Houve uma tentativa de bloquear. Tomaram realmente, de uma porção de pessoas, bandeiras do Partido Comunista. Mas passaram algumas e apareceram lá no Comício de Goiânia. Bandeiras do PC, algumas faixas agressivas, que era o que o pessoal do fechamento queria."

E também os esforços do candidato para dialogar e tranqüilizar os militares, o que, na sua avaliação, era muito importante para a continuidade da abertura. Dornelles prossegue:

> "O Tancredo Augusto, filho dele, era muito amigo do Carlos Alberto Pires de Albuquerque, que era como um filho adotivo do ministro Walter

Pires. De modo que ele conversou muito com o Walter. No apartamento do Carlos Alberto Pires, lá em São Conrado. Conversou lá em casa. Lá em casa, conversou muito com o Karam, ministro da Marinha. Muito, muito mesmo. E mantinha contatos com o Délio, ministro da Aeronáutica, por intermédio do José Aparecido. (...) Pesou o fato de o Tancredo ser um não revanchista . E o Tancredo conversava muito com eles, dava garantia de que não ia haver revanchismo, que a anistia era para os dois lados. Foi muito importante. Além disso, teve a habilidade para falar. De convidar o Karam para continuar como ministro da Marinha, de convidar o Walter Pires para ser o embaixador em Lisboa. Para, quando ia falar com o Délio Jardim de Mattos, perguntar-lhe se ele queria fazer o sucessor na Aeronáutica."[27]

São muitos e às vezes surpreendentes os caminhos da política brasileira. Nessas articulações, Tancredo combina serenidade e pragmatismo. Diz ao ministro Walter Pires no início de setembro:

"Ministro, estamos preocupados com a possibilidade de um golpe. Tenho que avisá-lo de que, se vier o golpe, virá a resistência e haverá derramamento de sangue." Resposta: "Não se preocupe com isso, governador. Não haverá golpe nenhum. Está tudo tranqüilo."[28]

Em 4 de setembro de 1984, no Rio de Janeiro, visita Geisel, forte referência moral e política dentro das Forças Armadas. Sobretudo no Exército. O encontro vale por si mesmo. Sinaliza o aval de Geisel. Serve para exorcizar o fantasma de tentativa de veto militar à candidatura.

Geisel:

"O Tancredo não hostilizava. Lembro-me de que, antes da eleição dele, esteve duas vezes comigo. Conversamos. O Tancredo se dava também com o meu irmão, o Orlando, que foi ministro do Exército. Houve época em que queriam cassar o Tancredo e não cassaram, porque o Orlando não deixou. Eu não sei se você conhece esse episódio? Então a área revolucionária mais radical, no governo do Médici, ou antes, não sei bem quando, quis cassar o Tancredo. E o meu irmão, Orlando, foi um dos que se opôs e evitou isso. (...) Ah! As conversas? Eram conversas gerais, eram sobre o quadro político da candidatura. Era, de certa forma, uma sondagem se haveria oposição da parte do Exército ao

Tancredo. Figueiredo parece que não gostava muito do Tancredo. Mas eu dizia a ele que não, que naquelas circunstâncias, se ele fosse eleito tomaria posse."[29]

Esse 4 de setembro de 1984 foi um dia cheio para Tancredo. E de muitas emoções. Em Salvador, Bahia, pela primeira vez depois de 1964, um político civil responde, no mesmo tom, a um ataque vindo de um ministro militar, sem que o regime recorra à força. O brigadeiro Délio Jardim de Mattos, em discurso no Aeroporto 2 de Julho, diante do presidente Figueiredo, refere-se aos pedessistas que apóiam Tancredo como "traidores". Imediatamente, o ex-governador Antônio Carlos Magalhães, que passava seu aniversário em Salvador, redigiu violenta nota, em que afirmava, referindo-se ao ministro da Aeronáutica e a Maluf: "Trair os propósitos de seriedade e dignidade da vida pública é fazer o jogo de um corrupto, e os arquivos dos órgãos militares estão com as provas da corrupção e improbidade."

Antônio Carlos conta:

"O brigadeiro foi lá com dois discursos. O Figueiredo mandou que ele lesse o ruim. Ele leu o mais forte contra nós. O Tancredo não queria que eu respondesse. Telefonou para mim. Eu lhe disse: 'Eu vou responder, porque é bom para você.' Eu já estava com um acerto com o Roberto Marinho, ele deu ampla publicidade. Eu fiz aquela resposta."[30]

Thales Ramalho faz síntese precisa e objetiva do significado histórico do episódio:

"Você se lembra do discurso de Antônio Carlos Magalhães no aeroporto em Salvador, em que ele escangalhou com o Délio Jardim de Mattos, que era o ministro da Aeronáutica, e não aconteceu nada? Todo o povo brasileiro viu que os militares já tinham caído. Faltava apenas formalizar. E o doutor Tancredo era a encarnação, naquele instante, de um sentimento popular de mudança. De acabar com aquilo, de substituir por um regime democrático de verdade."[31]

As preocupações de Tancredo estão todo o tempo latentes no seguinte e esclaredor trecho de entrevista do general Leônidas Pires Gonçalves:

" No período, muita gente aceitava bem, exceto o pessoal mais duro. Até o José Sarney botaram como comunista, você não se lembra? [Risos.] Saiu panfleto de que o Sarney era comunista! Quer dizer: começaram também a exagerar as coisas, não é? Agora, o Exército, como um todo, não fazia restrição ao doutor Tancredo. Até porque a gente conhecia o trabalho que ele tinha feito. Na evolução da política, toda a vida o presidente Tancredo foi muito responsável. Como era um político flexível, mineiro, conhecedor do mundo e das coisas políticas, nós tínhamos a certeza de que ele não entraria nesse jogo sujo de fazer revanchismo."[32]

Tancredo Neves levava suas apreensões e dúvidas também ao vice-presidente Aureliano Chaves, para quem a candidatura não intranqüilizava os militares:

"Ele era um homem de Estado. Inquestionavelmente! Ele nunca mergulhou profundamente no radicalismo. Então, ele necessariamente não assustava. Pelo contrário, criava condições de tranqüilizar. (...) Neste particular, o Tancredo me procurou inúmeras vezes no Jaburu [palácio do Jaburu, Brasília, residência oficial do vice-presidente da República]. Mantivemos muitas conversas. O Tancredo, muitas e muitas vezes, me procurou intranqüilo. Primeiro com relação à posse dele. Depois, com relação também à possibilidade de ele ser vitorioso. Houve um momento em que ele duvidou um pouco. Eu nunca tive dúvida dessas coisas. Agora, ele morreu, e a gente falar de morto é fácil, porque, com morto, não dá o contraditório, não é? Mas ele sabia disso. Muitas e muitas vezes ele me procurou lá no Jaburu e eu sempre o tranqüilizei."[33]

Ameaça do presidente e reuniões extraordinárias dos altos comandos militares

Diz a sabedoria popular que a coincidência é um pequeno milagre, onde Deus prefere ficar anônimo. Se não foi manobra deliberada visando à prorrogação do mandato do presidente Figueiredo, então houve muitos pequenos milagres em Brasília de 19 a 21 de setembro de 1984. Tudo pareceu deliberado, logicamente planejado para encompridar o mandato do presidente Figueiredo. Grandes coincidências? Primeiro, veio o seu discurso de 19 de setembro de 1984, em rede nacional de rádio e televisão. Numa clara referência ao festivo vermelho das bandeiras exibidas no comício de Tancredo em Goiânia, ameaçou:

"A presença acintosa, nessas reuniões políticas, de organizações clandestinas, defensoras de ideologias repudiadas pelo nosso sistema legal, constitui infração da ordem constitucional, que não podemos admitir."*

Dois dias depois, 21 de setembro de 1984, na mesma linha, reuniram-se, separada e extraordinariamente, os Altos Comandos das Forças Armadas. Reuniões simultâneas, fato raro. Questão central: a conjuntura político-eleitoral. Especialmente o comício de Tancredo Neves em Goiânia, que, segundo a extrema direita, denunciava a simpatia do candidato pelo comunismo e pelos comunistas.

A reunião do Alto Comando do Exército foi realizada no gabinete do ministro Walter Pires, em Brasília, com participação dos generais-de-exército. Pires apresentou minuta de nota à imprensa, previamente preparada, que não deixava dúvidas quanto ao posicionamento do Exército por dar um basta naquele tipo de solução para o país. Havia ambigüidade quanto à forma de fazê-lo. O texto não propunha, mas admitia a prorrogação do mandato do presidente Figueiredo. Uma sondagem. Caso aprovado, tornar-se-ia um petardo político-militar de efeitos imprevisíveis sobre as candidaturas e a abertura. Por que não mais dois anos para o general Figueiredo? Os generais se manifestaram individualmente sobre a nota, por ordem de antigüidade. Quando chegou sua vez, o general Ivan de Souza Mendes — depois ministro-chefe do SNI de Sarney — refutou os termos em que estava formulada. Observou que eram muito fortes e deveriam ser mudados. A maioria concordou. Feita a revisão e avisados os Altos Comandos da Marinha e Aeronáutica, a nota foi distribuída pelo Centro de Comunicação Social do Exército. O fecho ficou assim:

> "Ao final da reunião, foi reafirmada, uma vez mais, a inabalável determinação do Exército de continuar mantendo a união em torno do Exmo. senhor presidente da República, de assegurar o respeito à lei e as condições de ordem e tranqüilidade indispensáveis à nação, e de permanecer totalmente isento em relação às atividades político-partidárias."

* *No dia anterior ao do apoteótico comício de Goiânia — Tancredo declarou que jamais vira algo parecido em sua vida pública —, o presidente Figueiredo e Paulo Maluf tinham sido vaiados, em Rondônia, por grupo insuflado por parlamentar do PMDB. No palanque de Goiânia, um dos oradores mais festejados foi Antônio Carlos Magalhães, exatamente pela agressiva referência ao ministro da Aeronáutica e, indiretamente, ao presidente da República, no começo do mês. Esses fatos devem ter pesado mais do que as cores das bandeiras comunistas na indignação de Figueiredo e figueiredistas.*

Politicamente, o fundamental foi o *não* dos comandos das três forças à sondagem dos figueiredistas. Ficou claro que os Altos Comandos não apoiavam a prorrogação do mandato presidencial, idéia atribuída principalmente aos ministros Walter Pires, do Exército, e Octávio Aguiar de Medeiros, do SNI, ambos profundamente ligados ao general Figueiredo. Mais: as três forças ratificaram a agenda e o calendário políticos, avalizaram o prosseguimento da transição.

Mais manobras

No final de outubro de 1984, há novas manobras. A expectativa da vitória de Tancredo leva a que os adversários, inclusive por intermédio da mesa do Senado, tentem dar caráter secreto à votação no Colégio Eleitoral, visando especialmente facilitar a cooptação dos delegados estaduais. Mais do que isso: volta-se a falar em ameaça comunista. A Polícia Federal faz dezenas de prisões políticas em várias capitais. Surgem graves inquietações sobre pregações golpistas de minorias radicais ligadas à candidatura Maluf.

No dia 6 de novembro de 1984, os oposicionistas recebem grande notícia. O Superior Tribunal Eleitoral confirma que o instituto da fidelidade partidária não se aplica ao Colégio Eleitoral. Os dissidentes do PDS podem votar em Tancredo Neves.

Os adversários ainda tentam exumar proposta de emenda constitucional do deputado paulista Herbert Levy, do PDS, restabelecendo o sistema parlamentarista de governo. Mas a iniciativa não prospera.

Em 20 de novembro de 1984, o Alto Comando do Exército afasta o general Newton Cruz do Comando Militar do Planalto. Três dias depois, sai decreto que o nomeia para a vice-chefia do Departamento Geral de Pessoal, cargo estritamente burocrático. Tancredo respira aliviado. Visão do general Newton Cruz:

> " Eu considerava o Tancredo um político escorregadio. Como militar, como soldado, com minha maneira de ser e tal, eu não tinha essa confiança nele, porque achava que era escorregadio. (...) Mas isso nunca passou pela cabeça do Figueiredo [prorrogação do mandato]. Ele não faria isso jamais, porque estava preso a uma promessa. No fim, ele queria era voltar para casa. Fazia a contagem regressiva."[34]

No dia 23 de novembro de 1984, no apartamento de Tancredo Neves, em Copacabana, no Rio de Janeiro, ocorre o último encontro com o ministro

Walter Pires. Dura mais de quatro horas. Não havia mais qualquer dúvida quanto à assimilação militar da candidatura. À tarde, o Ministério do Exército divulga a seguinte nota :

> "O Exército mantém-se na firme disposição de apoiar o projeto de abertura do presidente João Figueiredo, que deverá se consolidar com o apoio do futuro presidente da República, eleito pelo Colégio Eleitoral, na forma da lei. A nação, que sempre contou com as Forças Armadas nos momentos decisivos de sua História, pode confiar que serão plenamente atendidos seus anseios de preservação das instituições democráticas."

Que coisa!

Tranqüilizada a área militar, afastada a ameaça da fidelidade partidária e outros fantasmas, a candidatura consagrada nas ruas, a vitória praticamente assegurada no Colégio Eleitoral, aparece mais uma manobra política. Ameaçadora, engenhosa, inteligente, perigosa.

É o discreto aliado Leitão de Abreu, ministro-chefe do Gabinete Civil, quem manda avisar: está em curso tentativa de induzir a desistência de Tancredo, via desistência de Maluf. Como? Pelo lançamento de uma candidatura de união nacional. Tancredo vai à luta. Teme que a manobra abale o apoio dos dissidentes do PDS se, por exemplo, propuserem o nome de Aureliano Chaves. Ou, pior, podem complicar-lhe a vida e a candidatura, se propuserem um nome militar respeitável. Nunca faltam moscas azuis em Brasília. Sustentando isoladamente seu projeto, poderá ser acusado de egoísta, de estorvo a um entendimento pelo bem do país. Outra hipótese, não menos ameaçadora, é a de prorrogação por um ano do mandato de Figueiredo, seguida de eleições diretas. Realista, conhecedor da natureza humana, Tancredo sabe que isso pode seduzir parte do próprio PMDB. Alternativas maquiavélicas. Francisco Dornelles relembra:

> "O Tancredo achava que o antigo PFL, no momento em que ele não aceitasse o movimento de união nacional, retiraria o apoio a ele. E, então, haveria a reaglutinação das forças da antiga Arena em torno de um nome escolhido por eles, que podia ser até o Aureliano Chaves. Ele não sabia quem poderia ser. Nesse dia, o Álvaro Costa Franco, que trabalha-

va com o ministro Leitão de Abreu, foi ao meu Gabinete [Francisco Dornelles era secretário da Receita Federal] e me disse: 'O doutor Leitão mandou dizer que a pressão é enorme para o Maluf renunciar.' (...) Aí o doutor Leitão me avisou para falar com o Tancredo que estava havendo um movimento muito grande. Do Medeiros, do Delfim. E que ele, inclusive, doutor Leitão, ia se afastar da Casa Civil, porque eles verificaram que ele, Leitão, achava que se devia deixar as rédeas correrem, na disputa entre o doutor Tancredo e Maluf. Queria ser afastado. Nesse caso havia esse movimento todo que eu falei. União nacional e, se o Tancredo não aceitasse, o PFL desembarcava e fazia uma outra força para chegar ao poder. Peguei o Tancredo ainda em casa, ele estava aqui em Brasília, conversando com alguém. Disse-me: 'Que coisa!'. Uma hora depois, num almoço no Hotel Nacional, ele denunciou isso: 'Está havendo um movimento muito grande, um complô — ele não denunciou exatamente dessa forma — para afastar o doutor Leitão, para conturbar o processo eleitoral. E isso é muito mau, porque nós hoje temos que convocar a sociedade civil para garantir eleições.' Ele jogou um tumulto, sem dizer claramente que eles queriam afastar o Maluf. À noite, ele chegou lá em casa e disse: 'O problema é grave e as informações que eu tenho são de que a pressão sobre o Maluf está muito grande. Eu tenho que ir à casa do Golbery, tenho que falar com ele.' Tancredo chegou lá em casa às sete horas. Golbery morava em Luziânia e não atendia telefone à noite. Então peguei um carro e fui para Luziânia. Cheguei lá em 40 ou 45 minutos. O guarda não queria me deixar entrar. Eu tive que insistir. (...) Saímos e fomos para minha casa. Lá ele [Golbery] conversou com o Tancredo. Não ouvi, porque, quando o Tancredo conversava com outras pessoas, eu não ficava perto. Depois o Golbery chegou e falou: 'Eu volto. O seu carro está aí?' Mostrou um endereço para o motorista. E me falou: 'A situação é estranha para mim.' E foi lá. Eu acho que ele falou com o Heitor de Aquino. Devem ter ido ao Maluf. Golbery demorou uns 45 minutos. Tancredo aguardava lá em casa, muito afobado. O Golbery voltou e disse: 'O problema é realmente grave, a pressão é grande. Agora, o Maluf assumiu um compromisso: ele não retira a candidatura dele. (...) O Golbery ficou com receio de que a retirada da candidatura do Maluf fosse para que continuasse o governo Figueiredo mais um ano. 'Vamos continuar com o Figueiredo e depois diretas', você se lembra? O Brizola chegou a levantar isso. Ele falou: 'Eu acho que o maior perigo é o PMDB aceitar isso. Mais um ano de Figueiredo com diretas.' Mas chegou ao Tancredo e falou: 'Garantiu o Maluf hoje: não há renúncia.' O Tancredo ficou aliviado. E, então, ali, foi definido. Foi praticamente o dia da vitória do Tancredo, porque o Maluf já sabia que estava derrotado, mas agüentou firme."[35]

Paulo Maluf recorre à ética para explicar por que não desistiu da candidatura, mesmo depois de nitidamente configurada a vitória adversária:

"Por uma questão de princípio. Eu — o deputado federal mais votado da história política deste país, com 672.927 votos — assumi um compromisso junto com Sarney, que era o presidente do partido, e com todos os outros, naquela reunião, de que a eleição devia ser indireta e que quem ganhasse, ganhou. Eu fui, vamos dizer, um pouco de boa-fé, para não dizer inocente, por ter acreditado na palavra de todos, porque todos depois foram ou para Tancredo, como Aureliano foi, Marco Maciel foi, Sarney foi seu vice. Andreazza, vamos ser muito claros, lavou as mãos. Mas eu tinha ficado preso somente com a minha palavra e bem com a minha consciência. Eu não traí. E teve uma declaração do Tancredo, em dezembro de 1984, de que a democracia do país estava em dois pilares: as candidaturas do Maluf e do Tancredo. (...) Recebi muita pressão. Eu recebi uma pressão para explodir uma caldeira de quarenta atmosferas. Pressão militar, pressão civil, pressão política, pressão de todo mundo. Eu não concordei. Eu joguei um jogo só, joguei limpo, joguei sem segundas intenções."[36]

Hábil estrategista político, Tancredo resolve dar maior efetividade ao esquema militar de sustentação da candidatura. Sinalizar claramente por quais caminhos pretende seguir e, sobretudo, por onde não vai transitar. Na estrada do revanchismo, por exemplo. Então, em 20 de novembro de 1984, por intermédio do governador José Richa e do senador Affonso Camargo, ambos do PMDB paranaense, convida reservadamente o general Leônidas Pires Gonçalves, comandante do III Exército, para assumir o Ministério do Exército do futuro e provável governo. O general Leônidas aceita e comunica o fato a seu superior.

A indicação foi certamente importante para tranqüilizar o sistema militar e consolidar a assimilação da candidatura. Note-se que a reserva solicitada por Tancredo não incluiu o ministro do Exército do governo Figueiredo, general Walter Pires.

Final da travessia

Céu de brigadeiro? Parece. Ainda não há comprovação de novas manobras contra Tancredo ou sua candidatura. Se houve, aconteceram nas sombras.

Em 5 de dezembro de 1984, discursando para a cúpula das Forças Armadas, o presidente Figueiredo afirma: "Na disputa pelo poder, pela hegemonia econômica ou social, dentro dos limites da sã convivência, os homens reforçarão os laços que viabilizam a sociedade, fortalecerão sua personalidade e consolidarão seus valores."

O poder militar concluiu a assimilação de Tancredo. Moderado, centrista, confiável, dono de reconhecida capacidade de conciliação e liderança, ele não punha em xeque seus interesses e preocupações profissionais. Como o não ao revanchismo, a garantia de saída digna e pacífica do poder, a continuidade da política militar propriamente dita, o apoio à indústria nacional de armamentos, a certeza de um governo discretamente conservador a curto prazo, e com amplas possibilidades de evitar a preva-lência da esquerda radical a longo prazo.[37]

Depois de longos meses de grande movimentação política e incontáveis apreensões, o quadro se completa. A eleição de Tancredo Neves está assimilada pelo regime militar e aplaudida pelo povo. Ele finalmente pode concentrar a atenção nos problemas nacionais e na organização do governo.

Chega 1985. O Brasil vai finalmente abolir o regime autoritário instaurado em março de 1964. Empalmará o poder um presidente civil, democrata, de formação liberal, dono de longa e sólida biografia política e grande experiência de governo. Mesmo sendo as eleições indiretas, contam com amplo apoio popular.

Brasília, 15 de janeiro de 1985. Depois de 51 anos de vida pública, Tancredo Neves elege-se presidente da República. Vence Paulo Maluf no Colégio Eleitoral: 480 votos contra 180. Para Tancredo, vão 231 votos do PMDB, 113 do PFL, 65 do PDS, 27 do PDT, 11 do PTB e três do PT. Esses votos petistas são de deputados inconformados com a decisão partidária de não comparecer, por considerar a eleição um arranjo elitista. Registram-se 17 abstenções e nove ausências. O mandato é de seis anos. Mas, politicamente, ele prefere deixar o assunto para discussão na Assembléia Nacional Constituinte que se comprometeu a convocar. Assiste feliz ao advento da Nova República. A euforia do povo, a certeza da democracia. Marco Maciel, um dos líderes da Aliança Democrática, resume o significado da eleição de Tancredo-Sarney:

> "Com os riscos por todos conhecidos, mas com espírito público, venceu-se a etapa essencial de nossa evolução histórica, com os resultados que, seguramente, honram as práticas políticas brasileiras. Com essa decisão, demos passo de grande significação para consumarmos a desejada estabilidade democrática, que se materializou plenamente com a promulgação da nova Constituição em 5 de outubro de 1988."[38]

Tancredo estrutura a equipe de governo, engenharia política delicada e extenuante. Não se poupa: "Para descansar, tenho a eternidade." Visita Portugal, Espanha, França, Itália e Estados Unidos em pleno e duro inverno. E também Peru, Argentina e Uruguai. Tudo em apenas 16 dias. Retorna a Brasília a uma semana da posse. Anuncia o ministério. Concede a primeira entrevista coletiva de um presidente brasileiro em mais de vinte anos. Tem na cabeça a fórmula do processo. Clareza de diretrizes, prioridades e rumos. E a confiança do povo. Prepara-se para a posse.

Tragédia e posse

Como numa tragédia grega, ele conduz o final da travessia dissimulando doença que teme ser fatal. Dois irmãos haviam morrido de câncer. Automedica-se, controla a dor e o desconforto. Luta contra o tempo: antevê crise de desenlace imprevisível se não for empossado. Receia veto do presidente à posse de Sarney. Sabe que o general Figueiredo não assimilou o episódio da implosão do PDS. Que ele vê Sarney como desafeto, inimigo. Tancredo avalia seus esquemas de garantia da transição, preocupa-se com a estabilidade da Nova República. Conclui que impasse político-militar ou mesmo tentativa de golpe ainda são cenários plausíveis. Enfrenta o sofrimento, recorre a médicos em cuja discrição e competência confia. Conta os minutos. A hora está chegando. Mas a doença se agrava. Luta desesperadamente contra o relógio. Faz exames. Precisa operar-se. Há perigo de morte. Decide arriscar-se. No final da tarde de 14 de março de 1985, véspera da posse, ele assiste à missa na

Igreja Dom Bosco, região central de Brasília. A dor lancinante ao ajoelhar-se e ao reerguer-se, impossível de dissimular completamente. Algumas pessoas percebem. Como Sarney, que rezava próximo dele. À noite, no Riacho Fundo, dor ainda mais profunda, calafrios. Febril, assina os atos de nomeação do ministério.

Lá fora, o Brasil é pura alegria. O povo saboreia a esperança, a democratização, o fim de 21 anos de regime autoritário. Brasília é uma festa. Comemorações, congraçamentos, muitas recepções. Estão presentes delegações de mais de cem países. Então, pouco depois das oito da noite, a menos de 14 horas da posse, explode a notícia da internação de Tancredo no Hospital de Base de Brasília, unidade pública sem estrutura mínima para assistir um presidente da República. O clima vira do avesso. Perplexidade no país inteiro. Desinformação, boataria infernal, suspeitas, medo, orações. O país está assustado, espantado, atônito. A Nova República corre para o Hospital de Base. Familiares do presidente, políticos, a nova equipe de governo, um enxame de jornalistas. A mídia desencadeia cobertura contínua, completa, infatigável, implacável. Um *show* que dura seis semanas.

Dentro do hospital, aflição e angústia. Exames, conversas, indicação cirúrgica. Tancredo aceita, mas não antes da posse. Resiste, luta, implora:

> "Eu peço pelo amor de Deus: me deixem até amanhã e depois de amanhã façam de mim o que vocês quiserem. Mas eu tenho a obrigação. É um compromisso que eu tenho. Eu sei de fonte fidedigna que o Figueiredo não dá posse ao Sarney."

Pode ter acontecido fatal curto-circuito de comunicação. Tancredo, escaldado por longa experiência pessoal e conhecedor da história político-militar do país, pensava que Figueiredo poderia tentar o bloqueio da transmissão do poder a Sarney, frustrando a instauração da Nova República. Disparar retrocesso institucional ou crise de conseqüências imprevisíveis. Mas o general Figueiredo, enfarado e praticamente apeado do poder, estava preso apenas a questões formais, jurídicas. Talvez induzidas pela implicância e má vontade com Sarney, visto como inimigo:

> "Esse não pode. Ele não assumiu! Como é que ele vai assumir, se ele não é vice-presidente? Ele é vice-presidente eleito, mas não empossado. Então não pode substituir alguém que não foi empossado também."

Tanto é assim que Figueiredo admitia a posse de Ulysses Guimarães ou mesmo do presidente do Supremo Tribunal Federal, ministro Moreira Alves.

"Era arranjar um infeliz." Juridicamente vencido, mas não convencido, ele vai se recusar a transmitir o cargo e a faixa presidencial a Sarney.*

Tancredo entra caminhando no hospital. Está perfeitamente lúcido, defende as idéias com energia e convicção. Pensava que era apenas para tomar soro, saindo em seguida. Mas pouco depois vem o xeque-mate dos médicos na família: cirurgia imediata ou morte. Daí a informação do amigo e sobrinho Francisco Dornelles [novo ministro da Fazenda] a Tancredo: o governo Figueiredo dará posse tanto a Sarney como a Ulysses Guimarães. A resposta, recheada de sabedoria política e jurídica: "Mas tem que ser o Sarney, Dornelles!"[39]

Idealismo, prudência e pragmatismo. Sim, tem que ser Sarney. Ele é o substituto. Com sua investidura no cargo, os mandatos do presidente e do vice-presidente vão configurar-se claramente. Com a de Ulysses, acontecerá o contrário. Sobretudo se o impedimento se prolongar. Falam em apenas cinco dias ou uma semana de afastamento, mas medicina não é ciência exata. A recuperação pode demorar. O cauteloso Tancredo não se esquece disso. Outra razão forte: Ulysses tem relacionamento problemático e imagem ruim com muitos militares, inclusive Geisel. Tancredo diz a Dornelles:

> "Sendo assim, eu passo o problema para os médicos. Se eles acharem que eu tenho que ser operado, e aqui, eles é que têm que tomar a decisão. A minha preocupação era o problema político. Se você me garante, eu entrego a eles a responsabilidade pela parte médica."[40]

Numa sala do hospital, a poucos metros do leito de Tancredo, estão a cúpula do Congresso e a nova equipe de governo. Muita ansiedade, análise de artigos da Constituição, consultas a juristas. Quem deve tomar posse? Sarney e Ulysses conversam. Naquele momento, parecia estar em jogo apenas uma semana de exercício da Presidência da República. O nível é elevado. Mostram grandeza, não reivindicam. Sarney relembra:

> "Eu disse a ele [Ulysses] que não queria assumir sozinho o governo. Que queria esperar o Tancredo ficar bom para assumir junto com ele. Seria uma grande decepção para o povo brasileiro o fato de ele não assumir na data marcada."[41]

* *As frases citadas são de entrevista do presidente Figueiredo ao autor em 12 de março de 1997.*

Prevalece a conclusão de Tancredo: deve ser Sarney, porque é o vice-presidente eleito da República. Improvisa-se comissão para tratar do assunto com o governo Figueiredo. Um dos membros é Fernando Henrique Cardoso, senador pelo PMDB:

> "Ulysses, eu, o Fragelli — presidente do Senado — e o general Leônidas saímos juntos para pegar um automóvel, que foi, aliás, o do general Leônidas, eu creio. Para nos encontrarmos com o Leitão de Abreu. Para resolver as questões objetivas. E era a questão do como fazer na manhã seguinte. Sarney ou Ulysses! E o Leitão, pelo menos a nós disse — embora tenha dado outras versões a outras pessoas, inclusive ao Sarney — que lhe parecia que seria o Ulysses. Aí começa uma discussão. Eu digo: 'Eu me recordo que existe um livro do Afonso Arinos — eu não sabia da declaração do Afonso Arinos no rádio — sobre a sucessão do Rodrigues Alves que talvez nos ajudasse.'* Aí o Leitão disse: 'Mas os meus livros já estão encaixotados. Já foram embora'. Eu digo: 'Mas o senhor não tem uma Constituição?' 'Eu tenho.' Foi lá dentro e pegou a Constituição. E começamos a ler juntos a Constituição. Eu me lembro que o general disse: 'Disso eu não entendo nada. O que os senhores decidirem nós vamos fazer.' A discussão foi entre o Ulysses e o Leitão, que eram os que entendiam. E tinha uma conjunção 'e', que permitiu ao Ulysses uma interpretação. (...) Eu me recordo que o Leitão disse: 'Não, eu acho que o senhor tem razão. Podia ser o Sarney.' Aí alguém — acho que foi o Fragelli — colocou a questão da faixa, quem passa a faixa. O Leitão foi taxativo: 'A faixa não se passa! Só de presidente para presidente.' Então foi encerrado o assunto da faixa. Naquela altura, nós não estávamos escolhendo o sucessor para a Presidência. Estávamos escolhendo alguém por uma semana. As hipóteses: 'Não, Ulysses não quis, porque ele ficaria impedido de ser presidente.' Não, não era isso! Nós não estávamos contando nem desejando a morte do Tancredo. Nós estávamos escolhendo alguém por uma semana. E Ulysses estava convencido que tinha que ser o Sarney. Havia certo receio do Ulysses em assumir, por causa dos militares. Ulysses tinha uma briga mais dura com

* *O jurista Afonso Arinos de Melo Franco declarou à imprensa que cabia a Sarney assumir. Argumento básico: ele foi eleito vice-presidente da República e não vice-presidente de Tancredo.*

os militares. Com o Geisel, por causa do negócio do Idi Amin.* E o Sarney, por sua vez, também tinha problemas, por causa do próprio general Figueiredo. Era tudo difícil! O Leitão foi impecável naquele dia. Nós saímos de lá e fomos para o gabinete do presidente da Câmara ou do Senado, não me lembro bem. Um dos dois. Estava todo mundo junto lá, do PMDB. Já estavam na tese de que era o Ulysses! Sobretudo o Freitas Nobre. O PMDB queria Ulysses, não queria Sarney. Aí, Ulysses: 'Não! Vai ser o Sarney!' Isso foi também outra ducha de água fria. Foi assim, desse jeito que estou contando. Mal sabíamos que estávamos assegurando cinco anos para o Sarney na Presidência."[42]

Muitos anos depois, Ulysses dirá:

"Eu não fui bonzinho coisa nenhuma. Segui as instruções do meu jurista. O meu 'Pontes de Miranda' [general Leônidas Pires Gonçalves, novo ministro do Exército] estava lá fardado e com a espada me cutucando que quem tinha de assumir era o Sarney."[43]

A conclusão do ministro Leitão de que não cabia transmitir a faixa presidencial seria para justificar a recusa do presidente Figueiredo em transmitir o cargo a Sarney? O próprio Sarney responde:

"O Leitão era um homem muito inteligente e também tinha sua dose de malícia. Ele sabia que, constitucionalmente, era eu quem tinha que assumir. Mas também sabia que Figueiredo era um passional. Então, ele não quis dar ao Figueiredo um argumento contrário naquela noite. Até porque tinha fama de ser meu amigo. Disse aquilo, mas sabia que não era assim. Essa foi a maneira delicada que ele encontrou de manter sua lealdade até o fim, sem ferir o Figueiredo. E até esse argumento de que faixa se passa é para presidente, e não para vice-presidente, não tinha sentido. Não era o cargo de vice-presidente que estava sendo assumido. Era o de presidente. Ninguém iria passar faixa para vice-presidente. Leitão fez todo o jogo, sabendo que quem devia assumir era o vice-presidente eleito."

Dia 15 de março de 1985, por volta de três horas da madrugada. No Hospital de Base, a cirurgia chega ao fim. José Fragelli, presidente do Senado,

* *Em pleno governo Geisel, Ulysses Guimarães comparou-o a Idi Amin Dada, truculento e sanguinário ditador militar de Uganda, país centro-africano. Geisel jamais perdoou.*

telefona para Sarney. Diz que tinham feito uma reunião no Congresso e concluído que, como vice-presidente, era ele quem devia assumir. Sarney: "Eu ponderei ao Fragelli que não queria assumir de jeito nenhum." Resposta: "Não, Sarney, você há de compreender que já está tudo resolvido. É uma questão jurídica." Em seguida, ligação do general Leônidas. Diz que o problema é a continuidade do processo, que está tudo resolvido e a posse confirmada para dez da manhã no Congresso. Despede-se assim: "Boa noite, presidente."Sarney:

> "Eu não dormi um minuto naquela noite. Fiquei na minha biblioteca, pensando na minha vida. Pensando no meu destino. Eu que tinha vindo lá do interior do Maranhão, um estado pobre, a carreira toda, as dificuldades da vida inteira, sem ter família rica, e chegar a uma situação daquela. Que destino estava me esperando? O que ia acontecer? Eu tinha absoluta certeza dos problemas que tinha o Brasil. Eu, que estava pensando em substituir o Tancredo apenas em alguma viagem que ele fizesse ao exterior. E agora acontecia aquilo no primeiro dia. Fiquei pensando naquilo. Ao mesmo tempo, me preocupava a grande decepção do povo brasileiro, que esperava a posse de Tancredo e, na hora, aparecia eu, com todos os problemas de ter presidido o PDS e tudo o mais. Era o que estava na minha cabeça naquela noite. Eu pensava que tinha que assumir era junto com o Tancredo. Era essa a minha angústia naquela noite. Eu não queria assumir sozinho de nenhuma maneira. Mas, ao mesmo tempo, me preocupava o fato de que o Tancredo, que tinha se preparado para a posse, tinha adoecido exatamente naquela noite. Mas eu achava que dentro de mais uma semana ele estaria bem."[44]

Também de madrugada, Tancredo volta da anestesia: "Então, como foi? O Sarney tomou posse? Correu tudo bem?"

Manhã de 15 de março de 1985. Novamente Sarney:

> "De manhã, eu não sabia nem como ia ser. Então apareceu o general Denys e me disse que teríamos de cumprir todo o ritual que estava preparado para o Tancredo. Saímos do meu apartamento e fomos para o de Tancredo, onde estava armado todo o dispositivo protocolar que deveria ser cumprido por ele. Eu pensava no país e na comoção nacional com o fato de que o Tancredo não ia assumir naquele dia. Procurei cumprir o ritual. Fui no carro, com o general Denys, passamos em revista a tropa e chegamos na entrada do Congresso. Saltei do carro e aí

foi uma balbúrdia enorme. A cerimônia militar prevista foi toda tumultuada. O povo invadiu, era bandeira no meio e tudo. Foi um tumulto muito grande. Não teve discurso, não teve nada. Todo mundo queria acabar o mais rapidamente possível. Fiz o juramento e aí fomos para o palácio do Planalto."

Marco Maciel, novo ministro da Educação, viu tudo de perto:
"O sentimento de dor e frustração que atingiu todos os brasileiros nos dias seguintes deixou claro que a alma dos cidadãos estava compungida com o drama pessoal do presidente Tancredo Neves, mas confiante no governo por ele constituído, a despeito de sua ausência física nos acontecimentos. Foi um daqueles raríssimos momentos de quase unanimidade nacional. Não tínhamos só conhecido a rota firme da restauração democrática, assim como, através do respaldo de toda a nação, começado a trilhar a senda segura do Estado de Direito que coroou a desafiadora tarefa de consumarmos a transição política sem traumas e contestações."[45]

Aparentemente, Sarney tinha tudo para dar errado na Presidência da República. Apoiara o regime autoritário desde o início, deixara há poucos meses a Presidência do PDS, enfrentava fortes resistências dentro do PMDB e da esquerda. E, sobretudo, vinha do Nordeste, do Maranhão, fato então suficiente para despertar preconceito e má vontade em poderosos brasileiros pela metade. A favor, densa biografia política, experiência administrativa, reconhecida contribuição à vitória oposicionista, conhecimento do processo e dos atores políticos. Equilíbrio, prudência, realismo, tolerância, rara capacidade de trabalho, sorte. Muita! E inegável talento político. Sem ele, o menino maranhense de classe média da pequenina e pobre Pinheiro dos anos 1930 jamais seria presidente da República. Caprichosa costura do destino, quase um milagre.* Advo-

* *Araxá, Minas Gerais, início dos anos 1960. O jovem e supersticioso deputado udenista José Sarney e os jornalistas Otto Lara Resende e José Aparecido de Oliveira acompanham o presidenciável Magalhães Pinto, governador de Minas, numa visita à vidente Maria do Correio. Quando perguntam se Magalhães será presidente da República, ela responde que não. Em seguida, aponta para Sarney e diz que ele será. Todos pensaram que a velha Maria havia se confundido.*
Sarney sempre acreditou que, muito além da ciência, há o inexplicável, a fé, os mistérios, o destino.

gado, jornalista, escritor e político, nasceu em abril de 1930. Membro da Academia Brasileira de Letras desde 1980. Suplente de deputado federal em 1954, pela UDN, assumiu a cadeira em 1956. Aos 28 anos, tornou-se vice-líder do partido, pelas mãos de Afonso Arinos de Melo Franco. Reelegeu-se em 1958 e 1962. Foi o primeiro deputado federal a mudar-se para Brasília [dezembro de 1959], que então o fascinava. Com o bipartidarismo, filiou-se à Arena. Governador do Maranhão nas eleições diretas de 1965. E senador em 1970 e 1978, ano em que foi o relator da emenda constitucional que extinguiu o AI-5. Participou intensamente da abertura política durante o governo Geisel. O projeto tinha amarras políticas dentro do Congresso. Principalmente no grupo composto por Petrônio Portella, Daniel Krieger, Teotônio Vilela e o próprio Sarney, cujo engajamento continuou no governo seguinte. Um dos fundadores do PDS, a cuja Presidência renunciou em junho de 1984. Filiou-se logo depois ao PMDB, que, em convenção de 12 de agosto de 1984, o escolheu para vice da chapa encabeçada por Tancredo Neves. Tancredo recebeu 656 votos, com 32 brancos e nulos. Sarney obteve 543 votos, com 143 brancos e nulos.

Sarney chega ao palácio do Planalto. Não há transmissão de cargo. O presidente Figueiredo tinha saído pouco antes pela porta dos fundos. Sarney sai do carro e entra pela porta lateral do andar térreo. Tem ao lado José Hugo Castello Branco, que vai assumir o Gabinete Civil da Presidência da República, e o general Rubens Bayma Denys, novo chefe do Gabinete Militar. É recebido por Delfim Netto e Leitão de Abreu, ministros de Figueiredo. Cumprimentos rápidos, despedidas. Toma o elevador. Desce no terceiro andar, gabinete do presidente. Tem pressa. É a posse do ministério. Todos estão esperando. Tenso e preocupado, pergunta a José Hugo:

— Como é que eu vou receber o cargo e empossar os ministros?! Não digo nada?! Eu já não vou receber a faixa! Não será preciso uma palavra, dizer que a continuidade do governo está assegurada?

— Ah, presidente, o senhor não precisa falar nada.

Mas Sarney sabe que precisa, que o país está espantado, assustado com os acontecimentos. Há muitos boatos, perplexidade. É indispensável dizer o que sente, sinalizar rumos, falar em Tancredo, tranqüilizar o povo. Desce para o salão nobre, local da cerimônia, sem saber o que vai dizer. Verifica que dona Marly e os filhos já chegaram. Olha os novos ministros, todos de pé. O locutor anuncia que ele vai empossá-los. Está indormido, angustiado, emocionado. Quase levitando, vai para a tribuna e improvisa o primeiro discurso presidencial. Fragmentos:

> "Eu estou com os olhos de ontem. E ainda prisioneiro de uma emoção que não se esgota. O Deus da minha fé, que me guardou a vida, quis que eu presidisse esta solenidade. Ele não teria me trazido de tão longe, se não me desse também, na sua bondade, as virtudes da paciência, do equilíbrio, da coragem, do idealismo, da firmeza e da visão maior das nossas responsabilidades perante esta nação e sua história. (...) Os nossos compromissos, meus e dos senhores agora empossados, são os compromissos do nosso líder, do nosso comandante, do grande estadista Tancredo Neves, nome que constitui a bandeira de união do país."

Numa falha do protocolo, assina o termo de posse dos ministros da própria tribuna. As fotos mostram isso.

Mais cumprimentos. Sarney sobe para o gabinete presidencial. Pede notícias de Tancredo. Recebe ótimas informações. As melhores possíveis. Que estava tudo bem, que a operação tinha sido um sucesso. Sarney:

> "Aquilo me tranqüilizou bastante. E aí já chegou o doutor Ulysses, querendo que eu assinasse logo todas as nomeações. Substituir os decretos que o Tancredo tinha assinado pelos que o José Hugo tinha passado a noite preparando lá no Ministério da Fazenda."[46]

O poder civil voltou ao comando. Falta agora consolidar a democracia e construí-la diariamente.

Pedro Simon, que assumiu o Ministério da Agricultura, relembra:

> "O que o doutor Tancredo nem ninguém podia imaginar é que nós chegaríamos ao palácio do Planalto — depois de lutar a vida inteira pelo restabelecimento da democracia — e que o encontraríamos totalmente vazio, aberto, sem um oficial de gabinete, um guarda, absolutamente ninguém. Depois de tanta luta, a gente podia pensar um milhão de coisas. Menos que o palácio estaria vazio e que o ex-presidente sairia pelos fundos."[47]

Hospital de Base de Brasília, apartamento de Tancredo Neves, final da noite de 14 de março de 1985. Tranqüilizado politicamente, mas ainda contrafeito, relutante, ele consente a cirurgia e entra no atalho para a morte. Os procedimentos e cuidados indispensáveis não são obedecidos. Imperícia, imprudência, negligência. Erros médicos, falhas hospitalares, tensão, medo. Destino?

A intervenção é concorridíssima. Trata-se antes do presidente que do paciente de 75 anos. Há dezenas de invasores dentro da sala de cirurgia. Inclusive autoridades, políticos e outros curiosos. Cerca de quarenta pessoas. Contaminação? Começa à 1h10min da madrugada de 15 de março de 1985. Termina às três, a exatamente sete horas da posse do vice-presidente José Sarney. É euforicamente anunciada como sucesso: o presidente poderá assumir na semana seguinte. Falso. Tancredo quase morre de complicações respiratórias imediatamente depois. Um dos problemas: os médicos não passaram a sonda nasogástrica na mesa de operação. Esqueceram-se dela. O anestesista tentou passá-la depois, sozinho, com Tancredo já na maca, despertando. Ele piora progressivamente nos dias seguintes, desenvolve infecção fatal. Vem, então, a segunda cirurgia — cinco dias depois, ainda em Brasília — e o agravamento do quadro, inclusive com abundantes hemorragias. De Sarney:

> "Soube que ele foi vítima de um erro médico tremendo. Depois da [segunda] operação, teve um problema de paralisia intestinal. Fizeram uma leitura errada da radiografia e concluíram que ele estava com obstrução intestinal. Quando o doutor Pinotti [Henrique Walter Pinotti, cirurgião paulista] veio e abriu, verificou-se que não havia a obstrução. Então, o doutor Pinotti resolveu corrigir a cirurgia anterior, o que foi uma tragédia. Aquilo exigiu demasiadamente do organismo dele, um homem de 75 anos. Começou a ter hemorragias. Tiveram, então, que levá-lo para São Paulo. A partir daí, ele entrou num desfiladeiro que terminou numa tragédia para o país e todos nós."[48]

Antes do comprometimento final de sua situação de saúde, Tancredo apresenta fugaz melhora. É o bastante para mobilizar dentro dele o bruxo político. Dita e assina mensagem ao presidente em exercício, que elogia seu comportamento e exemplo. Ela é entregue no palácio do Planalto, em mão, pelo neto Aécio Neves. Amplamente divulgada, contribui para a assimilação política e popular do governo Sarney:

"Brasília, 23 de março de 1985.

Caro Sarney,

A Nação está registrando o exemplo de irrepreensível correção moral que o prezado amigo lhe transmite no exercício da Presidência da República.

Na política, o exemplo é mais importante que o discurso. O discurso é efêmero pela sua própria natureza. O seu efeito termina com a leitura de sua divulgação por mais eloqüente e oportuno que seja ele. O exemplo, ao contrário, contribui para a construção ética da consciência do nosso povo que, na solidariedade que tem demonstrado, tem me dado forças para superar estes momentos.

O seu exemplo, presidente Sarney, ficará memorável em nossa história.

Um cordial abraço para Marly.

Tancredo Neves"

No Hospital de Base, complicações. O quadro se agrava rapidamente. No dia 26 de março de 1985, Tancredo é levado às pressas para o Instituto do Coração-Incor, em São Paulo, onde chega como doente terminal, sem chance. Tem 75 anos, já perdeu mais de três litros de sangue, o sistema imunológico está em colapso, a infecção galopa. Mais cinco cirurgias. "Eu não merecia isso." O corpo sete vezes rasgado, aberto, devassado.

O jornalista Antônio Britto, da equipe de governo de Tancredo Neves, anuncia o fim da agonia, por todos aguardado, mas que ainda choca pela confirmação do pior:

> "Lamento informar que o excelentíssimo senhor presidente da República, Tancredo de Almeida Neves, faleceu esta noite no Instituto do Coração, às 22 horas e 23 minutos."

Tancredo, o presidente da travessia, morre de infecção generalizada, depois de 38 dias de agonia. "Para descansar, tenho a eternidade." Destino? Deus ou os homens? A mortalha ao invés da faixa presidencial.

A tragédia une e comove o país. O povo chora e reza. É o 21 de abril do alferes Tiradentes, o mártir enforcado, decapitado e esquartejado da independência, ídolo de Tancredo, seu conterrâneo da Comarca do Rio das Mortes. Duas pedras brancas, separadas por quase dois séculos de lutas e sacrifícios, marcam seus túmulos.

O reconhecimento e a homenagem do povo. Comoção nacional. Quase dois milhões de pessoas no adeus de São Paulo. Em Brasília, um corredor humano de vinte quilômetros molhados de lágrimas. Da Base Aérea ao palácio do Planalto, onde o caixão, coberto pela bandeira nacional, conduzido por cadetes do Exército, da Marinha e da Aeronáutica, sobe a tão sonhada rampa de acesso ao coração da Presidência da República. No dia seguinte, em Belo Horizonte, na praça da Liberdade não cabem todos os que querem vê-lo. Quatro pessoas do povo morrem esmagadas contra as grades do palácio da Liberdade, onde está o caixão e de onde Tancredo desencadeou a escalada rumo ao Planalto. Há muitos feridos. Em 24 de abril de 1985, o sepultamento em São João del Rei, Minas Gerais, a terra natal. O presidente José Sarney, ao despedir-se, diante da sepultura, no Cemitério da Ordem Terceira de São Francisco, reafirma ao país a identificação do governo com os ideais de Tancredo Neves:

> "A sua alma, liberta da vida, neste instante flutua na eternidade. Perante Deus, ela não chegará só. Irá acompanhada de brasileiros que ontem partiram, na praça da Liberdade, num simbolismo trágico, como anjos do povo, acompanhando Tancredo Neves no caminho da morte. Deixa Tancredo Neves para esta nação um grande legado. Deixa o legado da dignidade na vida pública. Deixa o legado do amor ao povo. Deixa o legado da tolerância, deixa o legado da conciliação e deixa o legado da grandeza na vida pública. Nós saberemos honrá-lo. O seu compromisso será o nosso compromisso. A sua promessa será a nossa promessa. O seu sonho será o nosso sonho."

Tempo de Sarney

O período do governo Sarney é marcado pelo respeito às liberdades públicas e revitalização da ordem jurídica; notável efervescência política; fortes pressões decorrentes de demandas sociais represadas durante o regime militar; flutuações da economia, bastante influenciada e sacrificada pelo peso dos serviços da gigantesca dívida externa. No biênio 1987-1988, um novo componente aprofunda o quadro de incerteza econômica: o funcionamento da Assembléia Nacional Constituinte, um suprapoder que pode mudar quase tudo. Politicamente inadiável e indispensável, ela também traz instabilidade e temporário aumento da incerteza na economia, prejudicando-lhe o desempenho, inclusive as decisões de investimento.

No qüinqüênio 1985-1989, o comportamento econômico é instável, oscilante. Por exemplo: taxas de crescimento real de 7,8% em 1985 e de 7,5% em 1986, este o ano do Plano Cruzado, que teve forte impacto na economia e também na cidadania e na eleição dos governadores e dos constituintes; pequena expansão em 1987 e 1989; recessão em 1988. Quanto à inflação — a indexação da economia turbina os índices nominais do período —, vai da quase estabilidade de preços, em 1986, ao tangenciamento da hiperinflação no final do governo. Em fevereiro de 1987, o presidente decreta moratória. Moratória técnica. As reservas internacionais haviam atingido nível crítico. Tempos difíceis. Apesar de tudo, a economia cresce 24,2% reais no qüinqüênio 1985-1989. E a renda *per capita* aumenta mais de 12% reais.

Nos últimos vinte anos, de ponta a ponta, conforme cálculos divulgados em junho de 2000, o crescimento econômico real, depois de descontado o acréscimo demográfico, foi de 4,8%. Isso corresponde a aumento *per capita* de pouco mais de 0,2% reais ao ano.[49]

Mas o principal acontecimento é a democratização do país numa ambiência política superior. De liberdade, compreensão e harmonia. De serenidade, respeito e até mesmo de tolerância governamental. O Brasil constrói e consolida sociedade democrática, pluralista, participativa.

É nessa atmosfera que se dá toda a institucionalização do Estado democrático de direito, mediante substituição da legislação restritiva herdada do regime militar. O chamado "entulho autoritário", cuja peça principal era a emenda constitucional outorgada pela Junta Militar de 1969. É convocada Assembléia Nacional Constituinte, as eleições diretas para presidente são restabelecidas, os analfabetos ganham o direito de votar, concede-se anistia aos servidores públicos punidos por atos institucionais ou complementares, acabam as intervenções em sindicatos, reforma política estabelece novo sistema partidário e permite a legalização do PCB e do PC do B, antes na clandestinidade. Faz-se tudo o que a democratização política exige.

A Assembléia Nacional Constituinte se instala em 1.º de fevereiro de 1987. Os trabalhos vão até 5 de outubro de 1988, sob a presidência do deputado Ulysses Guimarães, presidente do PMDB. É um parlamento coalhado de estrelas políticas, inclusive vários pré-candidatos à Presidência da República, como o próprio Ulysses Guimarães. O Congresso é agora um suprapoder. Poder constituinte, livre e soberano. Não há um anteprojeto básico, uma referência. Parte-se do nada, discute-se tudo. Até se Deus seria ou não citado no preâmbulo, dúvida que consome enorme tempo. No final, permitem que Ele entre. Desde matérias infraconstitucionais até questões operacionais, menores. Mas sobretudo as principais, as mais relevantes. Como os direitos e garantias individuais e a organização do Estado, por exemplo. É democracia, há liberdade. Disputas políticas, negociações, composições, acordos, lutas por interesses corporativos ou não, blefes. Participam políticos, empresários, sindicalistas, militares, jornalistas, funcionários públicos, juristas, ambientalistas, minorias sociais etc. E também as três esferas de governo, claro. Os estaduais, os municipais e, mais que todos, o federal. Inclusive o Distrito Federal: grupos e lideranças políticas locais se articulam, pressionam e arrancam a autonomia política. O governo Sarney age incessantemente, mas sem imposições. Acompanha e avalia tudo criticamente, oferece sugestões, pressiona politicamente, participa de entendimentos e concertamentos. Principalmente no âmbito da frágil, volúvel e mutante Aliança Democrática, que reúne o PMDB e o PFL. É natural: a Carta Constitucional bole com todos, mexe com tudo. Até com a duração do mandato presidencial. Inclusive o do presidente José Sarney, questão que, apesar de conjuntural, consumiu colossal energia política e jurídica. Da Constituinte e do governo. Interesses de curto prazo influenciaram bastante, especialmente aspirações presidenciais de grandes lideranças parlamentares.

A Constituição de 1988 tem sido alvo de muitas críticas. Principalmente de irrealismo e anacronismo. De não estar adequadamente sintonizada com a realidade mundial e brasileira contemporâneas. De exageradamente generosa nas intenções num país ainda pobre de meios. De ser fonte indutora de desequilíbrios que agravam a crise do Estado, especialmente o déficit público. Enfim, de inconsistência entre fontes e usos de recursos. Como, por exemplo, nos comandos relativos à previdência social. De conter preceitos equivocados quanto à economia, caso do tabelamento dos juros, preços que dependem do mercado e são instrumento fundamental de política monetária. De excessos nacionalistas. Sofre reparos também pela profusão de matérias tratadas e excessivo detalhamento. E ainda de ser essencialmente híbrida quanto ao sistema de governo. Alma parlamentarista em corpo presidencialista. Muitas observações são pertinentes. Tanto que o Parlamento tem consagrado o melhor de suas energias a revisões do texto. Mas a verdade verdadeira é que a Carta de 1988, mesmo com suas imperfeições e impropriedades, significou avanço notável. Sobretudo no referente aos direitos sociais e à cidadania. É marco fundamental da democratização brasileira.*

** Plebiscito de 21 de abril de 1993 referenda a opção da Constituinte pelo presidencialismo e pela república. Eis os resultados, em números arredondados: forma republicana de governo: 66%, contra 10% da monarquia; sistema presidencialista de governo: 55%, contra 25% do sistema parlamentarista.*

Década perdida?

Os anos 1980 costumam ser lembrados no Brasil como "década perdida". Estultícia. Economicamente, o período é antes de ajustes que de perda. Quadro internacional adverso, desatualização e gigantismo do Estado, avanço do processo de globalização. Claro: as condições internacionais não permitiam a continuidade da disparada desenvolvimentista dos anos 1970. Mesmo assim, a economia brasileira cresceu 33,5% reais no período 1980-1989.[50] Nada de espetacular, comparativamente à década anterior. Mas evoluir um terço na magnitude da economia não é perder. É apenas avançar menos rapidamente. Além disso, chamar de década perdida o período em que o país reconquistou e consolidou a democracia é sobrepor o econômico a tudo. Até mesmo à liberdade.

Oitenta é década de transformações marcantes. O mundo muda aceleradamente. Emerge nova realidade política e econômica internacional. O contexto se altera essencialmente. No começo, severo ajuste da economia americana desarruma a economia mundial.* No final, novembro de 1989, cai o emblemático muro de Berlim. Com ele, simbolicamente, o socialismo real. É a pá de cal na guerra fria, que tanto influenciou a postura norte-americana diante dos problemas e interesses brasileiros. É também o começo da fase terminal da União Soviética, que desaparece em 1991. Enfraquecida, desagrega-se, fragmenta-se em vários países não socialistas independentes. Desde 1985, ela vivia a *Perestroika* [reestruturação] e a *Glasnost* [transparência] do governo de Mikhail Gorbatchov. É também de 1989 o célebre Consenso de Washington, um ano mais novo que a Constituição brasileira de 1988. Essência: tudo pela economia de mercado. Reforma fiscal: equilíbrio das contas públicas; reforma patrimonial do Estado: encolhimento e privatizações; desregulamentação: retirada de entraves ao funcionamento do sistema de preços. Esse ideário torna-se referência na formulação de políticas públicas no Brasil e em toda a América Latina. Globalização é a nova ordem.

Em novembro e dezembro de 1989, o país finalmente realiza eleições livres e diretas para presidente da República. O povo elege Fernando Affonso

---

* *Síntese de Delfim Netto: "Também o mundo estava mudando. Agora, o fator decisivo veio anos depois: os Estados Unidos, na tentativa de arrumar sua economia, fizeram aquele ajuste de 1982, jogando os juros para 19%. Produziram um desequilíbrio geral, que não destruiu só aqui não. Acabou com a União Soviética. O que acabou com ela foi a elevação dos juros. Quebrou a Polônia, quebrou a Hungria, quebrou todo mundo." Fonte: depoimento ao autor em 20 de março de 1997.*

Collor de Mello, que não completa o mandato. Em 1992, sofre processo de *impeachment* e renuncia. Mas aí já é outra história.

Notas

[1] O historiador Boris Fausto apresenta precisa caracterizaçãogeral do regime militar em *História do Brasil,* São Paulo, Edusp, 1994, p. 512-14.
[2] *A Guerra das Estrelas,* de Carlos Chagas, Porto Alegre, L & PM, 1985, 3ª edição, p. 214-15.
[3] Trecho de entrevista a Alfred Stepan em 17 de julho de 1985, publicado em *Os militares: da abertura política à Nova República,* p. 47.
[4] Fragmentos de entrevista de Gildásio Westin Cosenza ao autor, em 21 de maio de 1997.
[5] Depoimento do presidente Ernesto Geisel ao autor, em 31 de janeiro de 1995.
[6] Depoimento de Antônio Delfim Netto ao autor, em 22 de março de 1997.
[7] Depoimento de José Genoíno ao autor, em 20 de março de 1997.
[8] Fonte: depoimento do general Roberto França Domingues ao autor, em 14 de março de 1997. Domingues, que privou da intimidade do presidente Ernesto Geisel, é casado com Lydia Geisel, filha do general Orlando Geisel, ministro do Exército do governo Médici.
[9] Depoimento do presidente Figueiredo ao autor, em 12 de março de 1997.
[10] *Memória viva do regime militar,* deste autor, Rio de Janeiro, Editora Record, 1999, p. 187-88.
[11] Fragmentos de discurso de Ulysses Guimarães, presidente da Assembléia Nacional Constituinte, na solenidade de promulgação da nova Carta, em 5 de outubro de 1988.
[12] Depoimento do presidente Figueiredo ao autor, em 12 de março de 1997.
[13] Depoimento do presidente Ernesto Geisel ao autor, em 31 de janeiro de 1995, op. cit.
[14] Depoimento do general Leônidas Pires Gonçalves ao autor, em 31 de janeiro de 1995.
[15] Depoimento de Paulo Salim Maluf ao autor, em 6 de maio de 1998.
[16] *Tancredo Vivo,* deste autor, Rio de Janeiro, Editora Record, 1995, p. 309. As frases constam de *Tancredo Neves: A trajetória de um liberal,* Editora Vozes e Editora da UFMG, 1985.
[17] Depoimento de Thales Ramalho ao autor, em 18 de junho de 1997.
[18] Depoimento de Aureliano Chaves ao autor, em 20 de março de 1997.
[19] Depoimento do presidente Figueiredo ao autor, em 12 de março de 1997.
[20] *O primeiro século da República,* de Hélio Silva, Rio de Janeiro, Jorge Zahar Editor, 1987, p. 144.
[21] *Ernesto Geisel,* op. cit., p. 440.
[22] Depoimento do presidente Ernesto Geisel ao autor, em 31 de janeiro de 1995, op. cit.
[23] Depoimento de Aureliano Chaves ao autor, em 20 de março de 1997.
[24] Depoimento de Thales Ramalho ao autor, em 18 de junho de 1997.
[25] Revista *Veja* n.º 854, de 16 de janeiro de 1985, p. 41.
[26] Depoimento de José Sarney ao autor, em 18 de janeiro de 1995.
[27] Depoimento de Francisco Dornelles ao autor, em 21 de março de 1995, op. cit.
[28] Revista *Veja* n.º 854, de 16 de janeiro de 1985, op. cit., p. 41.
[29] Depoimento do presidente Ernesto Geisel ao autor, em 31 de janeiro de 1995.
[30] Depoimento de Antônio Carlos Magalhães ao autor, em 31 de março de 1997.
[31] Depoimento de Thales Ramalho ao autor, em 18 de junho de 1997, op. cit.
[32] Depoimento do general Leônidas Pires Gonçalves ao autor, em 31 de janeiro de 1995.
[33] Depoimento de Antônio Aureliano Chaves de Mendonça ao autor, em 20 de março de 1997.
[34] Depoimento do general Newton Cruz ao autor, em 21 de março de 1997.
[35] Depoimento de Francisco Dornelles ao autor, em 21 de março de 1995.
[36] Depoimento de Paulo Salim Maluf ao autor, em 6 de maio de 1998.
[37] Há excelente abordagem do assunto em Alfred Stepan: *Os militares: da abertura política à Nova República,* op. cit., p. 80 e seguintes.

[38] *Correio Braziliense* de 16 de janeiro de 2000, p. 26.
[39] Depoimento de Francisco Dornelles ao autor, em 21 de março de 1995, op. cit.
[40] Idem.
[41] Depoimento do presidente José Sarney ao autor, em 26 de fevereiro de 1995.
[42] Depoimento do presidente Fernando Henrique Cardoso ao autor, em 19 de março de 1999.
[43] Fragmento de depoimento de Ulysses Guimarães ao jornalista Jorge Moreno, publicado pelo jornal *O Globo,* do Rio de Janeiro, em 15 de março de 1995, p. 4.
[44] Depoimento do presidente José Sarney ao autor, em 5 de junho de 2000.
[45] *O Globo* de 12 de março de 2000, p. 7.
[46] Idem.
[47] Depoimento do senador Pedro Simon ao autor, em 27 de março de 1995.
[48] Depoimento de José Sarney ao autor, em 26 de fevereiro de 1995.
[49] Números citados pelo professor Gilberto Dupas, coordenador da Área de Assuntos Internacionais do Instituto de Estudos Avançados da USP, no artigo "Dados de uma perversidade crônica", publicado no *Jornal do Brasil* de 19 de junho de 2000.
[50] Fonte dos dados: Banco Central do Brasil, junho de 1997.

Afonso Arinos anunciou a fórmula jurídica

As Questões Jurídicas

*Saulo Ramos**

Na história republicana brasileira não houve tempos que tenham tido tão intensa vida jurídica como no governo Sarney. Não se trata de frase retórica. Os historiadores testemunharão. Na queda da monarquia, a agitação foi política e econômica, previamente combinada, e Rui Barbosa, além da legislação provisória, já tinha, sem muita oposição, o esboço constitucional calcado na experiência norte-americana, que a Constituinte de 1891 praticamente homologou. O sistema legislativo, no novo regime, desenvolveu-se sem grandes acidentes, tanto que editamos um excelente Código Civil sem muitos traumas, mas precisamos de uma ditadura para completá-la com o código de processo nacional e corrigir o tumulto que o modelo norte-americano causou com os códigos estaduais. Houve, sim, período rico em debates judiciários e parlamen-

* *Saulo Ramos é jurista e foi ministro da Justiça durante o governo José Sarney.*

tares, em defesa das liberdades, que eram mais almejadas do que asseguradas pelo ordenamento.

Nos tempos que se seguiram, com as revoluções de 1930, de 1932, com a caricatura Constituinte de 1934, o golpe de 1937, a redemocratização de 1946 e o novo golpe de 1964, o país alternou entre profundas patologias constitucionais e momentos de tímida sanidade jurídica. Durante as revoluções ou nos governos implantados pelos golpes de Estado, isto é, nas ditaduras, não se podia falar em nada de jurídico. Tudo era farsa. O heroísmo, em cada época, é creditado às resistências políticas, aos que lutaram contra o antijurídico. Desta época datam os códigos penal e de processo penal.

Mesmo no período regido pela Constituição de 1946, as normas infraconstitucionais ainda refletiam o totalitarismo do passado e o Brasil não tinha ferramentas para o Judiciário exercer o controle da constitucionalidade ou da legalidade, por absoluta falta do direito positivo que as concretizasse. Mesmo Juscelino Kubitschek, considerado o presidente mais liberal de nossa história, fez uso de leis para censurar programas de rádio que o incomodavam. Mas não conseguiu implementar ou fazer refletir a Constituição de 1946 na legislação que durasse. E não permitiu a legalização dos partidos comunistas.

Sarney, este sim, foi o liberal por excelência. Permitiu o exercício total das liberdades públicas e políticas. Para as gerações contemporâneas, que saíram de uma época de arbitrariedade, Sarney passou a ser o homem que não dava o murro na mesa. Lembrem-se que iniciou seu governo sob a égide da Constituição de 1967, com o "emendão" de 1969, e com toda a legislação ordinária da ditadura, o mesmo arcabouço jurídico, se é que se pode usar tal designação, do governo de João Figueiredo. Seria cômodo usá-la, mas para Sarney não seria jurídico, segundo a concepção que tem do que é jurídico: *jus* (direito) e *dicere* (dizer), que é conforme ao direito, o que nem sempre corresponde a ser conforme a lei.

Mesmo nossas lideranças políticas mais exaltadas durante o governo Figueiredo tiveram comportamento tímido. Nos vários segmentos da sociedade havia a boca torta pelo uso do cachimbo. Muitos se acostumaram com o arbítrio e desejavam que o país continuasse a usá-lo sob o rótulo de autoridade. Outros, os que sofreram, ou viram sofrer, o peso das ilegalidades, estavam escaldados e comediam as atuações políticas, lembrando que os excessos serviam de pretextos para os retrocessos.

Mas no governo Sarney todos se soltaram. Partidos comunistas, tanto o soviético, como o PC do B, os anarquistas, passaram a ser permitidos. Greves, xingação, bagunças, paixões tomaram conta das ruas.

Sarney tinha consciência de que a democracia não se faz num dia, mediante simples declaração de que a liberdade está restabelecida. É preciso que o povo exercite a liberdade, cometa erros e até excessos neste exercício, para que ele próprio, o povo, assustado consigo, exija um regramento jurídico que contenha os exageros sem comprometer a livre manifestação de pensamentos e vontades.

Primeiro governo democrático após o último general, Sarney arriscou conscientemente e abriu geral. Com uma Assembléia Constituinte mal convocada, mas instalada no início de seu mandato, viveu tormentas políticas fantásticas, porque as liberdades estavam nas ruas e vieram para os parlamentos. Foi a tempestade dos tempos livres e Sarney queria que o Brasil se acostumasse a isto, porque a democracia, adotada pela consciência de cada um, ainda que para fazer besteira, fincaria raízes e venceria para sempre.

Por esta razão, inaugurando a temporada de liberdades absolutas, o governo Sarney viveu, antes e depois da nova Constituição, uma fecunda etapa de criações jurídicas, refletidas sobretudo na própria elaboração da nova Carta Política, necessárias à consolidação normativa da democracia, que veio para ficar. E ficou.

Foram muitos os problemas

Começou com a posse. Toma posse ou não toma posse? Se o titular do cargo, o presidente da República, está impedido de assumir, não pode assumir o vice-presidente, cuja função constitucional é substituí-lo. Não há substituição se não existe a quem substituir.

Este era o raciocínio dos que rabulejavam naquela noite em que Tancredo Neves foi internado para a longa e dolorosa agonia.

Sarney Filho achou-me num restaurante, e fomos para o apartamento do pai dele. As salas ferviam. Surgiram muitos boatos de que tramava-se golpe! Mas golpe a favor de quem? Não importa. Primeiro o golpe contra todos. Depois vai-se ver quem será beneficiado. Querem que o doutor Ulysses Guimarães assuma, pois o cargo amanhã será considerado vago, porque Sarney, sem Tancredo, não pode assumir. E Figueiredo declarou que ao Sarney não transmitiria o cargo. Homem de palavra. Saiu pelos fundos, que Deus o tenha.

Notícias e boatos circulavam em altíssima velocidade, mais que os marimbondos de folga. Chegou o general Leônidas Pires Gonçalves, nomeado ministro do Exército por Tancredo, mas sem a posse do presidente o decreto de nomeação de nada valia, a não ser como relíquia histórica. Veio direto conversar comigo e tinha a Constituição segura na mão esquerda. Era meu velho amigo, desde o tempo em que ambos trabalhamos no gabinete do presidente Jânio Quadros em 1961. E amigos com intimidade. Cumprimentou-me e foi dizendo:

— O que estão falando por aí não me importa. O que você acha que o Supremo Tribunal achará?

— Tem um porém — disse eu. — Quero saber se vale a Constituição ou se a tropa ainda está condicionada aos velhos tempos? Que diz o seu colega que está no cargo até amanhã?

— Deixa disso. Vale a legalidade. Esqueça o passado. Tudo agora é jurídico e, portanto, com os bacharéis. A tropa já está sob meu comando e meus comandantes. A posse será simples formalidade para ratificar o que já providenciamos. Você sabe que para nós disciplina é disciplina. Vale a Constituição. Esta aqui.

— Então veja aí neste livrinho, no parágrafo único do art. 76, que o presidente da República eleito tem dez dias para tomar posse e que...

— Isso eu já vi....

— O cargo será declarado vago se, decorridos dez dias da data fixada, não tomar posse o presidente ou o vice-presidente. Logo, essa locução alternativa *ou* quer dizer que o vice pode tomar posse mesmo se o presidente não puder ou quiser assumir o cargo. E mais, o prazo não vale se houver motivo de força maior. Isto quer dizer que o vice assume e permanece como substituto e não como sucessor até que o presidente esteja desimpedido para assumir.

— Está claro. Vamos conversar com o Sarney.

Um milhão de pessoas rodeava o vice-presidente. Ouvi várias teorias sobre a autonomia do direito do vice, inclusive sobre a Corte Suprema dos Estados Unidos. Mas o nosso negócio era o *ou*. Um *ou* entendido pelas Forças Armadas. Logo, não havia direito constitucional mais claro e legítimo do que este materializado no entendimento do *ou*.

Sarney estava calmo, incrivelmente calmo. Repetia que não desejava tomar posse sem Tancredo. Mas não tinha dúvida sobre o *ou*. Preocupou-se, apenas, com o noticiário de televisão, que fervia com as teorias constitucionalistas ajeitadas e de última hora. No PMDB, eu soube, um forte foco de rábulas procurava convencer Ulysses Guimarães a interpretar diferentemente os "dez dias" para postergar a posse de ambos, do presidente e do vice. Ulysses vacilava. Depois divulgou-se a versão que em momento algum houve por parte dele qualquer vacilação. Afinal, o velho e batalhador Ulysses Guimarães tinha sido, em São Paulo, professor de Direito Constitucional, matéria que, segundo Leônidas Pires Gonçalves, estava valendo.

Telefonei ao Mário Covas, que, segundo disseram, era um dos que incitavam a hermenêutica marota. Lembrei ao Mário quando, em 1961, ele perdeu a eleição para prefeito de Santos. Ficou em segundo lugar. O prefeito eleito, antes da posse, morreu tragicamente. Aí deu-se a confusão. Vieram as teorias. O vice não pode assumir porque o titular não assumiu. Ou assume o segundo mais votado ou se faz nova eleição.

— Mas o que tem isto a ver com a situação atual? — interrompeu Covas com aquele vozeirão conhecido.

— Calma. Você se lembra que você foi a juízo discutir estas teses. Eu indiquei o advogado. Você perdeu em primeira instância e no Tribunal. Para chegar ao Tribunal Superior Eleitoral tivemos que arrumar uma decisão em sentido contrário. Quem conseguiu? O nosso amigo José Sarney e a decisão era da Justiça Eleitoral do Maranhão! Com isto o recurso subiu. E o Tribunal Superior Eleitoral, desde aquela época, firmou jurisprudência no sentido de reconhecer ao vice um direito autônomo. Se o titular está impedido para assumir, o vice assume e substitui. Se o titular morre sem tomar posse, o vice sucede. Além disto a Constituição atual tem o *ou*.

— Está bem. Está bem. Mas não foi você quem orientou a demanda no caso de Santos?

— Sim, fui eu, mas era recém-formado. E aprendi a lição dos Tribunais Superiores de nosso país. Agora temos que respeitar a jurisprudência, refletida na redação do *ou* da atual Constituição, que aliás já existia na anterior e foi usado para você perder a causa em todas as instâncias.

Covas convenceu-se e a fervura baixou. Sarney encarregou-me de articular algo para a televisão naquela noite. Vários juristas de renome estavam em Brasília. A maioria, porém, fora de alcance. E muitos fora do ar. A Globo procurou Afonso Arinos, em fase comedida de comemorações. E lá foi o saudoso jurista para a frente das câmaras, leu com muita ênfase o *ou* e arrematou:

— José Sarney não é vice de Tancredo Neves e, sim, vice-presidente da República!

Lembro-me que, depois da posse no Congresso, dona Kyola estava com grave dificuldade para andar e, embora o trajeto fosse pequeno, não tinha condições de fazer a travessia para o palácio do Planalto. Por acaso, Ulysses ia passando perto de nós e eu lhe pedi para designar alguém de sua assessoria que pudesse conseguir um carro. Expliquei as dificuldades de dona Kyola.

E o velho lutador desferiu contra mim:

— Agora é impossível. O senhor se vire. Aliás, o senhor não é o homem das grandes soluções jurídicas?

O que tinha isto a ver com um carro? Fiquei sem entender. Até hoje. Mesmo porque foi a assessoria dele, com exceção do Oswaldo Manicardi, a culpada por tentar colocar o carro na frente dos bois. Quanto a mim, queria apenas um automóvel para transportar dona Kyola ao Planalto, ali do lado. O Sarney foi transportado para o Planalto pela Constituição e por um *ou*, ou não? Mesmo assim demos um jeito e chegamos ao palácio. Figueiredo já havia saído pela porta dos fundos. Homem de palavra.

Primeiro ano

Depois da posse de José Sarney voltei para São Paulo. Confesso que achei tudo muito confuso. Na verdade, queria exultar com o fim da ditadura, mas jamais pensei que o começo da democracia seria tão disputado pelos políticos, aliás quase todos com muita grandeza nas lutas anteriores, mas afobados quando se trata de tomar o poder. Todos querem tudo. E tudo de uma vez.

Jorge Murad tentou me segurar uns dias. Aquela velha frase: "Precisamos conversar." Quando isto é dito por patrão ao empregado, este já sabe: está despedido. Mas quando é dito por alguém que está no poder político significa sempre alguma coisa a mais do que realmente conversar. Caí fora. Voltei a São Paulo. Estava tranqüilo. José Sarney seria um bom presidente. Homem puro, de forte espírito público, culto, consciente dos problemas nacionais, preocupado com as misérias sociais, poeta, falava e entendia a linguagem do povão, seus reclamos e seus lamentos. Ia dar certo.

Jorginho, porém, não me deu sossego. Durante um ano avermelhou meu fax com minutas de decretos e atos jurídicos, solicitando revisão. Meu escritório virou uma repartição de assessoria. O ministro da Justiça, o simpático e sempre bem-humorado Fernando Lyra, descobriu que eu fazia a revisão de alguns atos por ele submetidos ao presidente. E propôs, brincando, é claro:

— Vamos fazer um trato. Eu passo as minutas para você e quando as levar ao presidente informo que você já fez a revisão.

Brincadeira à parte, a verdade é que fiquei em São Paulo à disposição de todos. Afinal, eu nunca havia pensado em ter um amigo presidente da República. Não foi fácil. Todos me procuravam. E minha vida virou um inferno, que reparti com Mathias Machline, outro amigo de Sarney em São Paulo. Sodré não contava. Era político e, como tal, tinha recursos próprios para desembaraçar-se dos pidões.

Mas nesta época, em que tinha simples funções de revisor, lembro-me de que Sarney teve excelente "produtividade" legislativa, através de projetos e sanções de leis. Não gostava de usar o decreto-lei. Assim, foi o pioneiro na concessão de isenção de impostos para automóveis de passageiros adquiridos por motoristas profissionais[1], na concessão específica de anistia para determinada categoria de condenados, inaugurando o benefício para as mães de famílias[2], instituiu o vale-transporte[3] para o deslocamento do trabalhador entre residência e trabalho e vice-versa.

Providenciou a implantação do processamento de dados no alistamento eleitoral e a revisão do eleitorado, o primeiro a caçar fantasmas neste país.[4] Criou o plano nacional de informática e automação.[5] Tornou obrigatória a realização de campanha, pelas emissoras de rádio e televisão, contra os efeitos nocivos de drogas e entorpecentes, medida de grande alcance social, pouco usada, mas a lei está em vigência.[6]

Sarney teve a coragem de acabar com um dos maiores escândalos do mercado de capitais, estimulados pela lei n.º 6.024/64, que, dispondo sobre a liquidação das instituições financeiras, congelava o passivo e deixava os ativos se valorizarem, isto é, os poupadores, que tivessem dinheiro nos bancos liquidados, não recebiam correção monetária por seus créditos, enquanto o patrimônio dos espertinhos se valorizava e, sob a inflação da época (e se o empresário conseguisse que o liquidante, sempre nomeado pelo Banco Central, demorasse em encerrar a liquidação), com a venda de qualquer dos bens pagava os credores e ainda ficava com troco. Através do decreto-lei n.º 2.278, de 19 de novembro de 1985, Sarney acabou com aquele crime legalizado. Instituiu correção monetária para os débitos das instituições financeiras sob intervenção, liquidação extrajudicial ou falência, beneficiando os poupadores e moralizando o sistema.

Claro que sofreu uma forte campanha da imprensa contra a medida, estimulada pelos vários grupos financeiros em liquidação extrajudicial, e, também, por aqueles ainda não liquidados, mas que o esperavam ser, pois a aparente punição tornara-se um dos melhores negócios para os aventureiros do mercado de capitais. Suportou-se a campanha e respondeu-se, logo depois, com a lei contra o crime de colarinho branco.

Confesso que, neste período (1985), somente discordei de uma providência: a convocação da Constituinte para as eleições seguintes.[7] Achei que o país não estava maduro para um passo tão importante. Era preciso exercitar mais um pouco a democracia. Possibilitar o surgimento de novas lideranças, debates e depurações das ideologias. E, depois, convocar-se uma Constituinte exclusiva, encarregada de elaborar a nova Carta Política e que, concluída, dissolvia-se. Todo o mundo de volta para casa. A campanha eleitoral teria que ser igualmente exclusiva para o povo, ter informações claras sobre o que se faria e o que e como devia ser feito. O Congresso Nacional, com poderes constituintes, seria tentado a legislar em causa própria. Não deu outra coisa.

Mas Sarney, homem de profunda lealdade, sentia-se na obrigação de cumprir todas as promessas de Tancredo. Sentia como seu testamenteiro, embora a Constituinte tenha sido convocada quando Tancredo ainda estava vivo. Com os meus botões, se Tancredo tivesse se livrado do mal que o abateu, não cogitaria de Constituinte no início do governo. Deixaria para o final. Tinha seis anos de mandato. Mas o poeta maranhense entendeu que o país tinha pressa para institucionalizar-se. E, no primeiro ano, cumpriu a promessa de Tancredo, enviando ao Congresso Nacional a emenda constitucional que faria dele a Assembléia Nacional Constituinte, funcionando com os mesmos membros, deputados e senadores, do Legislativo ordinário.

A campanha eleitoral sequer falou em Constituinte. Foi, na verdade, uma campanha para governadores, com eleição "casada" para deputados e uma parte do Senado. Não existiram debates sobre temas institucionais. As paixões travaram-se em torno de governos estaduais e, para o Congresso, nas costumeiras designações eleitorais de deputados e senadores, os mesmos partidos políticos do passado recente, as mesmas lideranças, uma mesmice total.

Primeira idéia que circulou entre os constituintes, logo depois de empossados: reduzir o mandato do presidente a quatro anos, pois a Constituinte podia tudo, inclusive depor o chefe do Executivo, se quisesse.

Aí surgiu outra grande questão jurídica, que examinarei mais adiante, na ocasião própria.

Do segundo ano em diante

Morreu Tancredo Neves. Não havia mais a esperança de o presidente curar-se e assumir o cargo. Sarney tornou-se titular definitivo da função. Não foi ele quem me convidou para trabalhar no governo. Antes havia feito uma espécie de "arrodeio" e eu tinha dito "nem pensar". Ele respeita estas coisas. Mas, através de amigo comum, me fez meditar sobre os novos desafios.

O próximo Congresso será também a Constituinte. A luta jurídica vai ser muito grande, pois não é todo o dia que um país sai de uma ditadura e escreve uma nova Constituição. O presidente precisa ter ao seu lado gente de confiança.

— E por que eu?

— Porque você é de confiança total. Ele pede que você não recuse e venha logo.

Topei. Minha advocacia, em São Paulo, já estava sofrendo prejuízos, porque, por uma questão de foro íntimo, passei a recusar todas as causas que envolvessem, de alguma forma, qualquer interesse da União. Aí pude ter uma idéia mais exata de como os advogados se enriquecem com as causas contra a União Federal, pois, ao cortá-las, o faturamento do meu escritório caiu mais de 60%, contabilmente demonstrado e para irritação total de meus colegas de trabalho, que nada tinham que ver com o poeta do Maranhão. Se assim era (e eu não ia mudar enquanto Sarney estivesse na Presidência), lá fui eu para Brasília, Consultoria-Geral da República, na vaga deixada por Paulo Brossard, nomeado ministro da Justiça.

Estava eu recém-divorciado, outro motivo para amarguras e desejo de mudar de ares por uns tempos, mas realmente convencido pelos argumentos sobre a proximidade de uma batalha jurídica histórica a ser travada durante os trabalhos da Constituinte, ainda que o Poder Executivo, aparentemente, nada tivesse com isto. Mas a batalha, na verdade, começou mais cedo: o Plano Cruzado.

Plano e fogo cruzados

Pérsio Arida sentou-se à minha frente e falou. Falou, falou, falou. Quando concluiu, perguntou:

— O senhor entendeu?

— Não.

Começamos de novo. Por partes. Sentamos à mesa. Papel e lápis. Gráficos. Inflação alimentada e realimentada, Finanças. Mercado de capitais. Contratos. Credores e devedores. Aluguel. Fornecimento. Obrigações. Moeda. Relações trabalhistas. Obras públicas. Empreiteiras. Cortes. Preços. Atacado. Varejo. Juros. Títulos Públicos.

Custo de vida, a própria vida, as duas faces da moeda. Cruzeiro, Cruzado. Padrão monetário. Mudança. Índices de correção. Comércio, indústria, importação, exportação. Somente não se mexia com os contratos conjugais, mas pensão alimentícia também entrava na panela do Pérsio, agora acompanhado do Lara Resende, filho do Otto.

Era bem melhor conversar com o Otto. Mineiro só é solidário no câncer! Mais fácil de entender. Concluíram e a pergunta fatal:

— O senhor entendeu?

— Agora, entendi.

— Tudo?

— Tudo.

— E então?

— É tudo inconstitucional!

Pérsio e André ficaram pálidos. Foi minha vez de falar. Direitos adquiridos. Direitos trabalhistas. Ato jurídico perfeito. Irretroatividade das leis. Limitação de abrangência do decreto-lei. Foi a vez de eles nada entenderem, nesta insuperável enormidade que separa os economistas dos juristas.

Mas tranqüilizei-os. Deixem comigo todo esse material. Vou estudar os objetivos, cada um deles, e ver como podem ser atingidos por medidas constitucionalmente corretas. O que não puder, cai fora.

Saíram sem grande entusiasmo. Era tarde da noite. Avisaram que havia muitos jornalistas do lado de fora, outro tormento com o qual deveria me acostumar. Lembrei-me de João Batista e vi a cabeça do Sarney exibida numa bandeja para uma nova Salomé, que dançava os esotéricos volteios dos números e dos cálculos cruzados nas telas dos *laptops* dos economistas.

Quando saí, os jornalistas afoitos queriam saber o que tinha acontecido. Foi minha primeira experiência de uma longa convivência com eles. Informei:

— Assunto particular. Um desses rapazes está pensando em desquitar-se. Como sou advogado entendido em direito de família, veio pedir-me conselho. O outro acompanhou de solidariedade.

— Qual deles?

— É segredo profissional. Impossível faltar com o meu dever de ética, mesmo não estando no exercício da advocacia.

Sabiam que não era verdade, mas começamos a conviver em paz. Não houve notícia sobre o desquite de ninguém.

Era impossível trazer juristas de fora do governo.

Não havia como pagar bons profissionais. Mas, embora subapro-veitados, os quadros federais eram bons e, aqui ou ali, encontrava-se um ótimo. Reuni os consultores da República, entreguei o comando ao meu secretário-geral, José Celso de Mello, hoje ministro do Supremo Tribunal Federal, e a coordenação ao professor João Carvalho, meu chefe de gabinete, que conhecia a República inteira e cuidou da tarefa de convocar advogados do Banco Central, Ministério da Fazenda e de outros setores da administração. Além disto, corrigia o português dos textos. Formamos a equipe para a primeira cruzada: a do Cruzado.

Pedi segredo absoluto e começamos a batalhar esta fantástica batalha: dar substância e validade constitucional aos planos dos economistas. E tudo foi feito por decreto-lei e, completado, por atos infralegais, decretos, portarias, instruções, mas escritos em conjunto para serem publicados num dia só.

Quando estavam prontos e revistos todos os atos, já submetidos ao Ministério e assinados, estourou um pronunciamento do senador Fernando Henrique, de enorme violência contra o governo. No dia seguinte foi editado o Plano Cruzado.[8] Sarney recebeu uma total consagração pública. Sucesso absoluto. Fernando Henrique e Ulysses Guimarães aderiram imediatamente e tomaram conta do plano. Foi a primeira vez que FHC adotou o lema: esqueçam o que escrevi ou o que acabei de dizer.

A execução, sob o ponto de vista jurídico, funcionou fantasticamente bem. A euforia política, porém, pressionou o governo para manter o congelamento por tempo superior ao possível e, no final, houve o espetacular estouro, que reduziu o Plano Cruzado à repetição da história: a fuga dos cristãos expulsos das terras dos mouros sem terem salvado Jerusalém. Mas ficou, da legislação do Cruzado, o princípio jurídico, criado no governo Sarney, que consagrou a legitimidade na alteração do padrão monetário, o que possibilitou, de tentativa em tentativa, de correções de erros a repetição de acertos, a criação do Real e, enfim, a estabilidade da moeda nacional conseguida pela mesma equipe no governo Itamar Franco. No Plano Cruzado foi, igualmente, criado o seguro- desemprego. Houve pecados, como o empréstimo compulsório sobre combustíveis, matéria vencida pelos economistas para demonstrar que os juristas nem sempre eram vencedores. Houve, porém, um cuidado dos "bacharéis", imediatamente apoiado pelo presidente Sarney: a indexação automática dos salários se a inflação voltasse e a cada vez que atingisse 20%, a que apelidaram de "gatilho". Constitui-se, na verdade, uma clara desconfiança contra a mágica que estava sendo feita. Mas Sarney preferiu assegurar a vida dos assalariados a fingir, na edição do texto, que o plano era perfeito.

Quando os fatores políticos se assenhorearam da condução do plano, provocando a saída de Pérsio Arida e Lara Resende, o nosso grupo de juristas precavidamente passou a elaborar projetos de normas que, de alguma forma, viriam a contribuir para minorar os efeitos do desastre que se aproximava. Assim, ao menos para as questões públicas da administração, concebemos a edição do Estatuto das Licitações e dos Contratos Administrativos, pois a legislação, na matéria, era de enorme pobreza. Os contratos administrativos ainda eram regulados pelo Código de Contabilidade da União, de 1922. E as licitações pelo decreto-lei n.° 200/67, da ditadura, com os defeitos dos famosos entulhos.

Elaboramos o decreto-lei n.° 2.300, de 21 de novembro de 1986, e que dotou o Brasil, pela primeira vez, de um completo estatuto jurídico e de normas atualizadas e avançadas na regulamentação das licitações públicas, harmonizadas e completadas pelas normas de regência dos contratos administrativos. Para a elaboração do texto tivemos a ventura de contar com a colaboração dedicada de Hely Lopes Meirelles. O país deve este avanço ao governo Sarney, como lhe deve igualmente a criação da Advocacia Consultiva da União, que preparou o terreno em que se implantou, na Constituição de 1988, a Advocacia-Geral da União. Para que se tenha uma idéia da importância desta medida, basta lembrar-se que a União não tinha advogados que a defendessem nas ações judiciais contra ela movidas. Era representada pelos procuradores da República, que, embora competentes, não eram especialistas nos milhares e complexos assuntos da administração pública. Preparados para o processo penal, os procuradores da República advogavam para a União sob enormes sacrifícios e sempre tinham que estar assessorados por funcionários do respectivo setor. Fácil avaliar-se a confusão, o excesso de trabalho, a deficiência na defesa dos direitos da administração federal.

No governo Sarney foi concebida a separação. A Procuradoria da República ficaria com suas competências originais, as de Ministério Público, para as ações penais e ações civis públicas. E a Advocacia da União com as incumbências próprias de advogados, isto é, defender a União em todos os processos e ainda funcionar como consultores para as autoridades administrativas.

No governo de Itamar Franco resolveram alterar o decreto-lei n.° 2.300/86, editando-se a lei n.° 8.666/93, que modificou alguns artigos e alguns conceitos do estatuto original. Evidentemente, estragou muita coisa (sobretudo a licitação nas empresas estatais), como não podia deixar de fazer, mas preservou o princípio alcançado pelo governo Sarney e materializado na disciplina jurídica unificada e abrangente dos gastos públicos em obras e serviços, seguida dos respectivos contratos rigorosamente regidos por normas legais modernas e tecnicamente corretas.

Aliás, muitas e muitas leis da era Sarney sofreram alterações nos governos posteriores e, quase sempre, para pior, infelizmente. Um dos exemplos mais eloqüentes foi o da lei que tomou o nome dele, a lei Sarney[9], de estímulo à cultura e às artes, mais tarde estragada pela lei Rouanet. A lei Sarney não é propriamente uma obra de seu governo, mas dele, pessoalmente. Apresentou o projeto quando era senador, em 1984. Aprovado pelo Congresso, subiu à sanção quando era ele presidente da República. Este é um caso típico daquela imagem futebolística: bateu o escanteio e foi fazer o gol de cabeça.

Há muita gente por aí que fala em combater a corrupção e, sobretudo, os crimes do colarinho branco. Mas foi o governo Sarney que tornou efetiva a ferramenta para isto, editando a lei que define os crimes contra o sistema financeiro nacional, norma que possibilitou ao país assistir, pela primeira vez, banqueiro ir para cadeia.[10]

Antecipando à grande conquista jurídica do governo Sarney, a impenhorabilidade da totalidade do bem de família, em 1986 tornou-se impenhorável o imóvel rural de até um módulo, desde que fosse o único de propriedade do devedor.[11] E ousou-se ainda mais. Enquanto a equipe do governo estudava uma reforma no sistema de locação urbana, para remendar um dos furos do Plano Cruzado, que estava fazendo água, Sarney teve a coragem de editar lei que suspendeu a execução de sentença em ações de despejo.[12]

Concedeu-se isenção de ICM para a venda de veículos destinados a uso de paraplégicos ou de pessoas portadoras de deficiências.[13] Na mesma data, criou-se o fundo de prevenção, recuperação e combate às drogas.[14] Medidas importantes, mas que ficaram abafadas pelo doloroso fim do Plano Cruzado.

Registre-se: toda essa legislação foi editada através de leis do Congresso Nacional. Com exceção de poucas matérias, o governo Sarney manteve a legitimidade do processo legislativo através de envio de projetos ao Congresso Nacional, usando o decreto-lei somente nos casos absolutamente necessários e constitucionalmente permitidos.

Em colaboração com destacadas expressões da magistratura, começou-se a estudar as profundas alterações do Judiciário, que seriam sugeridas à futura Assembléia Constituinte. Mas se providenciou de imediato uma reestruturação da Justiça Federal de primeira instância, que viabilizou seu melhor funcionamento.[15]

A legislação brasileira que regulou, com abrangência, a punição dos crimes resultantes de preconceito de raça ou de cor é do governo Sarney[16], embora seja, até hoje, chamada de lei Afonso Arinos, pelo pioneirismo do grande jurista na elaboração de norma anterior, embora menos abrangente. Merece, porém, a homenagem.

No governo Sarney, sob a era do decreto-lei, criou- se o regime de administração especial temporária para as instituições financeiras, amenizando as loucuras da lei n.° 6.024/64, copiada, na ditadura, da legislação fascista de Mussolini. Para a cafeicultura, Sarney decretou a alforria plena, extinguindo o IBC – Instituto Brasileiro do Café, que mantinha os cafeicultores sob jugo permanente, mediante total interferência do Estado naquele setor da economia.

Plano Bresser

Com a volta da inflação, Sarney tentou mais uma vez o confronto, utilizando-se, ainda, do decreto-lei. Editou o Plano Bresser. A antiga equipe do saudoso Dílson Funaro havia ido embora. Vieram outros economistas. O plano consistia em criar a URP – Unidade de Referência de Preços e voltar ao regime de congelamento, preços e salários.

Já se tinha prática em elaborar medidas desse tipo em harmonia com a Constituição de 1967/1969, Tudo foi feito com cuidado e o Judiciário não encontrou nele nada de injurídico.

O congelamento foi instituído pelo decreto-lei n.° 2.335, de 12 de junho de 1987, e Sarney concordou comigo em livrar a magistratura daquela camisa-de-força. Através do decreto-lei n.º 2.334, de 11 de junho daquele ano, concedeu-se o maior aumento de vencimentos que a magistratura teve na História da República, porque se acreditava firmemente, no governo Sarney, que o Judiciário precisava ganhar decentemente para o desempenho de suas elevadas funções jurisdicionais, que não se confundem com os simples exercícios burocráticos do funcionalismo.

O novo plano permitiu ao país respirar um pouco, mas também não deu certo. Acusou-se como causa do fracasso o aumento dado à magistratura. Vem de longe a implicância. Esqueceram, porém, que o fracasso se deu precisamente pela mesma causa do Plano Funaro, o congelamento, sem o cuidado de um tratamento cambial flexível.

Mas juridicamente o plano foi correto e o governo não sofreu qualquer condenação em razão de suas normas legais.

Constituinte

Não sei se os historiadores do futuro lembrar-se-ão de um fato gravíssimo ocorrido logo no início dos trabalhos da Assembléia Nacional Constituinte. Surgiu a proposta de transformar o Congresso Nacional numa espécie de Constituinte da Revolução Francesa: os constituintes assumiriam o poder total do país, passando a governar através de "Atos Constitucionais", que, em cada caso, seriam votados e promulgados, dispondo sobre as matérias de sua "competência", isto é, tudo, no entender dos proponentes, enquanto não fosse votada e promulgada a nova Constituição. Loucura completamente louca. Mas havia quem a defendesse com deslavado entusiasmo. E o doutor Ulysses Guimarães concordou em submetê-la à votação do plenário! Claro que foi derrotada. Mas houve um fato importante: a proposta teve 160 votos a favor. Logo, 160 malucos queriam desferir um golpe de Estado.

Comentei com o presidente José Sarney:

— Essa gente vai dar trabalho!

E deu. Mantendo as aparências de que a Assembléia Nacional Constituinte era autônoma e que o poder Executivo em nada influiria, respeitando sua sagrada auto-suficiência, no governo Sarney, durante o período de elaboração da nova Carta, trabalhou-se dias, noites, madrugadas, sábados e domingos, em função dos constituintes. Redigiram-se textos, propostas, modelos, constituições inteiras, com várias nuances. Tanto a bancada do governo servia-se da assessoria do presidente da República, como lideranças da própria chamada oposição, pois alguns, mais esclarecidos, entendiam que na concepção do novo sistema institucional não havia oposição e governo, e, sim, havia apenas o Brasil e a necessidade do debate nas divergências ideológicas na adoção de determinadas regras constitucionais a serem propostas e votadas.

Tudo isto não era oficial. Para o uso externo, o governo estava neutro. Aliás, neutro estava realmente, mas não indiferente, pois, como qualquer cidadão, os membros do governo tinham o direito de oferecer sugestões, de participar do processo de criatividade, de serem úteis aos constituintes que precisassem de elementos, informações, assessoria. E, com este espírito, não se discriminava: quem viesse discutir idéias ou solicitar pesquisas era atendido com a máxima atenção e eficiência, fosse governista ou da oposição.

Assim a Consultoria-Geral da República, no palácio do Planalto, transformou-se numa frenética usina de debates e elaborações de normas constitucionais. Ali chegaram a ter salas de trabalho os representantes da magistratura e do Ministério Público, para a elaboração dos textos, ou alteração dos que trouxeram, com vistas à formalização de emendas a serem apresentadas pelos constituintes.

Trabalhou-se muito. Dali saíram as redações, através de aglutinação de propostas, dos princípios fundamentais, dos direitos e garantias, a que se juntaram direitos e deveres individuais e coletivos, os capítulos do Poder Judiciário, do Ministério Público e da Advocacia-Geral da União, da ordem social, normas de proteção ao meio ambiente, regramento fundamental do direito de família, da criança, do adolescente, do idoso, da igualdade dos filhos, da organização social dos índios, quase tudo aproveitado e aprovado. Apanhamos feio nas sugestões quanto à organização do Estado, ao processo legislativo, à ordem econômica (até garimpeiro conseguiu infiltrar-se nas regras gerais do sistema e a discriminação de empresas privadas), à ordem financeira (com tabelamento de juros no texto constitucional), que levou Sarney a declarar que o Brasil ficaria ingovernável com estas regras econômicas e financeiras adotadas pela Constituinte de 1988.

Mas conseguiram-se muitas inovações importantes. Uma delas a criação do Superior Tribunal de Justiça, o tribunal supremo para as questões infraconstitucionais.[17] E a divisão do antigo Tribunal Federal de Recursos em cinco tribunais regionais, mais próximos ao povo, neste país de tamanho continental e que não poderia continuar mantendo em Brasília a jurisdição de segundo grau em uma única e distante corte de apelação.[18] Conseguiu-se, igualmente, materializar o velho sonho de dar autonomia e ampliarem-se as competências do Ministério Público, facilitando-lhe a independência e a eficiência no combate ao crime, bem como na representação dos direitos coletivos e difusos. Se alguns membros da instituição abusam dos novos poderes, com excesso de ações civis, ou de estardalhaço nas acusações penais, ou são fascinados por noticiários de televisão, isto em nada compromete a instituição, pois, com o tempo, os excessos serão corrigidos. Importante foi a independência e as ferramentas com que o Ministério Público passou a contar para o exercício de suas novas e amplas funções constitucionais. Além da lei da Ação Civil Pública, sancionada pelo presidente Sarney e que todos conhecem, editou-se, em complemento, outra que amplia a competência do Ministério Público em ações de responsabilidade por danos causados aos investidores no mercado imobiliário e que tem sido pouco usada.[19]

Houve, todos sabem disto, nos trabalhos constituintes, a elaboração do projeto em duas fases. Constituiu-se a primeira na tentativa de dar a um grupinho de privilegiados o poder de redigir a nova Carta através da chamada Comissão de Sistematização. O que a comissão aprovasse, com noventa votos, o plenário somente poderia derrubar ou substituir com a maioria absoluta. Criou-se, pois, o constituinte de primeira e de segunda classe. Com esta esperteza, a Comissão de Sistematização trouxe, prontinho, um projeto que estabelecia o parlamentarismo como forma de governo, contrariando o plebiscito em que o povo havia decidido em contrário.

Daí o barulho. Conseguiu-se acabar com o engodo daquela comissão e criou-se um novo grupo, que os parlamentaristas (e não foi a esquerda!) passaram a chamar de Centrão. A esta altura, o governo deixou de lado as aparências e topou a parada. Afinal, a Constituinte era delegada do povo. Segundo a teoria, todo o poder emana do povo. Na última vez que foi consultado, o povo escolheu o presidencialismo. A proposta, portanto, era um golpe contra a vontade do único que tinha legitimidade para decidir o sistema de governo.

Foi no meio desta discussão que se inventou a história de que Sarney estaria negociando, para si, um período de cinco anos de mandato, porque o projeto propunha quatro. Asneira endoidecida.

A verdade jurídica é uma só: a Constituinte não podia alterar o tempo de mandato do presidente, que tinha seis anos, não apenas por força da Constituição, sob cuja égide foi eleito, ou por força do diploma que lhe foi outorgado pelo Congresso Nacional, no dia da posse, declarando formalmente os seis anos de seu mandato, mas e sobretudo porque uma Assembléia Constituinte derivada de emenda constitucional tinha limitações jurídicas e uma delas estava em respeitar o direito instituído para os demais poderes (não confundir com direito adquirido).

Nunca se discutiu esta questão com o presidente em termos pessoais. A questão era outra. A Constituição seria promulgada em outubro e a eleição teria que se realizar em seguida, sem que o país absorvesse o novo sistema constitucional, sem que os partidos tivessem se organizado, sem que o ordenamento jurídico tivesse se moldado às novas instituições. A idéia era boa, mas o senso de responsabilidade do José não poderia correr o risco de lançar o Brasil numa aventura, o que, aliás, mesmo com esse cuidado, não evitou, no ano seguinte, a eleição de Fernando Collor.

A batalha política, na verdade verdadeira, deu-se em torno do sistema de governo: parlamentarismo ou presidencialismo. E no projeto de presidencialismo havia uma disposição transitória que assegurava ao atual presidente cinco anos de mandato (art. 4.º do ADCT), também absurdo, porque o mandato era de seis anos. Sarney, porém, concordou em não impugnar a "cassação" de um ano, desde que fosse aprovado o sistema presidencialista. Se impugnasse, o Supremo Tribunal Federal concederia o primeiro mandado de segurança na vigência da nova Constituição declarando o direito aos seis anos como intocável. Tenho certeza de que esta seria a decisão da Suprema Corte, não apenas porque era a única interpretação do direito aplicável, como e também porque conversei com todos os seus membros e nenhum deles tinha dúvida.

E tive, outra vez, uma conversa com Mário Covas, agora senador com sete milhões de votos. Tentei explicar:

— A legitimidade de seu mandato de senador está consagrada pela mesma Constituição que fixou o mandato do presidente em seis anos. Logo, você pertence a uma Constituinte derivada, que pode reformar a Carta, mas não pode desconstituir os poderes.

— Mas o Afonso Arinos disse que...

— O senador Afonso Arinos está empolgado com o ambiente. Leia o que ele escreveu como professor de Direito Constitucional. É precisamente o contrário do que está falando como senador. Nestas horas é preferível acreditar no professor, que refletiu antes de ensinar, ao contrário do político que fala sem meditar muito. No Supremo prevalecerá a opinião do professor.

— Não. Esta é uma questão fechada. Não abrimos mão dos quatro anos.

— Mas aviso: se vocês derem quatro anos ao Sarney ele fica com seis, porque, neste caso, irá ao Supremo. E chega de papo.

Na votação final, o próprio Covas não se esforçou muito pelos quatro anos. Votou, mas sem acreditar muito em Afonso Arinos.

Venceu o presidencialismo, com uma disposição transitória para futuro plebiscito, que o confirmou e, assim, comprovou o acerto jurídico do governo Sarney em lutar pelo respeito ao plebiscito anterior. E Sarney, claro, concordou com os cinco anos de mandato, que estava na emenda aprovada. Sem que ele impugnasse a solução, o Supremo Tribunal Federal nada poderia fazer. O objetivo era o sistema de governo, questão fundamental para o nosso país, e não simplesmente um ano de mandato, assunto menor com interesse apenas para a realização das eleições um ano depois da Constituição.

Mas, por simples e bem tramado revanchismo, espalhou-se a versão de que Sarney negociou e conseguiu evitar a redução de seu mandato para quatro anos. E para dar credibilidade à fantasiosa invencionice, acrescentou-se um detalhe bem ao gosto da maledicência: a proeza foi conseguida por Antônio Carlos Magalhães, ministro das Comunicações, mediante a distribuição de canais de televisão a deputados e senadores. Até hoje repetem esta historia, que me deixa profundamente irritado, porque nega algo que respeito muito: a verdade jurídica e histórica.

Mas havia muito o que fazer. Não se podia perder tempo com este tipo de intriga miúda. A Constituição foi promulgada exigindo a elaboração de mais de 230 leis ordinárias para dar concreção aos seus comandos e cerca de quarenta leis complementares. O constituinte de 1988, quando divergia, acabava mandando tudo para "a forma da lei". Tínhamos uma Carta Política democrática, com um elenco fantástico de direitos e garantias individuais, mas grande parte dependia da legislação infraconstitucional, uma tarefa enorme a cumprir.

Mãos à obra

Promulgada a Constituição, o trabalho do governo Sarney, em matéria jurídica, tornou-se algo gigantesco, ainda que não perceptível através de atos normativos. Sabe-se que a nova ordem constitucional anula tudo o que existia antes e que seja contrário aos seus comandos. A primeira grande tarefa foi realizar uma revisão minuciosa do regramento jurídico da administração federal para confrontá-la com os novos comandos da Constituição. Revisaram-se leis, decretos-lei, decretos, atos normativos, pareceres, sobretudo da Consultoria-Geral da República, que tinham força normativa.

Constituição nova é uma senhora dor de cabeça para os juristas. E com tantas leis a serem editadas para dar concreção aos novos institutos, o governo Sarney, que não usava em demasia o decreto-lei, teve que lançar mão das medidas provisórias para apressar a legislação preconizada pelo constituinte e que tivesse caráter de urgência. Houve quem defendesse a tese de que todas as leis exigidas pela Constituição eram urgentes, pois sem elas a nova Carta não entraria plenamente em vigência. Mesmo assim, o governo Sarney tratou de elaborar projetos de lei para o Congresso. E lá foram o projeto de lei orgânica do Ministério Público, da Advocacia-Geral da União, da Defensoria Pública, reformas do Código Civil no capítulo do direito de família e muitos outros. O governo Collor os retirou todos.

Na vigência da nova Constituição, Sarney tentou mais uma vez dar uma freada na inflação. Aceitou a sugestão de Maílson da Nóbrega de lançar o Cruzado Novo, agora através de medidas provisórias, o chamado Plano Verão, que, mais uma vez, adotou o congelamento de preços e salários. Durou menos do que os outros.

Nesta empreitada tivemos vários pecados jurídicos. A redação dos atos e das medidas provisórias ficou incumbida ao Ministério da Fazenda. Maílson da Nóbrega conseguiu uma equipe de economistas, que não se entrosaram com os juristas do Planalto. Na Consultoria-Geral da República estávamos atolados nos estudos da nova Constituição e apressados, pelo próprio presidente, na elaboração das normas previstas pelo constituinte. E descuidamos dos economistas, sempre tendentes à prática de inconstitucionalidades. E praticaram algumas, que alguns anos depois o Supremo Tribunal Federal corrigiu.

Estreando o novo mecanismo de legislação de emergência, a medida provisória, o governo Sarney criou o IBAMA - Instituto Brasileiro do Meio Ambiente[20], extinguindo toda a parafernália de repartições burocráticas que, além de empregos, nada faziam em defesa do meio ambiente, da fauna, da flora, do controle e fomento dos recursos naturais renováveis. A norma jurídica foi simples, mas a competência dada ao IBAMA assegurou ao país um instrumento válido e eficaz para dar concreção aos comandos do art. 225 da nova Constituição.

Particularmente senti forte emoção ao redigir a medida provisória n.º 34, porque (vejam que coincidência) fui o responsável pela redação do primeiro estatuto jurídico brasileiro em defesa do meio ambiente, um dos pioneiros no mundo, muito antes que a moda sensibilizasse os países civilizados. No governo Jânio Quadros foi baixado o decreto n.º 50.877, de 29 de julho de 1961, que, pela primeira vez, no direito positivo, tratou de poluição das águas e do ar, iniciando a defesa normativa dos nossos bens naturais. Quase trinta anos depois colaborei na redação das emendas, apresentadas pelos constituintes e que resultaram na redação do art. 225 da Constituição de 1988. A criação do IBAMA, para dar efetividade ao velho ideal, não deixou de me emocionar quando levei a medida provisória para o presidente Sarney assinar. Achamos, ele e eu, que o assunto era relevante e urgente. Logo, aplicável a legislação de emergência. Dois ingênuos, seguíamos à risca os pressupostos constitucionais para a edição de medidas provisórias.

Deu-se, igualmente, concreção legislativa ao direito de greve instituído pelo novo sistema constitucional[21], seguido da liberação da política salarial através da livre negociação, mantida a irredutibilidade [22] e disciplinou-se com maior rigor o Fundo de Garantia do Tempo de Serviço.[23]

Uma das leis de grande alcance social do governo Sarney foi a que dispôs sobre o apoio às pessoas portadoras de deficiência, inclusive dotando o Ministério Público de competência para representá-las nos seus interesses coletivos e difusos, bem como editou normas eficazes estabelecendo prioridade em favor de todas as medidas que visem a sua integração social.[24]

Por fim, uma das últimas leis dos anos Sarney foi resultado da medida provisória n.º 143, de 8 de março de 1990, que o Congresso Nacional aprovou na íntegra e, por isto, foi sancionada pelo presidente do Senado, senador Nélson Carneiro, e transformada na lei n.º 8.009, de 29 de março de 1990. É um patrimônio jurídico do Brasil, pois, através de uma regulamentação moderna e avançada, estabeleceu-se a impenhorabilidade do bem de família, tanto da residência, da casa própria, urbana ou rural, como também dos móveis e equipamentos de uso profissional, consolidando em um único estatuto a proteção da família contra as dívidas de quaisquer espécies, sejam dívidas civis, comerciais, fiscais, previdenciárias ou de outra natureza. Manteve-se a proteção ao lado da vigência do velho instituto do Código Civil, arts. 70 a 73, que, na verdade, não funcionava e continua não funcionando.

O antigo regramento pressupunha o chefe de família indo a cartório e instituindo a impenhorabilidade sobre imóvel determinado, o que, no Brasil, sempre foi de difícil execução, pois demanda atas burocráticas, cartório, escritura e uma grande complicação posterior, quando a família quer vender o bem e comprar outro. Além disto, a figura legal permitia apenas a constituição cartorária ao chefe da família, que, no direito antigo, era o homem casado com mulher e filhos.

Na lei n.º 8.009/90, a impenhorabilidade é *ex lege*, isto é, não depende de ato algum e se estende a todos que tenham um teto para morar, sejam casados ou não, tenham ou não tenham filhos. O lar é sagrado. Está fora do comércio. Os credores ficaram sabendo disto e ao conceder seus créditos buscam outras garantias, menos o bem de família ou a residência do devedor. Ainda recentemente, o Superior Tribunal de Justiça consagrou o entendimento de que a tutela permanece mesmo quando desfeita a família ou a sociedade conjugal, multiplicando a proteção a cada um dos cônjuges divorciados que tenham casa própria, pois, neste caso, passam a existir duas entidades familiares distintas. No STJ, foi relator o ministro Monteiro de Barros. Afirmou que o conceito de entidade familiar deve ser entendido no contexto das alterações ocorridas com o direito de família. E concluiu: "Somente assim é que poderá atender o sentido social da lei."[25]

Tecnicamente a lei funciona com perfeição, pois os titulares do direito podem vender seus bens sem qualquer dificuldade e quando adquirem outro automaticamente a lei passa a proteger a nova moradia sem necessidade de atas formais em cartório ou tabeliões, solenidades que não se podem exigir dos brasileiros pelos nossos muitos brasis afora. Os doutrinadores, principalmente os especialistas em direito comparado, entendem que a lei n.º 8.009/90 é o estatuto de defesa do bem de família, e do lar, de maior significado social no mundo moderno em harmonia com uma concepção jurídica perfeita. Somente esta conquista já daria ao governo Sarney posição de destaque na história do direito brasileiro. Para quem quiser estudar a matéria em profundidade, aconselho a leitura da obra de Carlos Gonçalves *Impenhorabilidade do Bem de Família — lei n.º 8.009/90*.[26]

Nosso velho e querido mestre Vicente Ráo nos ensinara que o direito fora concebido e existia para servir ao homem na convivência social, nas suas relações com seus semelhantes, ou em sua ação sobre os bens, materiais ou imateriais, que lhe proporcionam os meios de conservação e desenvolvimento. Ação e relações que formam o cenário grandioso da vida e todas as criações do gênio humano. Mas o homem, pobre ou rico, tem suas raízes no lar, no local onde mora, onde se abriga, onde cria seus filhos, onde descansa de seu trabalho ou de sua batalha, para onde retorna a cada dia, e onde come seu pão, dorme seu sono, acalenta seu sonho. Se a humanidade sempre considerou o lar como local sagrado e o direito decretou sua inviolabilidade, era tempo de decretar-se sua imperdibilidade, a segurança de sua continuidade material, ao menos para os que têm a ventura de possuí-lo, cumprindo ao Estado proporcionar meios para que todos venham a tê-lo e os que o tenham não o percam nunca.

Muitas e muitas outras conquistas jurídicas foram realizadas no governo Sarney. Fica, neste capítulo, o registro apenas das principais. E que principais!

Notas

[1] Lei n.° 7.416, de 10 de dezembro de 1985, isenção de ICM, e lei nº 5.000, de 13 de março de 1990, isenção de IPI.
[2] Lei n.° 7.417, de 10 de dezembro de 1985.
[3] Lei n.° 7.418, de 16 de dezembro de 1985.
[4] Lei n.° 7.444, de 20 de dezembro de 1985.
[5] Lei n.° 7.463, de 17 de abril de 1986.
[6] Lei n.° 7.468, de 28 de abril de 1986.
[7] Emenda constitucional n.° 26, de 27 de novembro de 1985.
[8] Decreto-lei n.° 2.283, de 27 de fevereiro de 1986, e seguintes.
[9] Lei n.° 7.505, de 2 de julho de 1986.
[10] Lei n.° 7.492, de 16 de junho de 1986.
[11] Lei n.° 7.513, de 9 de junho de 1986.
[12] Lei, n.° 7,538, de 24 de setembro de 1986.
[13] Lei Complementar nº 53, de 19 de dezembro de 1986.
[14] Lei n.° 7.560, de 19 de dezembro de 1986.
[15] Lei n.° 7.583, de 6 de janeiro de 1987.
[16] Lei n.° 7.716, 5 de janeiro de 1989.
[17] Lei n.° 7.746, de 30 de março de 1989.
[18] Lei n.° 7.727, de 9 de janeiro de 1989.
[19] Lei n.° 7.913, de 7 de dezembro de 1989.
[20] Medida Provisória n.° 34, transformada na lei nº 7.735, de 22 de fevereiro de 1989.
[21] Lei n.° 7.783, de 28 de junho de 1989.
[22] Lei n.° 7.785, de 3 de julho de 1989.
[23] Lei n.° 7.839, de 12 de outubro de 1989.
[24] Lei n.° 7.853, de 24 de outubro de 1989.
[25] Revista *Consultor Jurídico*, de 23 de junho de 2000.
[26] F. Editora Síntese Ltda, 3.ª edição.

Em 1982,
Delfim perdeu
a arte de fazer
milagres

A Herança Econômica

*Maílson da Nóbrega**

O êxito de um período de governo costuma ser medido pelos resultados de certos indicadores da economia, tais como o crescimento do Produto Interno Bruto (PIB), a taxa de inflação e o nível de desemprego. Há uma aceitação tácita de que eles refletem as condições de bem-estar da população em um dado momento.

Acontece que as estatísticas econômicas podem obscurecer a importância de indicadores sociais e, dependendo do caso, a situação das liberdades fundamentais do cidadão. Por exemplo, as espetaculares taxas de crescimento do PIB brasileiro no período 1968/1973, considerado um dos períodos mais prósperos do país, ocorreram na fase mais dura do regime militar.

---

* *Maílson da Nóbrega é economista, consultor de empresas e foi o último ministro da Fazenda durante o governo Sarney.*

Um ambiente de bonança pode ocultar fatores que trarão a tragédia no futuro. Na América Latina, o populismo econômico causou esse tipo de oscilação incontáveis vezes. Um governo adotava medidas de expansão do consumo e de distribuição de renda sem preocupação com suas conseqüências econômicas. Legava ao seguinte uma economia repleta de desequilíbrios, causadores de surtos inflacionários graves, déficits insustentáveis no balanço de pagamentos e desarranjos orçamentários. Os resultados eram crises políticas desastrosas.

Às vezes, a bomba explodia na cara de quem a armava. Os casos mais conhecidos na história recente da América Latina são os de Salvador Allende, no Chile, e Alan García, no Peru. Ambos empreenderam políticas distributivas insustentáveis e adotaram níveis insuportáveis de intervenção estatal na vida das empresas e dos cidadãos. Ambos tiveram atitudes hostis ao capital, principalmente o estrangeiro. Ambos levaram seus países à paralisia econômica e ao caos social e político. Allende terminou seu governo tragicamente e foi sucedido por um regime totalitário e brutalmente repressivo. García concluiu o mandato desprezado pelo povo e em seu lugar chegou ao poder um presidente que recorreu depois a um autogolpe de Estado.

As experiências latino-americanas ensinam que não há desenvolvimento sustentado sem a construção de instituições fortes e permanentes. Nada tem futuro, sobretudo nesses tempos de interdependência, sem um regime democrático consolidado e sem políticas governamentais que visem assegurar bens públicos como a estabilidade da moeda e o ambiente para o florescimento de uma economia de mercado.

Na visão de um grande historiador contemporâneo, Mancur Olson, o desenvolvimento de uma nação depende do binômio democracia e mercado. Em um instigante livro, ele examinou as razões por que algumas economias prosperam e outras não. Um dos temas centrais da obra (*Power and Prosperity: Outgrowing Communism and Capitalist Dictatorship*) é como diferentes tipos de poder político promovem distintos tipos de comportamento econômico. A democracia, segundo ele, tem inequívocas vantagens sobre a ditadura para a economia. A maioria, em cujo interesse o governo age, paga uma parte dos impostos que financiam a distribuição em seu favor, beneficia-se do desenvolvimento e ganha diretamente com o provimento de bens públicos pelo Estado. A dispersão do poder político e o surgimento da democracia representativa estão na origem do desenvolvimento sustentável. O mercado consegue espalhar-se, sustenta Olson, mesmo nas sociedades pobres.

Amartya Sen, Prêmio Nobel de Economia de 1998, famoso por seus estudos sobre a pobreza e a fome, escreveu um livro monumental sobre o desenvolvimento (*Development as Freedom*). Para Sen, o desenvolvimento consiste na remoção de barreiras à liberdade. Sem esta, é pequeno o campo para escolhas e oportunidades necessárias para que os cidadãos exerçam sua ação e sua razão. "Em geral, a importância intrínseca da liberdade humana como a condição essencial do desenvolvimento é suplementada por liberdades que promovem novas liberdades." Para ele, há fortes evidências de que as liberdades econômicas e políticas se auto-alimentam, em lugar de prejudicarem umas às outras, como às vezes se pensa.

Desenvolvimento, prossegue Sen, é "o processo pelo qual são expandidas as liberdades efetivas dos cidadãos", as quais devem constituir não apenas o objetivo do desenvolvimento, mas sobretudo seus principais meios. Cinco distintos tipos de liberdades, vistas sob a perspectiva instrumental, são examinados nessa magnífica obra: (1) liberdades políticas, (2) oportunidades econômicas, (3) oportunidades sociais, (4) garantias de transparência, e (5) segurança, vista como a prevenção da ocorrência da miséria abjeta, da fome e da morte que delas decorre.

O período de governo do presidente José Sarney pode ser caracterizado como o de construção dos elementos fundamentais realçados por esses ilustres pensadores. Consolidou-se a democracia, foram ampliadas as garantias e direitos dos cidadãos, os sindicatos de trabalhadores recuperaram plena autonomia, a liberdade de imprensa se completou. O país realizou as eleições mais livres de sua história, culminando com a sucessão presidencial pacífica em meio a uma das maiores crises econômicas do país, cujas origens remontam a períodos anteriores.

Se medido pelos indicadores econômicos, o período Sarney apresenta resultados satisfatórios, exceto no *front* inflacionário. O PIB cresceu em média 4,4% ao ano. O desemprego médio foi de 4,3%, tendo chegado a 3,6% em 1989. A inflação média do período 1985/1989 foi de 727,7%. Comparados ao período do "milagre", esses resultados são decepcionantes, mas são melhores do que os observados no último período do regime militar, exceto na inflação. No período seguinte (1990-1994), todos esses indicadores pioraram, inclusive no *front* inflacionário, onde a média anual atingiu 1.321,3%.

O período do governo do presidente José Sarney não pode, todavia, ser avaliado exclusivamente pelos números frios da economia. Eles não traduzem a riqueza dos fatos que o caracterizaram, as transformações ocorridas, os desafios enfrentados e as terríveis restrições ao exercício da política econômica, que inibiram os esforços de promoção do desenvolvimento, da estabilidade monetária e do bem-estar geral.

O governo iniciou sob os efeitos de três grandes crises acontecidas ao longo dos dez anos anteriores: (1) a do petróleo, derivada dos aumentos de preços de 1973 e 1979; (2) a da dívida externa, detonada com a moratória mexicana de 1982; e (3) a crise fiscal resultante da exaustão do modelo do nacional-desenvolvimentismo, que se baseava no protecionismo e na concessão de subsídios e incentivos fiscais em favor da agricultura, da indústria e das exportações. Herdou também uma inflação intratável, fruto da generalização do processo de indexação de preços, salários e contratos. A correção monetária, vista no passado como uma invenção brasileira, para espantar os males da inflação, tornara-se um pesadelo de difícil e complexa solução.

O efeito mais visível da crise do petróleo foi a elevação do patamar inflacionário e a deterioração da balança comercial. Ela teve, contudo, conseqüências negativas muito mais profundas sobre a economia. A forte dependência das importações de petróleo (cerca de 80% das necessidades na época) levou o governo a adotar estratégias defensivas que resultaram na criação de inúmeras restrições às importações e na implementação de ambiciosos programas de substituição de compras externas. Esses esforços contribuíram para evitar uma tendência explosiva do déficit da balança comercial, mas terminaram forjando um protecionismo excessivo e um aumento significativo da ineficiência. A Lei de Informática, aprovada em 1984, cobraria preço alto à modernização da indústria e dos serviços.

A crise da dívida externa se associou a um aumento expressivo dos juros internacionais, provocado pela política monetária do *Federal Reserve* (o Banco Central americano), a partir de 1979. A economia brasileira sofreu duplamente. Primeiro, pelo aumento do custo do serviço da dívida e, depois, pelo súbito fechamento do acesso do país aos mercados financeiros internacionais para financiar o déficit em conta-corrente de seu balanço de pagamentos. O Brasil foi forçado a transformar o déficit em superávit, passando à indesejável condição de exportador de capitais. Houve uma brutal transferência de riqueza nacional para o exterior.

O novo governo iniciou em 1985 sob o impacto dos fracassos da comunidade internacional em encontrar uma saída para a grave questão da dívida externa. É verdade que ao final daquele ano o governo americano ensaiara os primeiros passos para mudar a estratégia ortodoxa de tratamento da questão. O Plano Baker, lançado em Seul em setembro, viria a ser, contudo, uma iniciativa muito fraca em resultados. Na prática, a crise continuou. O governo Sarney enfrentou, em face disso, recorrentes e desgastantes rodadas de negociação da dívida externa. No auge das tensões, decretou-se a moratória da dívida com as instituições financeiras privadas, que acabou não produzindo o alívio esperado. A transferência de poupança interna para o exterior, a escassez de financiamento externo e as incertezas associadas à crise da dívida externa constituíram um perverso conjunto de restrições ao desenvolvimento do país, que adicionalmente agravaram o processo inflacionário.

No *front* fiscal, a herança do governo Sarney não foi menos grave. O modelo de desenvolvimento baseado na ação estatal, que tantos frutos trouxe para o Brasil entre os anos 1950 e meados dos anos 1970, começou a ruir sob o seu próprio peso a partir da segunda metade da década de 1970. O esforço adicional de substituição de importações de bens de capital e insumos básicos, realizado durante o governo do presidente Ernesto Geisel, contribuiu para mudanças estruturais importantes na economia, mas acelerou a falência do modelo de desenvolvimento e marcou o início da mais longa e mais grave crise fiscal do Estado brasileiro. A crise se aprofundou ainda mais durante o governo do presidente João Figueiredo, em virtude dos efeitos fiscais da dívida externa.

Tão grave quanto a crise fiscal era o desconhecimento de sua extensão. O Brasil ostentava, em meados dos anos 1980, um sistema de finanças públicas pouco transparente, institucionalmente subdesenvolvido. O governo operava com múltiplos orçamentos. O principal deles, o Orçamento Monetário, era aprovado e executado sem a participação do Congresso Nacional. Já no governo anterior essa multiplicidade orçamentária começara a se tornar insustentável. A idéia de que o esquema era inofensivo e útil ao desenvolvimento dera lugar à percepção de que se havia criado um monstrengo institucional. Ao contrário do que se imaginava, esquemas como a "conta de movimento" do

Banco do Brasil e os programas de fomento do Banco Central haviam criado um enorme problema financeiro para os governos futuros.

Um dos males desse sistema é que ele havia sido o sustentáculo para o financiamento da agricultura e das exportações. O subsídio agrícola e ao comércio exterior era proporcionado por mecanismos de crédito financiados pelo Orçamento Monetário. Em todo o mundo, o subsídio a setores econômicos é feito via orçamento fiscal e se destina essencialmente à geração de benefícios horizontais (aqueles que beneficiam a comunidade, como a pesquisa e o ensino). Aqui, o processo era vertical (concessão a determinados grupos) e financiado por um arranjo institucional que se tornara insustentável. Em resumo, um dos principais canais de promoção do desenvolvimento agrícola e industrial havia também entrado em crise.

O sistema chegara à exaustão, mas se mantivera viva a dependência que ele havia criado para a comunidade rural e para os exportadores. As pressões para mantê-lo continuaram. O poder discricionário do Executivo se tornara um problema para a gestão do governo. O excesso de flexibilidade que as autoridades econômicas haviam adquirido no regime militar se voltara contra elas na democracia. Era penoso negar a expansão indesejável dos gastos quando todos sabiam que o ministro da Fazenda podia, com uma penada, autorizar novas despesas e financiamentos via Orçamento Monetário. O Tesouro não possuía proteção institucional para resistir adequadamente à força dos grupos de pressão. O que havia sido a delícia em outros tempos se tornara o inferno no governo Sarney. Da mesma forma, os incentivos fiscais, variados e amplos, viraram uma renúncia tributária insuportável.

No campo institucional, o governo deu cumprimento à promessa solene do saudoso presidente Tancredo Neves, de convocar uma Assembléia Nacional Constituinte. Era verdade que sua convocação constituía um risco se considerado o ambiente de elevadas expectativas sociais e grave crise econômica. Circunstâncias políticas e históricas impediam, contudo, de não fazê-lo, o que não obscurece os efeitos adicionais que a nova Constituição trouxe para a situação fiscal do país. Os constituintes transferiram somas substanciais de recursos federais para os estados e municípios, sem a transferência correspondente de responsabilidades. Pior, em muitos aspectos foram ampliados os gastos da União, especialmente nas áreas sociais. A recriação do velho Regime Jurídico Único dos servidores públicos, aparentemente uma medida saneadora, terminou redundando em verdade na explosão da folha de salários das três esferas de governo e na forte ampliação das despesas com aposentadorias. A Previdência Social sofreu o impacto da elevação dos benefícios — sem correspondência na receita — e da ampliação do número de brasileiros que passaram a ter direito à aposentadoria, mesmo que não tivessem contribuído.

Assim, não bastasse ter herdado as três crises mencionadas, o governo Sarney enfrentou os efeitos fiscais da Constituição de 1988, que reduziu dramaticamente a margem de manobra para a execução orçamentária. E tudo isso em meio às legítimas demandas por aumento de bem-estar e por uma saída rápida e eficaz para a chamada dívida social, que alguns imaginavam ser possível alcançar apenas com o fim do regime militar. Para agravar o quadro, houve uma piora do processo inflacionário, resultante em grande parte do extenso sistema de indexação construído nos 25 anos anteriores e incorporado ao arcabouço jurídico e à cultura da sociedade.

Era preciso realizar um triplo esforço. Primeiro, preservar as condições para o mínimo de crescimento econômico. Segundo, evitar que a deterioração do quadro macroeconômico descambasse para a hiperinflação aberta, que poria sob risco a transição para a democracia e o futuro do país. Terceiro, concluir o diagnóstico sobre as razões da crise e iniciar o processo de reformas conducentes à sua resolução. Uma avaliação serena dez anos depois de concluído o mandato do presidente José Sarney indica elevado grau de êxito desse esforço.

Mesmo diante das circunstâncias em que operou o governo, não se deixou de buscar vitórias maiores do que as obtidas. O Plano Cruzado, lançado em fevereiro de 1986, foi uma tentativa ousada e válida para cortar pela raiz o mal inflacionário. Baseou-se em trabalhos desenvolvidos por valorosos pensadores brasileiros, cujas idéias contribuíram mais tarde para a criação e execução do, até aqui, bem-sucedido processo de estabilização iniciado com o Plano Real em julho de 1994. O anúncio do Plano Cruzado mobilizou o país e foi aplaudido pelas camadas menos favorecidas da população e pela inteligência nacional. Os melhores economistas brasileiros foram unânimes em elogiar a iniciativa e apostar no seu êxito.

Atribuiu-se o insucesso do Plano Cruzado a uma suposta falta de vontade política para a realização de cortes no orçamento. Hoje se sabe que foram outros os fatores que impediram o êxito continuado do plano. Ninguém havia previsto, pelo menos na extensão em que ocorreu, o fenômeno da súbita e intensa elevação da demanda. Tal fenômeno decorreu da interrupção das perdas de renda das classes menos favorecidas e da criação de um ambiente propício ao endividamento dos consumidores. A conseqüência foi um desequilíbrio instantâneo e forte entre oferta e demanda, já que não era possível aumentar a produção doméstica à mesma velocidade com que os brasileiros foram às compras. A saída natural pelo aumento das importações não estava disponível. A economia fechada e a ausência de financiamento externo bloqueavam as portas para um surto de compras externas. A causa básica do insucesso do plano foi, pois, a inexistência de uma saída para esse desequilíbrio e não a resistência do presidente em cortar gastos.

O Plano Cruzado gerou, todavia, uma contribuição inestimável para a solução futura do problema inflacionário brasileiro. Além de ter exposto a dificuldade que o fechamento da economia gerava para o êxito de iniciativas de estabilização, o plano deixou outras lições que, ampliadas em tentativas posteriores de estabilização, formaram o conhecimento para o tratamento posterior de outras questões. Nestas se incluíam as normas sobre tributos, salários, preços e contratos nas mudanças súbitas do regime inflacionário. O Plano Real, que deve em parte seu sucesso à economia aberta e à disponibilidade de financiamento externo, se beneficiou também do aprendizado haurido nesse passado. Provavelmente, a maior lição do Plano Cruzado foi mostrar que os brasileiros haviam percebido os males da inflação. Estava ali a demonstração inequívoca de uma das maiores transformações mentais da nossa sociedade.

O governo Sarney empreenderia mais duas tentativas de estabilização, os planos Bresser e Verão, lançados, respectivamente em junho de 1987 e janeiro de 1989. Participei da formulação e da execução de ambos, o primeiro como secretário-geral e o segundo como ministro da Fazenda. Os dois planos buscaram inovações que permitissem ampliar sua longevidade. No Plano Bresser, foi criado um mecanismo de indexação de preços e salários para o período posterior, a que se denominou Unidade de Referência de Preços (URP). Era uma tentativa de evitar os problemas derivados do puro e simples congelamento de preços e salários. A experiência mostrou, entretanto, que a URP não era um antídoto contra os problemas do congelamento e terminava por criar demandas de reposição salarial na Justiça, algumas delas ainda hoje objeto de disputa.

A novidade do Plano Verão foi o seu lado reformista. Pela primeira vez, uma tentativa de estabilização baseada em congelamento de preços associava medidas efetivas no campo fiscal. Estabeleceu-se a regra segundo a qual o Tesouro Nacional não poderia gastar mais do que arrecadava. Propôs-se a extinção de várias organizações estatais e a instituição de um amplo programa de privatização, cujas normas inspiraram a legislação do atual programa. Previu-se a demissão de todos os funcionários públicos federais não estáveis, que se estimava na época em mais de setenta mil. Infelizmente, o Congresso aprovou apenas o congelamento de preços e salários, rejeitando todas as demais iniciativas. Por isso, o plano perdeu rapidamente credibilidade, que era elemento essencial para preservar o congelamento. Seu insucesso acabou acontecendo mais rapidamente do que o de seus antecessores.

Na área econômica, o legado do governo Sarney não se limitou à construção da experiência que contribuiu para o êxito do Plano Real. No seu período, foram adotadas as primeiras medidas para a viabilização de duas das mais importantes reformas levadas a efeito no país. A primeira constituiu-se de um conjunto de medidas que puseram fim ao primitivismo institucional nas finanças públicas. A segunda decorreu das providências que deram partida ao processo de abertura da economia brasileira. Sem esses dois avanços, a tarefa de conduzir o governo e particularmente a política econômica estaria muito mais dificultada do que atualmente.

Na área das finanças públicas, havia uma grave promiscuidade no relacionamento entre o Tesouro Nacional, o Banco Central e o Banco do Brasil. Os três se entrelaçavam no Orçamento Monetário, de onde saíam os recursos para as operações ativas do Banco do Brasil e para as atividades de fomento do Banco Central, a maioria das quais operadas com fortes subsídios. O grau de transparência era escasso. A execução do orçamento da União era realizada por um departamento do Banco do Brasil, provavelmente caso único no mundo. O Tesouro possuía uma administração artesanal e incapaz de fornecer ao governo e à sociedade informações amplas sobre as contas do governo federal.

A confusão institucional derivada desse arranjo permitia que o Banco do Brasil e o Banco Central operassem sem limites de desembolsos, o que constituía no mínimo uma aberração. O Banco do Brasil se tornara o único banco comercial do mundo que não dependia de captação de recursos no público ou no mercado financeiro. Não havia milagre. Na verdade, os recursos para viabilizar esse esquema se originavam no endividamento público. O mecanismo era infernal. O Banco Central mantinha uma "conta de movimento" no Banco do Brasil, que constituía o canal de suprimento de recursos do Tesouro ao nosso maior estabelecimento de crédito.

De forma simplificada, tudo se passava da seguinte forma. O Banco do Brasil podia efetuar empréstimos sem dispor de recursos, o que jamais acontecera na história do sistema financeiro. Suponha que o banco tivesse emprestado cem reais a um agricultor e houvesse recebido dez reais de depósito à vista na mesma data. Haveria um déficit de noventa reais. Simultânea e automaticamente, o banco se supria da "conta de movimento". Caixa não era problema, pois o banco era o depositário do papel-moeda e não o Banco Central. No outro dia, imagine que um cliente tivesse pago um empréstimo de cinqüenta reais e os depositantes tivessem sacado vinte reais. A "conta de movimento" diminuiria em trinta reais. Nesses dois dias, o banco teria recebido liquidamente sessenta reais. De onde vinha esse dinheiro? Resposta: do lançamento de títulos públicos no mercado financeiro. Esquema muito semelhante funcionava no caso das operações de fomento do Banco Central. Em ambos, o valor dos subsídios se perdia no opaco emaranhado de relações entre as três organizações.

O primitivismo institucional desse arranjo decorria de dois fatores. Primeiro, o Banco do Brasil e o Banco Central se haviam transformado em poderosos canais de gastos públicos disfarçados de crédito aos setores público e privado, os quais eram realizados via Orçamento Monetário e, portanto, sem autorização legislativa. O Brasil havia regredido aos tempos anteriores aos da Carta Magna inglesa de 1215. O segundo fator tinha a ver com a dívida pública. Em praticamente todos os países, o aumento da dívida pública se destina a financiar o déficit do orçamento aprovado pelo Parlamento. Aqui, a dívida pública crescia por autorização do Conselho Monetário Nacional, presidido pelo ministro da Fazenda, e se destinava a financiar as atividades do Banco do Brasil e do Banco Central.

O governo Sarney mudou radicalmente esse quadro, apesar das resistências de poderosos grupos corporativistas e da incompreensão de funcionários graduados do Banco do Brasil e do Banco Central. A primeira medida do processo de reforma foi adotada em fevereiro de 1987, quando se extinguiu a "conta de movimento", seguida pela criação da Secretaria do Tesouro Nacional, Em junho de 1987, foram abolidas as atividades de fomento do Banco Central. Na mesma época, duas outras medidas completaram o mais amplo esforço de modernização institucional das finanças públicas federais. Promoveu-se a unificação dos orçamentos, que passaram a ser inteiramente submetidos à aprovação do Congresso, ao qual também se transferiu o poder de decidir sobre a dívida pública. Em conseqüência, foi extinto o Orçamento Monetário e todas as formas de orçamentação paralela.

A implementação desse importante conjunto de medidas foi realizada por grupos de elites de funcionários do Ministério da Fazenda, do Banco Central e do Banco do Brasil, o que assegurou a alta qualidade dos trabalhos, que hoje se reflete no prestígio nacional e internacional adquirido pela Secretaria do Tesouro Nacional. Seus funcionários têm sido requisitados para assessorar governos estrangeiros e organizações financeiras multilaterais. Integram habitualmente missões de assistência técnica em vários países, principalmente na África e na ex-União Soviética. Nasceu nesse período o Sistema Integrado de Administração Financeira do Tesouro Nacional — SIAF, inteiramente informatizado, o qual tem servido de paradigma para implementação de mecanismos semelhantes em outras partes do mundo.

Libertas das distorções geradas pelo primitivismo institucional, as três organizações evoluíram muito. O Tesouro Nacional funciona atualmente com base em seus próprios recursos humanos, com eficiência comparável aos melhores de seus similares no mundo desenvolvido. O Banco do Brasil, dispensado da "conta de movimento", experimentou uma verdadeira revolução cultural, que o vem colocando, ao longo do tempo, na liderança de muitos dos processos de transformação no mercado financeiro. O Banco Central, livre da área de fomento, que não lhe dizia respeito, adquiriu crescentemente feições de uma autoridade monetária moderna, focada na geração de dois bens públicos essenciais para uma sociedade organizada, ou seja, moeda estável e sistema financeiro sólido. O BC ainda tem muito que avançar, principalmente na área de supervisão e fiscalização, mas os progressos propiciados pelas reformas de 1986 e 1987 sem dúvida lhe forneceram muitas das condições para a permanente melhoria de seu desempenho.

Foi também no governo Sarney que teve início o longo processo de abertura da economia e de modernização do sistema de câmbio e comércio exterior. Nesse período, consolidou-se a percepção de que a indústria brasileira se havia acomodado aos anos de protecionismo e subsídios. Sem concorrência, praticamente não existia estímulos à melhoria da produtividade, da qualidade dos produtos e da gestão das empresas. O consumidor não fazia parte do modelo de política industrial. As empresas não tinham motivação para investir tempo e recursos na redução de desperdícios, na preparação da mão-de-obra e na inovação tecnológica e gerencial.

Enquanto a economia brasileira se autarquizava, a economia mundial prosseguia seu processo de transformação, com as novas tecnologias proporcionando velocidade e abrangência sem precedentes. O sistema financeiro se mundializou sob o estímulo da queda brutal dos custos da tecnologia de informação. Ganhos sensíveis de produtividade advieram da maior inserção dos países nos fluxos de comércio e finanças mundiais, da criação de blocos econômicos e da ampliada inter-relação das economias.

Era crucial, pois, abrir a economia brasileira e recuperar o tempo perdido. Vários estudos mostraram que o potencial de exportação da economia estava sendo limitado pelas restrições às importações. Assim, paradoxalmente, os esforços para lidar com o déficit comercial, via contenção de importações, acabavam por dificultar a expansão das exportações e a redução da vulnerabilidade externa.

O insucesso dos planos de estabilização dos anos 1986/1988 mostrou, como já mencionado, que o baixo nível de competição, derivado do fechamento da economia, era um sério limitador aos esforços de combate à inflação. A abertura da economia deveria ser, assim, parte essencial de qualquer esforço para vencer o complexo processo inflacionário brasileiro.

Ao contrário do que alguns dizem, a abertura da economia não foi obra do chamado Consenso de Washington, mas da evolução de pensamento no Brasil. Eram inequívocas para nós do governo as evidências de que o fechamento havia ido longe demais. A abertura se justificava por múltiplas razões: contribuir para o aumento de produtividade — sem o qual não há desenvolvimento —, induzir à melhoria da qualidade; satisfazer o consumidor e auxiliar a estabilização da economia.

Atribui-se ao governo Collor e mais precisamente ao ano de 1990 o início efetivo da abertura da economia brasileira à competição internacional. De fato, nesse ano foram ampliadas e aceleradas as medidas adotadas no governo Sarney e se enraizou a idéia de que chegara a hora de sepultar de vez o protecionismo exacerbado do passado.

Na realidade, a idéia da abertura havia amadurecido há muito. Eram inequívocas as evidências dos efeitos negativos do fechamento da economia, que se haviam aprofundado com as medidas de contenção das importações adotadas na esteira da crise do petróleo (1973 e 1979), do aumento dos juros internacionais (1979/1980) e da crise da dívida externa (1982).

Já em 1985, a Comissão de Política Aduaneira concluíra amplo estudo da estrutura tarifária brasileira. O sistema tarifário havia chegado a uma situação incompreensível depois de uma década de medidas tópicas para lidar com o déficit da balança comercial. Simultaneamente, caminharam as negociações com o Banco Mundial em torno de um empréstimo setorial para o comércio exterior. Esses empréstimos não se vinculavam a projetos específicos, mas a reformas para melhorar o quadro macroeconômico e regulatório do país. O cipoal de normas, controles, licenças prévias e outras barreiras não-tarifárias foi submetido a um completa radiografia, que confirmou seu efeito danoso sobre a competição e a eficiência da economia.

Em junho de 1988, aconteceu o primeiro passo formal para a abertura. Naquele mês, depois de intensas e difíceis negociações com a indústria, teve início a ampla revisão tarifária, com uma segunda rodada em julho de 1989. A tarifa média foi reduzida de 55% para 35%. A máxima caiu de 105% para 85%. A economia ainda permanecia muito fechada, mas as medidas significaram o rompimento com o sistema aduaneiro anterior. Foram, além disso, extintos os inúmeros regimes especiais de importação e chegou ao fim a redundância tarifária. Estava livre o caminho para a abertura.

Na mesma época, começou a revisão das intrincadas regras sobre exportação, bem como o desmantelamento das restrições às importações, incluindo as primeiras medidas de dispensa das guias de importação e de autorizações especiais. A extinção da lista de produtos com importação suspensa foi desencadeada em 1988. Da lista de três mil produtos, reduzida gradualmente, restavam apenas quinhentos na passagem de governo.

Na área cambial, a abertura começou em dezembro de 1988, quando se introduziu o câmbio flutuante. O novo regime se destinava a abrigar operações cursadas no mercado paralelo, como as compras de moeda estrangeira de turistas e as vendas relacionadas com remessas de pagamento de serviços de *software* e para estudantes e tratamento de saúde, que até então eram livres apenas quando de valores até trezentos dólares. Em fevereiro de 1990, se aprovou a arbitragem ouro/dólar. Essas medidas prepararam o mercado cambial para atuar em condições de oferta e demanda. Antes, não havia mercado. O Banco Central zerava diariamente as posições compradas e vendidas (os repasses e coberturas). Adicionalmente, feriram de morte o mercado paralelo e prepararam o caminho para liberalização cambial posterior.

É interessante observar que essas medidas, que constituiriam a base de transformações institucionais ocorridas nos governos seguintes, foram adotadas em meio a uma severa crise econômica, cujas raízes estavam fincadas na crise fiscal e na ocorrência simultânea de crises vindas do exterior, como a do petróleo e da dívida externa. Nessas circunstâncias, dadas as características do sistema político brasileiro, opera-se um movimento centrífugo que reduz dramaticamente a eficiência decisória do Congresso e as condições gerais de governabilidade. Essa situação bem realça a dimensão do esforço que o governo Sarney teve que empreender para dar partida a esse processo de reformas.

Nos dias de hoje, é fácil rotular com adjetivos, às vezes insultuosos, o trabalho realizado no governo Sarney e atribuir o insucesso de suas tentativas de estabilização da moeda à mera falta de vontade política e até a erros crassos na sua formulação e execução. Uma análise isenta e bem fundamentada das circunstâncias sociais e políticas em que operou a política econômica do governo Sarney indicará que dificilmente havia opções melhores do que as adotadas. É óbvio que houve erros, como em qualquer governo, principalmente nas condições então vigentes. Mais do que o insucesso, por razões que independiam da eficiência ou da coragem do governo, o período Sarney deve ser avaliado pelo seu esforço de reformas. Além disso, um registro isento apontará a capacidade de manejar a economia em meio a um processo hiperinflacionário grave, que foi impulsionado pelos impactos fiscais e pelas expectativas negativas criadas pela Constituição de 1988. Malgrado as condições adversas do período e os elevados níveis de inflação, foi possível realizar as mais amplas e livres eleições da

História do país e transmitir o governo em ambiente de normalidade institucional, uma realização que dificilmente encontra paralelo na América Latina.

O Cruzado fez inflação cair e prestígio subir

A Estabilidade da Instabilidade

*João Sayad**

Sociedades organizadas com governos democráticos, moeda estável, crescendo, com paz social e militar são eventos muito pouco prováveis.

Vivemos intervalos curtos entre guerras, quando se consideram nações; momentos rápidos de estabilidade e crescimento, quando se consideram economias; entre crises institucionais, quando se consideram o Estado e a vida política.

Boa política econômica é aquela que apenas coordena e catalisa a tendência inevitável da economia, a qual, se deixada por si só, pode, ao invés de se transformar em nova etapa de estabilidade ou desenvolvimento, transformar-se em crise e estagnação.

---

* *João Sayad é economista, secretário de Fazenda da cidade de São Paulo e foi ministro do Planejamento durante o governo Sarney.*

Da mesma forma que o artista genial ao expressar sua subjetividade é genial apenas porque aquela é a melhor expressão emocional do espírito do seu tempo, o julgamento de um estadista, não é julgamento do desempenho da economia ou da sociedade naquele momento, mas da sua sensibilidade e intuição de "ler as nuvens", como diria o deputado Ulysses Guimarães, e saber se os ventos mais freqüentes nos levam a porto seguro ou se o melhor é sair para alto-mar, longe das pedras e das lajes escondidas perto das costas.

Ficar paralisado face ao perigo inevitável ou se impacientar quando nada acontece são defeitos equivalentes para estadistas de tempos de turbulência e bonança.

O Brasil passava por momentos de grandes transformações em 1983. A crise do petróleo, seguida pela crise da dívida externa, fora acompanhada, não por acaso, pela campanha das Diretas-Já e pelas tumultuadas eleições indiretas que escolheram Tancredo Neves como líder do primeiro governo civil.

A incerteza sobre o novo futuro que se desenhava não podia deixar de se refletir sobre a economia, particularmente sobre a taxa de inflação que se acelerava desde 1984.

Em 1983, o último acordo assinado com o FMI havia exigido que o governo reunisse o Conselho de Segurança Nacional numa sexta-feira após o expediente, para fixar nova política salarial.

A inflação brasileira tinha características peculiares.

Aqui, inflação era aceleração da taxa de inflação, pois a inflação propriamente dita já havia sido neutralizada pela correção monetária.

Apenas a inflação da inflação não podia ser compensada.

O aperfeiçoamento da correção monetária, através do aumento da freqüência e da sua generalização, reduzia ao mesmo tempo a sua nocividade, mas aumentava o seu nível; numa contradição inexorável, acabaria nos levando à hiperinflação.

A indexação se iniciara em 1964. Difundira-se continuamente. Começando com a correção de impostos, foi para os títulos da dívida pública, a remuneração da caderneta de poupanças e a taxa cambial. Tudo era corrigido periodicamente e com perfeição tanto maior quanto maior fosse o poder de cada segmento da sociedade.

A correção cambial era diária. A correção dos títulos públicos também se aperfeiçoara rapidamente e também já era diária, além de receber juros suficientemente altos para compensar a incerteza de cada momento.

Não se pode corrigir todos os preços perfeitamente sem que a inflação em cruzeiros seja infinita, ou seja, uma hiperinflação.

Os salários dos trabalhadores foram escolhidos como âncora; o preço que se corrige mais imperfeitamente e segura os demais preços desde o início da Revolução de 1964. Inicialmente eram corrigidos pela inflação projetada pelo PAEG (Plano de Ação Econômica do Governo), sempre menor do que a inflação real.

Em 1969, a lei salarial tornou-se menos cruel com os trabalhadores. Em 1974, com a crise do petróleo, inicia-se o movimento de redemocratização do país, que é acompanhado, o tempo todo, pela demanda por correções salariais menos injustas, isto é, mais freqüentes e mais generalizadas.

A lei salarial era a garantia maior contra a hiperinflação. Por isto era parte do acordo brasileiro com o FMI, sendo aprovado pelo Conselho de Segurança Nacional, em reunião secreta numa sexta-feira após o expediente.

Pelas mesmas razões, a redemocratização e o movimento das Diretas-Já no ano seguinte acabaram rapidamente com a severidade e injustiça daquela lei salarial, que era incompatível com o ambiente de competição democrática e maior liberdade de imprensa e sindical.

A decisão de fazer o Cruzado

O presidente Tancredo foi eleito pelo Congresso Nacional em 1984.

A taxa de inflação era crescente, as demandas por correções salariais mais justas se intensificavam e eram parte da plataforma política do partido vencedor das eleições, o MDB.

A crise da dívida externa entrava no terceiro ano, obrigando o país a renegociar com bancos credores renovações automáticas de empréstimos impossíveis de serem pagos, empréstimos adicionais chamados de dinheiro novo à época, e aprovações junto ao FMI para que os bancos, eles mesmos com dificuldades devido ao tamanho das dívidas impagáveis na América Latina e na Polônia, pudessem obter o respaldo do mercado financeiro internacional e das autoridades monetárias de seus países.

Assim, a nação redemocratizada recebia uma economia superindexada, com demanda legítima por correções mais freqüentes de salários e taxa cambial ameaçada por crise financeira externa.

Não havia nenhum preço que pudesse ser escolhido como lastro ou âncora dos demais. Os trabalhadores queriam se livrar da posição de âncora que desempenhavam há quase vinte anos. A taxa cambial não podia servir a este fim, pois os bancos estrangeiros e a incapacidade de pagar do país criavam a sombra ameaçadora da moratória externa.

O novo governo já começava com um grande *index* de palavras proibidas. Não se podia falar em moratória e indexação generalizada (a proposta dos professores Pérsio Arida e André Lara Resende que já havia sido apresentada com muito sucesso em meios acadêmicos americanos naquele mesmo ano).

O presidente Tancredo Neves não havia ainda escolhido o presidente do Banco Central que trabalharia junto ao ministro da Fazenda indicado, Francisco Dornelles. Na Granja do Torto, na véspera da posse, descartava-se imediatamente o nome dos dois professores, pois "causariam hiperinflação e mais instabilidade" com o tema proibido a que estavam associados.

José Sarney, o presidente em exercício, percebia a dificuldade da situação. A política econômica do ministro Dornelles consistia simplesmente em congelar tarifas públicas, transferindo o ônus do combate à inflação para as contas públicas e, não bastasse isto, aumentando as taxas de juros a níveis recordes mesmo para a economia brasileira.

Muitas noites, em visita ao palácio do Jaburu, residência do vice-presidente da República, pude expressar as preocupações com aquela política e discutir sobre a eventual necessidade de um plano de reforma monetária. O presidente sempre concordou imediatamente com a necessidade de formular uma alternativa caso a inflação saísse de controle, o que seria bem provável.

Após a morte de Tancredo Neves, em abril de 1985, o presidente Sarney concordou imediatamente com o convite a Pérsio Arida para trabalhar no Ministério do Planejamento. Sua primeira missão seria visitar Israel, onde um plano de desindexação e reforma monetária havia sido implementado com sucesso. A viagem foi feita em caráter confidencial.

Em agosto de 1985, com a substituição do ministro Francisco Dornelles da Fazenda pelo ministro Dílson Funaro, a decisão do presidente Sarney foi firme e definitiva: "Não vou presidir as eleições dos constituintes com um país assoberbado por esta taxa de inflação. Temos que estar prontos para fazer alguma coisa se continuar recrudescendo."

Pérsio Arida iniciou a elaboração de um decreto que ampliaria a prática de correção monetária para todos os preços, aumentaria a freqüência destas correções e depois as tornaria sincrônicas. No final deste processo, todos os preços estariam sendo corrigidos mais ou menos sincronizadamente, e a economia estaria pronta para a substituição da moeda Cruzeiro de alta taxa de inflação por outra, nova, ainda sem nome, mas livre da correção monetária. Na pior das hipóteses, a inflação assumiria o valor da aceleração da taxa de inflação da moeda velha. É decreto idêntico, na sua essência, às medidas que nove anos mais tarde dariam origem ao Plano Real.

O anúncio do Cruzado

O plano, sem nome, foi mantido na mais estrita confidencialidade pelos ministros e pela equipe de assessores do Banco Central, Ministérios da Fazenda e do Planejamento. O presidente fazia perguntas através de alusões indiretas, para saber como iam os trabalhos.

No final de 1985, o presidente Sarney permitiu que o consultor-geral da República, Saulo Ramos, fosse consultado por Pérsio Arida sobre os aspectos legais do decreto que formulava. A resposta foi um banho de água fria, enquanto a inflação continuava a subir. O presidente Sarney não desanimou: "Não consultamos para saber se o decreto é legal. Queremos saber como torná-lo legal."

Começa o ano de 1986 e Pérsio Arida tem autorização do presidente para consultar o ministro do Trabalho, Almir Pazzianotto, quanto aos impactos sobre o setor sindical da reforma monetária proposta. Pazzianotto reage que a idéia de indexação generalizada era impossível de ser explicada aos trabalhadores.

Pazzianotto tinha razão, pois, dez anos mais tarde, o professor Simonsen, comentando o Plano Real que utilizava a mesma idéia do mesmo autor, ironizou dizendo que URV, o índice usado no processo de indexação generalizada, eram simplesmente as três letras do meio da palavra CURVA.

O presidente determinou que o decreto fosse refeito. Ao invés de ser um processo de indexação generalizado, seria um processo de desindexação ime-diato, o que formalmente é a mesma coisa. Entretanto, a desindexação é determinada por fatores de desconto, as famosas "tablitas" que não eram necessárias na versão anterior.

Sarney considerava fundamental que a reforma monetária fosse apoiada pela opinião pública e trabalhadores. Por isto a inteligibilidade era importante. O apoio inicial era a peça-chave do sucesso.

Feita a reformulação, faltava ainda decidir se a reforma seria implementada e quando.

O início do período legislativo de 1986 foi o catalisador da reforma. A inflação continuava se acelerando e o líder do governo na Câmara, deputado Pimenta da Veiga, ia propor correção salarial mensal. A demanda dos trabalhadores era por correção mensal. A contra-oferta do governo, que relutava em ceder, era correção trimestral. A proposta de correções mensais seria o catalisador para indexação generalizada e inflação explosiva à revelia do governo. Seria o caos. O presidente decidiu lançar o plano na véspera da reabertura do Congresso, no dia 28 de fevereiro de 1986.

Os últimos detalhes foram acertados duas noites antes do lançamento em sala de reunião no anexo do palácio do Planalto, com a presença do ministro da Justiça, Brossard, que sugeriu o nome Cruzado para a nova moeda. O presidente, na última reunião, determinou que os preços deveriam ser congelados, o que não constava das propostas iniciais da equipe.

Enquanto esta discussão continuava, o professor João Manuel Cardoso de Mello me alertava que o presidente da Câmara* ainda não estava ciente da proposta e que deveríamos informá-lo, o que foi feito no café da manhã do dia seguinte.

O plano foi muito bem recebido por todos. A decisão aparentemente técnica, tecnocrática, tomada em gabinetes fechados e confidencialmente, havia vindo ao encontro do que todos demandavam. O congelamento de preços foi recebido com entusiasmo. O momento foi oportuno, a comunicação de tantos detalhes complexos foi bem-feita, o apoio, maciço. O presidente acertou.

Os primeiros meses até a reunião de Carajás

Após um ou dois meses de acolhida calorosa e sucesso do Plano Cruzado, as dificuldades começaram. Economistas do IPEA apontavam para o crescimento muito rápido da demanda, o que acabaria ameaçando o congelamento e a inflação zero prometida pelo Cruzado.

**Mais tarde, fui informado pelo presidente de que doutor Ulysses fora informado e, não concordando, pedira que ninguém soubesse que estava informado.*

Os conservadores de sempre imaginavam que o crescimento do consumo privado e mesmo dos investimentos deveria ser compensado pelo corte drástico do déficit público. A proposta era inconsistente: o tamanho do déficit público era muito menor do que o acréscimo de demanda decorrente do aumento do salário real, das apostas contra o congelamento e até mesmo do entusiasmo gerado pelo plano.

Hoje, 14 anos e cinco reformas monetárias depois, sabemos que a única forma de conter esta demanda explosiva que acompanha a desindexação e o início das reformas monetárias seria a imposição de reservas compulsórias aos bancos comerciais tão elevadas quanto necessárias.

No primeiro semestre de 1986, entretanto, as pressões contra o Cruzado geravam pressões para aumentar as taxas de juros, para cortar o déficit público e/ou para terminar o congelamento.

O congelamento acabou sendo, ao mesmo tempo, o instrumento que recebeu maior apoio popular e teve maior impacto sobre a inflação. Entretanto, se tornava inviável.

Poderia ter sido terminado no primeiro semestre de 1986. É difícil imaginar quais seriam os resultados. Talvez a inflação voltasse a níveis da taxa de crescimento da inflação no período anterior.

Depois de algum tempo, entretanto, terminar o congelamento era impossível. O congelamento passou a ser como uma rolha que tentasse segurar as águas da represa de Itaipu. A cada dia que passava se tornava mais difícil de sustentar e mais ameaçadoras eram as conseqüências do seu término.

O dilema começou a ser sentido nas reuniões matinais que o presidente Sarney mantinha com os ministros da Fazenda, do Planejamento, da Casa Civil e Militar.

Em meados do ano, a situação se tornou muito difícil e o presidente resolveu reunir toda a equipe econômica na casa de hóspedes que a Companhia Vale do Rio Doce tinha em Carajás.

A reunião de Carajás e o segundo Plano Cruzado

Na véspera da reunião, o ministro Dílson Funaro convidou os assessores dos dois ministérios, a diretoria do Banco Central e a mim mesmo, para uma reunião em sua casa, vizinha à minha. Nesta reunião propôs que não se tratasse da questão da dívida externa. Afirmou que muitos dos seus assessores debitavam o crescimento do déficit público à dívida externa e que este assunto, tratado junto a um grupo grande de participantes, poderia gerar decisão emocional e inconveniente, como, por exemplo, a proposta de moratória externa.

Assim combinado, em Carajás todos os participantes apontaram o déficit público como o problema principal do Plano Cruzado.

Vale a pena lembrar, principalmente para comparar com os tempos atuais, que após a queda da inflação a manutenção de juros nominais muito baixos havia provocado grande monetarização da dívida pública. A dívida pública e juros internos deixaram de ser fatores importantes no dispêndio público.

É uma recordação notável e polêmica. Críticos apontam esta monetarização como excessiva e geradora do excesso de demanda. Por outro lado, a mesma oportunidade foi desperdiçada no Plano Real de 1994, que manteve juros elevados e fez com que a dívida interna crescesse espetacularmente mesmo sem déficits primários.

Na reunião de Carajás, o déficit público acabou sendo chamado de caroço-núcleo central e duro dos problemas do Cruzado. O presidente afirmou em todos os momentos que quem havia feito o Cruzado tinha energia e coragem para quebrar este caroço e resolver o problema.

Logo depois, os Ministérios da Fazenda e do Planejamento propunham ao presidente a criação de empréstimos compulsórios sobre bens de consumo como cerveja, automóveis, cigarros, passagens aéreas e outros.

Como empréstimos compulsórios, as elevações dos preços, deles decorrentes, não deveriam ser consideradas aumentos de preços e portanto não impactariam os índices.

A equipe econômica propôs empréstimos que o presidente considerou muito elevados, aprovando apenas aumentos menores. Os economistas que fizeram o plano reclamaram da prudência do presidente.

A "correção" do plano foi recebida com muitas críticas e provocou elevação da inflação do nível geral de preços. A observação do Lula, presidente do PT, resumia sarcasticamente a reação da opinião publica: "O governo imagina que o trabalhador brasileiro não fuma, não bebe cerveja, nem tem automóvel."

O resultado não foi bom, mas as eleições de novembro para a Constituinte se aproximavam. Não podíamos propor novas medidas naquele ambiente eleitoral onde as críticas se tornavam mais acirradas.

As eleições deram vitória expressiva ao PMDB. Sem dúvida, o Plano Cruzado era o responsável pelo resultado. Mas estava enfrentando as mesmas dificuldades de antes: crescimento excessivo de demanda, ameaça ao congelamento, que, atingindo também a taxa cambial, desincentivava exportações.

A equipe econômica estava cada vez mais ansiosa. Logo após as eleições foi preparado novo plano de correção, exatamente como o primeiro.

Como ministro do Planejamento, me coloquei contra a reedição das mesmas medidas de julho. Não haviam dado certo antes, não dariam certo agora.

O presidente ficou dividido entre opiniões opostas: o Ministério da Fazenda propunha aumento de preços seletivos sobre bebidas, cigarros, automóveis e viagens, como antes. O Ministério do Planejamento propunha aumento do imposto de renda na fonte, o que era possível à época.

O presidente escolheu a proposta do Ministério da Fazenda, idêntica à de julho, só que agora sem os cortes que a sabedoria e a prudência política haviam imposto antes.

Os preços foram aumentados logo após as eleições. A reação política não poderia ter sido pior. Houve manifestações na praça dos Três Poderes, quebra-quebra, incêndios. O Plano Cruzado agonizava.

Nesta segunda correção do plano, o presidente escolheu errado. Mas o erro mostra que a sua decisão anterior, de atenuar as medidas propostas pela equipe econômica, o que provocou tantas críticas, estava certa. O presidente errou porque não reconheceu que estava certo antes.

Vinte e cinco anos depois

O tempo que passou já permite concluir. É uma conclusão de outro tempo — parece agora cheia de sabedoria.

Visto de hoje, é fácil concluir que o Plano Cruzado nunca poderia ter dado certo.

Para criar nova moeda, estável e confiável, seria preciso:

a) estabilizar os salários nominais. Missão impossível para um país que acabava de se redemocratizar depois de longo período de leis salariais que elegiam sempre o salário como âncora, isto é, preço atrasado em relação aos demais.

b) estabilizar a taxa cambial. Missão impossível, por causa da crise da divida externa. Somente em 1994, doze anos depois da crise da dívida externa, oito anos depois do lançamento do plano Cruzado, é que a dívida externa foi renegociada.

c) sem poder fixar salários ou câmbio, a alternativa lógica foi fixar todos os preços através do congelamento, o que sem dúvida era impossível, a não ser por curtíssimos períodos de tempo.

d) o diagnóstico de inflação inercial e a estratégia de desindexação são absolutamente consistentes com as práticas e realidade institucional do Brasil em 1986, assim como em 1994, data do lançamento do Plano Real. Não seria possível implantar uma reforma monetária sem a tecnologia da desindexação.

e) entretanto, com a redemocratização e o crescimento mais rápido da economia no final de 1984 e em 1985, a taxa de inflação brasileira era crescente, demonstrando um conflito redistributivo significativo e inconsistente com o diagnóstico puro de inflação inercial. Seria necessário escolher uma âncora, o que a conjuntura política interna e a conjuntura financeira internacional impediam. Não podíamos fixar nem salário nominal nem a taxa cambial.

É sabedoria de engenheiro de obras feitas

O Plano Cruzado foi o primeiro passo necessário e fundador. Necessário face à alternativa de deixar a inflação se converter em superinflação e depois em hiperinflação com resultados imprevisíveis sobre a vida política do primeiro governo civil e democrático após vinte anos de governos militares.

Não foi esforço perdido. Foi a marca definitiva de que a economia brasileira precisava de uma reforma monetária, o que é absolutamente lógico e coerente, quando visto na perspectiva do tempo, para uma nação que se redemocratizava e escrevia uma nova Constituição.

O presidente Sarney foi o estadista com energia e sensibilidade para fazer a primeira reforma.

Nunca vacilou quanto ao propósito de fazer uma mudança da envergadura do Plano Cruzado.

Na curta vigência do plano, que durou menos de ano, interveio nas decisões como deveria — com a sensibilidade política exata do líder político máximo do governo e da nação.

Quando necessário, teve a audácia de implementar medidas difíceis disfarçando o receio legítimo e secreto que a responsabilidade de estadista lhe inspirava.

FISCAL
DO
SARNEY

Sem violência
e sem petrodólares,
o poder tinha que
vir do povo

A Inflação Anunciada

*Antônio Dantas**

O governo brasileiro, no período de 1985 a 1989, inicialmente concentrou sua política econômica na luta para combater a inflação que vinha se acelerando desde o governo anterior; a luta foi uma das mais acirradas dos últimos tempos para conter os aumentos de preços. Infelizmente, a expectativa neste sentido era tão grande que ultrapassava os meios políticos para resolver os problemas econômicos. O país havia herdado vários problemas do regime anterior, além da inflação, como uma má distribuição de renda e uma dívida externa crescente. Mas a época era boa porque havia muita esperança de que a economia voltasse a crescer com a estabilidade. O presidente Sarney se empenhou nessa tarefa, e relutou contra a utilização de métodos recessivos para

---

**Antônio Dantas é economista doutorado pela Cornell University e pós-doutorado em Harvard. Dirigiu o Departamento de Economia e o Instituto de Ciências Humanas da UnB.*

combater os aumentos de preços, embora não houvesse consenso quanto às causas nem quanto ao remédio; havia até resistência política aos métodos tradicionais que aderissem às regras de mercado.

Além disso, o povo estava impaciente, esperando um milagre, e o presidente sabia que a iniqüidade da renda se agravaria à medida que o desemprego aumentasse, e isto aconteceria caso adotasse métodos tradicionais que dão ênfase a medidas recessivas para estancar o crescimento dos preços. Como Keynes*, o presidente sentia que a maior falha da atualidade, em matéria de política econômica, seria negligenciar o emprego e a distribuição de renda. Mesmo que ele não acreditasse nos métodos heterodoxos, que combinam política tradicional com intervenções do Estado, estava consciente de que não havia mágica; os métodos ortodoxos eram mais eficazes, mas prejudicariam os trabalhadores, colocariam o país à mercê do capital externo e sob as regras dos credores internacionais. A economia tinha que crescer com independência para atender uma população que aumentava e inchava as cidades, procurando emprego. Mas também não era de sua índole, tampouco conveniente politicamente, permitir perdas salariais além daquelas já causadas pelo encadeamento de aumentos de preços. Assim, era importante manter o crescimento da economia apesar da inflação e do endividamento, pois só assim poder-se-ia melhorar a distribuição de renda. E de fato, se olharmos os dados, a economia cresceu com taxas positivas em quase todo o período de seu governo; apenas em 1988 houve uma queda mínima de 1% no nível do PIB. A média de crescimento durante o período foi de 4,75%, uma das maiores médias de qualquer governo nos últimos vinte anos. A taxa de desemprego foi também a mais baixa durante todo esse período. O presidente se esforçou para manter o nível dos salários, pois reconhecia os danos sociais advindos destas perdas e do desemprego.

Os desafios eram enormes e mal compreendidos, se levarmos em conta a herança dos governos anteriores, como a falta de emprego, perdas salariais, achatamento da renda e uma conjuntura política indefinida, de transição institucional. Era imperativo lutar para reabilitar a economia e torná-la mais ágil dentro do contexto de um Estado dividido ideologicamente. Além disso, era necessário conciliar as forças políticas que não entendiam e não aceitavam que a economia estivesse tão moribunda a ponto de pedir arrego aos organismos internacionais. Embora a pendência com essas instituições já existisse, o presidente haveria de manter os compromissos para não reduzir a dinâmica do

* *John M. Keynes, economista inglês, considerado o pai da teoria econômica moderna.*

Júlio Mesquita
(o dr. Julinho, do *Estadão*)
visita Sarney em São Luís
(Arquivo pessoal do
presidente José Sarney)

Nos tempos da (diligência) UDN, com Carlos Lacerda ao fundo
(Arquivo pessoal do presidente José Sarney)

A condessa
Pereira Carneiro,
em visita a Sarney
governador, em São Luís
(Arquivo pessoal do
presidente José Sarney)

Ao lado: com os filhos (Fernando, Zequinha e Roseana), numa sólida estrutura familiar
(Arquivo pessoal do presidente José Sarney)

Ao lado:
Washington Luís
não viu como tudo
evoluía e mudava
em volta dele
(Arquivo *Tribuna da Imprensa*)

João Café Filho
— doente, foi "proibido"
de ficar curado, pelos
tanques do Exército
(Arquivo *Tribuna da Imprensa*)

Arthur Bernardes
foi combatido por um
jornalismo venal
(Arquivo *Tribuna da Imprensa*)

João Goulart
— desastrado e trágico,
foi imolado não
pelo destino, mas pelos
companheiros
(Arquivo *Tribuna da Imprensa*)

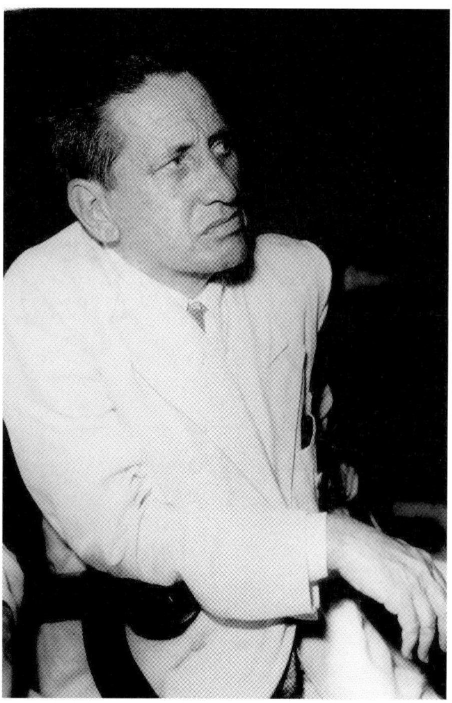

Vitorino Freire
teve o poder de promover
militares que chegaram
ao poder, em 1964
(Arquivo *Tribuna da Imprensa*)

Ao lado:
Jânio enrolou-se
em um golpe que só
ele sabia que
era golpe
(Arquivo *Tribuna da Imprensa*)

Ao lado:
JK, a elegância do desenvolvimento e do espírito conciliador
(Arquivo *Tribuna da Imprensa*)

Mourão Filho não queria depor ninguém, tanto que marchou para o Rio e não para Brasília
(Arquivo *Tribuna da Imprensa*)

Teixeira Lott (com Maristela e Márcia) garantiu a posse de Juscelino
(Arquivo *Tribuna da Imprensa*)

Castello Branco, Orlando Geisel, Golbery do Couto e Silva, Cordeiro de Farias e Délio Jardim de Mattos
(Arquivo *Tribuna da Imprensa*)

Ao lado:
Castello Branco governou sem censura e com os políticos
(Arquivo *Tribuna da Imprensa*)

Costa e Silva não quis demolir a federação
(Arquivo *Tribuna da Imprensa*)

Figueiredo quis usar Sarney para tumultuar a sua própria sucessão
(Arquivo Orlando Brito)

Brizola queria que Figueiredo ficasse mais um ano na Presidência
(Arquivo *Tribuna da Imprensa*)

Ao lado: Sarney e Geisel — o general era mais amigo de Vitorino Freire
(Arquivo *Tribuna da Imprensa*)

Ao lado:
Posse efetiva de Sarney, com os militares formados em obediência a um civil
(Arquivo Orlando Brito)

Paulo Maluf ajudou a transição mantendo a sua candidatura
(Arquivo *Tribuna da Imprensa*)

O velório de Tancredo parecia, também, o do governo Sarney
(Arquivo *Tribuna da Imprensa*)

Em qualquer foto de seu período de governo, Sarney está à vontade com os militares (Arquivo Orlando Brito)

Sarney e Moreira Franco conviveram politicamente durante a transição para o regime democrático
(Arquivo *Tribuna da Imprensa*)

Ao lado:
Leônidas deu segurança à travessia civil do regime democrático
(Arquivo *Tribuna da Imprensa*)

Ulysses terminou concordando com a estratégia militar de Sarney
(Arquivo Orlando Brito)

Sarney votou em Aureliano Chaves
para Presidência da República em 1989
(Arquivo *Tribuna da Imprensa*)

Ao lado:
Prestes — herói de verdade, sério, leal, coerente, corajoso, mas péssimo analista político
(Arquivo *Tribuna da Imprensa*)

Durante o governo Sarney, o metalúrgico Luís Inácio Lula da Silva candidatou-se pela primeira vez à Presidência
(Arquivo pessoal do presidente José Sarney)

Constituintes
comemoram
a aprovação do
mandato de
cinco anos para Sarney
(Arquivo Orlando Brito)

Fernando Henrique Cardoso, ainda senador, foi um dos congressistas que aderiram imediatamente ao Plano Cruzado
(Arquivo *Tribuna da Imprensa*)

Ao lado:
Mário Covas era a maior liderança da oposição no Congresso, mas não no PMDB
(Arquivo *Tribuna da Imprensa*)

Sarney, Brizola e Alencar — nenhum querendo levar o outro a sério
(Arquivo *Tribuna da Imprensa*)

Com Deng Xiaoping,
no início da maior parceria
internacional da China e do Brasil
(Arquivo pessoal do presidente José Sarney)

Ao lado:
Sarney legalizou todos os
partidos clandestinos, ao contrário
do que queria Tancredo
(Arquivo pessoal do
presidente José Sarney)

A mobilização em defesa
do Cruzado foi instantânea e voluntária
(Arquivo Orlando Brito)

LEGALIDADE
PC do B
EXIGÊNCIA
DEMOCRÁTICA

Ao lado:
João Sayad, técnico competente e homem de caráter
(Arquivo *Tribuna da Imprensa*)

Funaro era um místico no poder; só a doença o derrubou
(Arquivo *Tribuna da Imprensa*)

Dornelles veio com o cargo, mas não com o prestígio do tio
(Arquivo *Tribuna da Imprensa*)

A subida e a descida da rampa do Palácio do Planalto eram parte da liturgia do poder
(Arquivo Orlando Brito)

Ao lado:
Depois de passar a faixa a Collor, Sarney saiu aplaudido do Planalto
(Arquivo *Tribuna da Imprensa*)

Sarney e Collor, com as esposas, na transmissão do cargo
(Arquivo *Tribuna da Imprensa*)

Sarney visita os constituintes, lembrando vivência e vocação parlamentar
(Arquivo Orlando Brito)

Carlos Lacerda fazia e desfazia presidentes usando a televisão
(Arquivo *Tribuna da Imprensa*)

Católico à moda antiga — é como Sarney se define. Com o Santo Padre então...
(Arquivo pessoal do presidente José Sarney)

O escritor provinciano no templo da glória acadêmica
(Arquivo pessoal do presidente José Sarney)

crescimento, sob pena de uma maior dependência econômica. Uma economia pobre em capital e fraca na geração e administração de seu excedente, seria sufocada no momento em que aceitasse o capital externo como a única solução para a falta de recursos. Do ponto de vista técnico, também não havia consenso; a aceleração dos aumentos sacudia os economistas que não encontravam explicações exatas para a inflação brasileira. Estes se apressaram em apontar causas e remédios diversos como se fossem uma congregação reunida numa tenda de milagres.

Enquanto isto, o quadro se agravava na medida em que a economia brasileira não se preparava para as mudanças na conjuntura internacional. Esta mudava rapidamente, com uma nova onda de desenvolvimento tecnológico desencadeada pela indústria de semicondutores, enquanto os resquícios nacionalistas insistiam em fechar a economia. A fragilidade da economia e a conjuntura internacional não permitiriam tamanha ousadia, mas, por outro lado, uma abertura abrupta reduziria as oportunidades de emprego em setores tradicionais, pressionaria a indústria brasileira para se modernizar e exigiria enormes somas de capital, para a qual o país não havia se preparado. Não existia mágica para melhorar os níveis salariais sem crescimento independente que não desprezasse as relações comerciais com o resto da comunidade internacional, pois o país estava endividado e as empresas brasileiras não tinham condições de concorrer com as estrangeiras que se modernizavam com a indústria de computadores.

A população ainda crescia com taxas bastante elevadas e na dependência de uma economia pouco concorrencial e com baixo nível de capitalização e de poupança. Além da inflação que corroía os salários e a poupança, o quadro se agravara com a dívida social que os governos anteriores imaginaram ser passageira e mera conseqüência das transformações geradas pelo crescimento econômico da década anterior. O quadro político não era animador, pois com o fim da ditadura surgiu a esperança de que os problemas dos estados fossem conseqüência da falta de liberdade política e da ingerência do governo central. A solução desse conflito exigia uma nova forma de distribuição dos recursos entre a União e os estados. Apesar das aparências que mostravam a inflação como o problema mais sério, o cerne dessa questão se escondia, encalacrado no conflito distributivo e na falta de recursos para atender às demandas excessivas tanto dos estados como das empresas. Mas sem uma contrapartida no aumento da competitividade, que caíra drasticamente nos regimes anteriores, e da produtividade, que também caíra depois do segundo choque do petróleo, a recuperação do parque industrial seria lenta e dificultaria ainda mais a contenção dos aumentos de preços. A carência de recursos, a sobrecarga de deveres e os conflitos técnicos e políticos tornariam a luta contra a inflação mais difícil e levariam os governos posteriores a privatizar as empresas públicas mais importantes e submeter a economia despreparada aos ditames de uma conjuntura internacional globalizante.

Destarte, além da falta de recursos, o momento era impróprio para medidas impopulares ou para uma abertura da economia ao capital internacional, a única maneira, ainda assim duvidosa naquela conjuntura, para atrair investimentos que soerguessem a economia. O presidente rejeitou essa opção, pois ela era prematura para uma economia com pouca independência financeira; além disso, levaria o governo a perder parte da autonomia de fazer política. O endividamento externo era um problema histórico, sem dúvida, que se agravou durante a ditadura militar, piorou no último governo daquele regime e impediu uma abertura total da economia. Era uma herança difícil de administrar, pois a nação esperava, inconsciente das dificuldades, que os governos civis fossem mais capazes do que os militares para recolocar o país no caminho da prosperidade, enquanto certos políticos desprezavam sorrateiramente o problema da dívida externa e propunham até uma moratória que o presidente jamais aceitaria.

A conjuntura política se agravou com a morte de Tancredo Neves e Sarney teve que assumir a Presidência numa das mais difíceis circunstâncias políticas em que se encontrava a República e num dos momentos mais frágeis com que se defrontava a economia. E como dito, no rastro de sua posse, a inflação já se acelerava, com os setores menos dinâmicos tentando recompor suas perdas, praticando aumentos abusivos de preços, exigindo achatamento dos salários para manter a lucratividade de suas empresas sem oferecer, em contrapartida, aumento de produtividade. Como ele não fora eleito pelo voto popular, e era o vice de um presidente eleito indiretamente, a pressão aumentou no sentido de legitimar seu governo pelos resultados práticos, como se ele fosse gerente de um grande empório em decadência. Além disso, o período era de transição, havia uma Constituição sendo elaborada a toque de caixa e muita exigência para a resolução desses problemas a curto prazo, mas ninguém apontava a fonte de recursos que o país necessitava e nem aceitava uma redução drástica nas despesas públicas. Havia também um encantamento social que jogava toda culpa pelos problemas econômicos no governo, um desabafo contra os governos passados. Resolver o impasse não era um trabalho para qualquer político e nem uma tarefa para quem buscasse a glória nos aplausos populares, ou temesse as acusações nos palanques ou as reclamações nos bastidores do poder. Sarney provou ser um homem tranqüilo e conciliador, e agüentou essas pressões e os desafios da época sem alienar as forças populares que resistiram à ditadura.

O presidente também teve que administrar a economia com duas Constituições, uma em desuso e desrespeitada, e uma em elaboração, que, infelizmente, espelhava uma concepção esdrúxula de estado/nação, onde a sociedade civil tinha direitos econômicos e o Estado ficava com os deveres, sem a contrapartida de meios para atender às demandas mais urgentes do próprio setor público. Essa foi a fórmula que os políticos encontraram para resolver o problema da má distribuição de renda, mas que levaria, inexoravelmente, a métodos heterodoxos de combate à inflação. Infelizmente estes métodos tinham efeitos passageiros e não tocavam nos problemas da concorrência e da produtividade, que eram as responsáveis pela concentração de meios que gerava a renda desigual. A situação era tão complexa que até alguns políticos mais liberais, que ajudavam a elaborar a Constituição generosa, se contradiziam e exigiam medidas ortodoxas para combater a inflação. Isso só podia gerar um aperto incompreensível por recursos que incompatibilizava quaisquer políticas de combate à inflação.

Naqueles momentos, parecia que uma mão invisível guiava os destinos da República que sempre fora agitada por outras mãos, aquelas de pequenos grupos à procura de uma saída fácil para suas crises financeiras. O presidente ouvia outras vozes; os gritos dos populares que sempre foram induzidos a crer que o governo poderia administrar os negócios do Estado e resolver os problemas econômicos da sociedade. Sarney não podia decepcioná-los. Ele tinha um faro político como nenhum outro da sua geração e via que a única saída seria se colocar acima das brigas partidárias e trabalhar com todos os que desejassem contribuir para resolver o impasse. Ele assumiu os riscos e contrariou a desconfiança ou a incompetência de certos grupos que temiam a instabilidade democrática e as dificuldades de se arrancar a economia da crise inflacionária sem sacrificar os níveis de emprego e salário. Ele reconhecia que o desemprego, numa sociedade urbana, seria um elemento de desagregação social com conseqüências dolorosas para os mais pobres. E assim se antecipou às críticas, pois já tinha essa preocupação antes de assumir o governo, e não podia se deter em detalhes insignificantes e de efeitos passageiros; ele queria uma solução duradoura. Para tanto, procurou economistas de vários matizes e políticos liberais para resolver o problema (ver capítulo 5).

Dadas as circunstâncias, o governo poderia buscar mais ajuda no exterior. Só que os governos anteriores deixaram o país endividado e o atual relutava contra a desnacionalização de setores estratégicos. Em vez de recursos fáceis da época dos petrodólares, o presidente encontrou enormes dívidas para pagar, a pressão para que abrisse a economia ao capital estrangeiro. Apesar de todos esses conflitos, desentendimentos e dúvidas, se olharmos os dados com cuidado, notaremos que houve progresso intermitente no combate à inflação no período que vai até a promulgação da Constituição; daí para frente o governo concentrou seus esforços no problema de endividamento externo, a fim de manter o crescimento sem abandonar a luta pelo desenvolvimento econômico.

É importante ressaltar um fato de capital importância para atender o quadro econômico e social em que se encontrava a economia nos meados da década de 1980. Os militares e muitos políticos imaginaram transformar o Brasil numa potência econômica, como se isso fosse conseqüência de algum trabalho engenhoso de fundo de quintal. Esqueceram, ou ignoraram por conveniências passageiras, que nunca houve uma civilização ou uma economia forte sem que houvesse uma produção de excedente suficiente para manter as funções do Estado e investir na produção. Mas isto exigiria sacrifícios que os militares e outros líderes, por questão de sobrevivência política, ou por falta de visão, não estariam dispostos a impor à economia. E à medida que a sociedade civil não dispunha de recursos para tocar seus negócios, as coisas se invertiam. Os líderes empresariais aos poucos perderam fôlego, quando viram que a economia não ia bem, e, sem as benesses do Estado, declararam sua própria derrota, virando-se contraditoriamente para o próprio Estado à procura de socorro, como se ele fosse o centro gerador de riqueza. A situação era grave, pois os governos militares haviam ignorado a questão da distribuição de renda e tiveram que enfrentar dois aumentos de petróleo, o de 1972 e o de 1979. Mas como o dinheiro externo era barato naquela época, eles preferiram o endividamento para não sacrificar o crescimento econômico, pois esta era a única variável que tinham para legitimar o poder. E assim eles conseguiram sucesso econômico, mas jogaram o ônus das amortizações da dívida para as gerações futuras, pois durante todo o regime só houve "superávit" na conta-corrente do balanço de pagamento em 1984. E como não havia clima favorável para investimentos estrangeiros autônomos, e muitos desses projetos tinham rentabilidade e exigiam enormes somas de recursos em moeda externa, os militares avocaram os projetos maiores, ignorando os efeitos futuros de se investir em setores com pouca chance de sucesso. Já no início de 1985, a economia não tinha condições de gerar divisas suficientes para tocar esses projetos e cumprir com os compromissos internacionais. Apesar disso, o último governo militar optou por mais endividamento para poder manter a economia crescendo, mas o governo federal já se acumulava, o país precisava de mais recursos para dar continuidade aos projetos, as oportunidades de negócios diminuíam e ele herdava os problemas sem recursos suficientes para manter a economia crescendo sem inflação. Ele sabia que a inflação àquelas alturas já se tornara um imposto indireto muito pesado sobre os assalariados e sobre os de renda fixa, e havia de estancar esse processo.

Destarte, esse quadro também impunha de imediato, ao governo civil, uma renegociação da dívida externa e uma necessidade ainda maior de aumentar a produção e a produtividade para que o país crescesse e promovesse o emprego e a renda. Para piorar a situação, as circunstâncias históricas adversas impediram o governo de fazer as reformas necessárias para que a economia crescesse com independência. Sem poupança interna e sem investimentos estrangeiros, num montante compatível com as necessidades de se criarem novos empregos dentro das regras anteriores, o governo corria atrás dos meios, tentando gerar poupança interna, buscando-a no exterior e evitando, ao mesmo tempo, a ingerência que decorria, inevitavelmente, dessa dependência. O presidente lutou até o último momento para não cair nessa armadilha e ao mesmo tempo atender às aspirações das políticas econômicas e sociais depositadas no seu governo. Era uma tarefa para gigante, mas ele estava só, cercado de pigmeus, todos bem armados, cada um exigindo um pedaço de um espólio que nunca existiu.

Os políticos também estavam desunidos abertamente em torno de uma solução que exigiria sacrifícios partidários para as reformas que evitassem a desnacionalização das empresas brasileiras. Ao mesmo tempo, os bancos estrangeiros e as empresas multinacionais rugiam lá fora, criticando, ameaçando e exigindo mudanças que não seriam toleradas naquela conjuntura. Além das dúvidas e dos interesses de certos grupos, a esperança de que ele pudesse resolver os problemas herdados do regime anterior era enorme para um governo que tinha de desmantelar um aparato autocrático, manter harmonia entre os políticos para consolidar a democracia, distribuir recursos para sustentar empresas estatais ineficientes e incentivar o setor privado para aumentar a produção e a produtividade.

O presidente aceitou os métodos heterodoxos de combate à inflação e de outras medidas para atender às demandas e pedidos dos políticos, consciente de que era importante desfrutar aquele momento democrático sem sacrifícios exagerados à população. Os economistas foram cruéis ao adotarem medidas inovadoras do ponto de vista técnico, mas duvidosas do ponto de vista teórico e sem comprovação histórica de sua eficácia. O quadro melhorava com cada plano à medida que o combate à inflação achatava a distribuição de renda, mas depois piorava ante as expectativas populares e a resistência dos setores oligopolizados que exigiam compensação pelas perdas de rentabilidade de suas empresas. Os três planos econômicos de combate à inflação, durante seu governo, tiveram sucesso imediato, mas logo depois dos primeiros efeitos esmore-ciam e perdiam força, porque esbarravam na falta de recursos e numa conjuntura onde a ansiedade política estava acima da racionalidade econômica.

Os esforços iniciais

As tentativas de controlar a inflação mostraram que a economia necessitava de um choque de competitividade, mas isto foi ignorado ou não foi reconhecido pela equipe econômica. Os aumentos de preços eram bastante elásticos e resistentes. Quando Sarney assumiu o governo, em março de 1985, a inflação já se encontrava bastante elevada e num patamar ascendente de 12,7% ao mês! Logo depois, o governo tomou uma posição corajosa e impôs um controle sobre as tarifas públicas, reduziu em 10% os gastos previstos no orçamento e proibiu novas contratações no serviço público. O resultado foi imediato; a inflação caiu para 7,2% ao mês. Mas essas medidas deram um tiro no próprio pé da equipe econômica. O choque nem era ortodoxo porque ignorava, ou não utilizava com vigor, os instrumentos básicos desse tipo de política, tais como: a política fiscal, monetária e cambial, e nem era heterodoxo porque o Estado não tinha os meios para atuar sobre as forças de mercado. O resultado fraco abria o caminho da desconfiança de setores privados que desejavam total liberdade para aumentar seus preços sem a indexação dos salários. Estes apontavam o Estado como o culpado pela inflação e faziam pressão para que se tomassem medidas mais ortodoxas. O governo resistiu e preferiu agir lentamente, utilizando métodos que combinassem a ortodoxia com a heterodoxia num reconhecimento explícito dos problemas mencionados. Infelizmente, em janeiro de 1986, os aumentos de preços voltaram ao patamar mais elevado do que no ano anterior. O ceticismo quanto à política gradualista do ministro Dornelles se tornou realidade. Para piorar a situação, a natureza não cooperou. As estiagens intermitentes daquele ano reduziram bastante a safra agrícola. O crescimento nos preços dos alimentos se anteciparam aos aumentos concedidos a alguns produtos industriais pelo Conselho Interministerial de Preços (CIP) no segundo semestre de 1985.

Os preços voltaram a subir e atingiram um patamar assustador de 16% em janeiro de 1986. O presidente decidiu que era hora de agir com mais vigor, mas sempre dentro de um consenso implícito de não jogar a questão salarial para a mesa das negociações e de não sacrificar o crescimento econômico para não agravar a situação do emprego e dos salários. Ele mudou sua equipe econômica; manteve a indexação dos salários para não aumentar a concentração da renda com perdas inevitáveis e insuportáveis para os trabalhadores; abandonou o gradualismo do ministro Dornelles e deu um novo rumo no combate à inflação com um programa concebido pela equipe do novo ministro Dílson Funaro. Este programa ficou conhecido pelo nome sugestivo de Plano Cruzado. O novo ministro substituiu a moeda antiga, criou uma nova moeda, o Cruzado, e congelou os preços por algum tempo enquanto fazia outros ajustes.

A heterodoxia

Com o Plano Cruzado, novamente o sucesso foi imediato e espetacular. Os preços caíram imediatamente para 0,1% em março de 1986 e se mantiveram a menos de 2% até novembro daquele ano, animando o governo a manter uma política mais heterodoxa. O povo se alegrou, os economistas ficaram eufóricos e se tem notícia de que uma economista chorou de alegria porque acreditava no plano. O cerne da política consistia em controlar todos os preços e manter a indexação dos salários todas as vezes que os aumentos ultrapassassem um certo limite. O plano era bom, mas muito trabalhoso. A burocracia não estava preparada para vigiar e controlar milhares de estabelecimentos e produtos. Os economistas esqueceram que isso era uma tarefa gigantesca, que só seria executável sob uma ditadura ou estado de guerra. A grande euforia inicial do plano se transformaria, depois, numa amarga decepção. Os esforços das autoridades foram heróicos, mas pouco se podia fazer contra a agiotagem, contra a falta de mercadorias e constantes aumentos de preços indiretos via alteração na qualidade dos produtos e no ágio cobrado por fora para satisfazer os consumidores impacientes. A inflação, em janeiro de 1987, voltou ao mesmo nível de, aproximadamente, 16% de janeiro de 1986. O presidente se irritou muito, embora nunca demonstrasse publicamente sua decepção com o plano, porque reconhecia a competência e a boa intenção de sua equipe, mas passou noites mal dormidas tentando entender os erros.

Durante o primeiro semestre de 1987, a inflação se acelerou porque as correções monetárias de salários e de ativos financeiros e não financeiros realimentavam os aumentos de preços. E como o dinheiro era apenas uma moeda que representava o poder de compra dos assalariados, seria difícil controlar a inflação sem sobrecarregar as pessoas que recebiam renda fixa, pois os outros ativos se indexavam automaticamente através do dólar, moeda de referência para a classe dominante. Entretanto, como as perdas salariais seriam enormes caso se abandonasse o sistema de correção monetária, seu novo ministro da Fazenda, Bresser Pereira, encetou um novo plano intermediário, menos heterodoxo, no jargão dos economistas, mas que reconhecia implicitamente que o problema da inflação galopante era o sistema de indexação e tentou amortizá-la levemente, visando a uma inflação menor, que não afetasse o nível de atividade econômica. O plano acertava nos elementos específicos, mas, como os outros, ignorou ou não tinha meios para atacar as causas fundamentais. Ele congelou os aluguéis e os salários ficaram para ser corrigidos pela URP – Unidade de Referência de Preços. A URP tomava a média dos aumentos dos últimos três meses para corrigir os salários dos meses seguintes. O câmbio não foi congelado, mas as minidesvalorizações diárias foram desaceleradas para aumentar as importações que ajudariam no combate à inflação e também para inibir a especulação. Para corrigir os juros das dívidas prefixados, foi introduzida uma tabela de desindexação com o objetivo de atingir gradualmente uma inflação menor. Esse plano se tornou impopular, porque, de certa forma, tocou na ferida do conflito distributivo, e por isso teve um fôlego ainda mais curto do que os anteriores; a inflação só diminuiu durante os meses de junho a agosto. Uma combinação de congelamento de preços e suspensão parcial das correções de salário afetou negativamente mais o nível de atividade econômica do que a inflação. Isto era o que menos desejava o presidente.

No início de 1988, um novo ministro, Maílson da Nóbrega, assumiu a pasta com uma política mais realista, porém incapaz de conter as altas de preços que voltaram a se acelerar. Entretanto, a política reconhecia, e os resultados confirmavam, que a inflação tinha causas estruturais profundas e resistia ainda mais por causa das correções monetárias que realimentavam os aumentos. Esse processo de realimentação ficou conhecido no jargão dos economistas como inflação inercial. Esse reconhecimento pressionava as autoridades para acabar com a indexação dos salários. A resistência nesse sentido era enorme, porque essa decisão levaria a economia a uma depressão profunda. O novo ministro identificava implicitamente o problema como sendo uma falta de recursos e se concentrou em estimular as exportações, manter o déficit público sob controle e negociar com o FMI e os bancos credores os pagamentos dos empréstimos atrasados em condições mais favoráveis. O ministro introduziu uma nova política monetária mais realista e tentou uma reforma fiscal, eliminando vários ministérios e cortando as despesas públicas.

Apesar das taxas de inflação elevadas durante 1988, a nova política abria o caminho para uma solução mais duradoura porque começou a resolver os problemas de recursos. Entretanto, os pagamentos da dívida, dentro de um quadro internacional desfavorável, tornaram-se o tendão de Aquiles da economia, e, de certa forma, embaraçavam o presidente politicamente, porque os contatos com o FMI, suspensos por algum tempo, agora tornaram-se mais intermitentes. A última coisa que o presidente desejava era a imagem de um líder que saíra pedindo ajuda internacional. Entretanto, os diagnósticos otimistas sobre a economia no início de seu governo inverteram a ordem da política econômica. Se os economistas tivessem apontado para a gravidade do quadro, e mostrado como a economia estava enfraquecida com a dívida externa, o presidente não relutaria em promover reformas mais profundas no início de seu governo para colher frutos mais maduros no fim de sua gestão. Mas até isso era apenas uma hipótese, pois àquelas alturas a conjuntura política era desfavorável. Embora os economistas tivessem os dados para mostrar que os problemas mais sérios eram a falta de investimentos e a baixa competitividade da indústria, pouco podiam fazer para aumentar a poupança interna. Esta situação já fora evidenciada pelo fraco desempenho do setor externo e pelo baixo crescimento nos últimos anos de governo militar.

Apesar dos erros estratégicos iniciais, se compararmos os outros dados, como os do setor público, das contas externas e do nível de emprego, notaremos uma melhora significativa no governo Sarney. O déficit público foi, em média, menor do que o do governo anterior e o superávit na balança comercial aumentou e o desemprego caiu para patamares muito baixos de 3,6%, o que não acontecia desde o governo Vargas. O país sobreviveu milagrosamente às crises, e a economia cresceu, o déficit público ficou sob controle e a balança comercial alcançou superávit nunca visto no período dos governos militares que vai de 1970 a 1980. Além disso, a dívida foi renegociada em termos mais favoráveis e se abriu o caminho para a entrada de novos investimentos externos. Mas como esses investimentos eram insuficientes para manter um ritmo de crescimento maior, o presidente permitiu que o déficit público crescesse um pouco em 1989 para sustentar o crescimento que havia sido negativo no ano anterior.

Nota-se que todos os planos eram bastante detalhistas e confusos para a população e não atingiam os principaís problemas: a falta de recursos, a baixa competitividade das empresas e o conflito distributivo. Havia uma relação circular que viciava a economia e enganava os observadores incautos, porque o problema se dividia em duas partes; uma ligada a problemas conjunturais da política e de mudanças internacionais e a outra relacionada com a estrutura do país e da economia, que naquele período encontrava-se no fim de um ciclo de crescimento longo que partira desde os meados da década dos anos 1930. O modelo se exauria sem que houvesse uma contrapartida de esforço político para transformar a economia, que havia demonstrado uma enorme rigidez para se adaptar às regras do capitalismo moderno.

A rigidez da economia e os resultados

É importante considerar por que fatores estruturais dificultaram o combate à inflação na economia brasileira. Apesar de a economia exigir um choque de mudança para dar continuidade ao modelo de desenvolvimento, ela resistia por causa de seu dinamismo que encobria essa necessidade. A rigidez estrutural a tornava muito instável e lhe emprestava essa feição falsa de dinâmica. Isto por duas razões fundamentais, a primeira tem a ver com a estrutura produtiva, a segunda com a inabilidade de gerar e gerenciar seu excedente. Para entender a segunda questão temos que olhar com cuidado suas relações com a primeira. A estrutura produtiva é muito concentrada tanto no setor primário como no setor industrial. Aliás, a concentração da produção na indústria de transformação está intimamente ligada à herança agrária que nunca foi alterada, a não ser pela própria dinâmica populacional que encetou, paulatinamente, a divisão das terras entre os herdeiros naturais do sistema semifeudal implantado no país desde sua colonização. E no setor industrial, apesar de as firmas serem pequenas quando comparadas com similares de economias mais avançadas, as barreiras de entradas são enormes por causa da estrutura familiar e da tradição burocrática que estabelece barreiras artificiais antieconômicas. É difícil abrir um negócio e as dificuldades aumentaram com a política de substituição de importações que protegia setores menos dinâmicos. Apesar de as oportunidades, em termos potenciais, serem grandes, a falta de participação por causa dessas barreiras diminui o interesse da população pela produção, pelos negócios e pela poupança. Isso torna o sistema rígido, enfraquece o sistema bancário e aumenta a dependência das empresas no governo para defender seus interesses e seus negócios quase monopolistas.

Essa relação desigual se espelha na distribuição de renda, à medida que o governo intervém para estimular a produção; a concentração de renda aumenta naturalmente porque os ganhos de produtividade não são traduzidos em aumentos proporcionais de salários. O presidente estava consciente desse problema estrutural e não permitiria que os aumentos de preços achatassem os salários, pois era o único meio, naquela conjuntura, para conter o conflito distributivo. Os dados mostravam que a distribuição de renda durante os regimes anteriores havia chegado a um ponto inaceitável, apesar de a produtividade ter crescido acima dos salários entre 1970 e 1979. Esta disparidade viciava os empresários, pois seus negócios cresciam sem muito esforço e com isso não havia pressão para modernizar a produção. Nos governos anteriores, com a falta de concorrência, qualquer reivindicação da classe trabalhadora para melhorar os salários era reprimida pelos militares ou repassada para os preços. Assim, a inflação se transformara numa desculpa bastante confortável e até cínica para concentrar ainda mais a renda. Sarney jamais aceitaria continuar nessa direção. Ele tinha visto de perto que esse negócio de "deixar o bolo crescer para dividir depois" gerara, durante o período, benefícios exagerados para uma minoria e custos elevados para a maioria, e provocaria crises do tipo das que herdou. O problema da distribuição de renda havia se acirrado no governo anterior e ia se aprofundar se não fosse a política de combate à inflação com indexação. Entretanto, sem uma reforma profunda, o circo ia, aos poucos, se montando para um espetáculo de palmas e de resultados pífios em termos de crescimento econômico nos governos posteriores. E Sarney ia se tornando, por desígnios ou involuntariamente, o último defensor do desenvolvimento autônomo com alguma afeição pela classe trabalhadora.

Os governos militares, a partir de 1973, enfrentaram uma crise de energia, superando-a sem muita inflação porque desfrutaram de uma abundância de petrodólares, numa época em que a economia americana crescia lentamente. Assim, eles dinamizaram a economia com recursos externos sem alterar sua estrutura rígida, mas deixaram uma herança amarga de endividamento, inflação e concentração de renda. Quando houve o segundo choque em 1979, o primeiro já havia provocado uma inflação na economia americana muito elevada para os padrões históricos daquele país. O governo americano se aproveitou da abundância de dólares no mercado internacional e financiou seus déficits interno e externo, remunerando o capital com taxa de juros reais, isto é, acima da inflação. Mas o Brasil demorou a adaptar à economia essa nova conjuntura porque relutava em alterar a estrutura, e, sem essas mudanças, seria impossível vencer a crise. Era natural que os investidores estrangeiros preferissem a economia americana e desprezassem outras oportunidades alhures. E por tabela, o Brasil tinha que importar a inflação americana, se quisesse financiar seu crescimento sem mudar as regras do modelo. Entretanto, a dívida externa que já se acumulava antes do segundo choque do petróleo, continuava a crescer. Como os novos empréstimos seguiam os custos do dinheiro no mercado internacional, nenhum dos governos que precederam Sarney conseguiu saldo positivo na conta-corrente do balanço de pagamentos. Aliás, durante todo o governo militar o déficit de transações correntes cresceu. Não há necessidade de se examinar outros dados para concluir três coisas importantes neste mister: tinha que haver uma entrada livre de capital; ou um endividamento elevado para compensar esses déficits; ou ainda uma política de câmbio liberal para estimular as exportações e desestimular as importações.

Em meados do governo Figueiredo a economia americana estava saindo de uma situação inusitada de estagnação e inflação. A nova política daquele país era a de enxugar os dólares no mercado internacional para dinamizar sua própria economia via endividamento do seu setor público. Isso dificultaria cobrir os déficits na balança comercial de qualquer um de seus parceiros comerciais. O crescimento da economia americana e sua política de atrair investimentos inviabilizavam quaisquer tentativas de atrair capital estrangeiro autônomo sem lhes conceder benefícios exagerados e insuportáveis para os países em desenvolvimento. Isto gerou a crise de endividamento no México e depois no Brasil. Enquanto os governos antes de Sarney não tinham problemas em conviver com déficit na conta de serviço, esta conta, que quase sempre fora deficitária por questões estruturais, ficou sobrecarregada com os encargos da dívida externa herdada dos governos anteriores e exigia mais recursos para cobrir seu déficit crescente.

Para agravar a situação, os ágios cobrados sobre os juros dos empréstimos eram elevados por causa da inflação americana e porque o governo anterior tinha aumentado os riscos do Brasil ao acenar para o FMI com várias cartas de intenções sem cumprir nenhuma. Isso aumentava a desconfiança dos investidores, o medo de uma moratória crescia e os investimentos externos diminuíam. Por causa dos riscos imaginários ou reais, o governo Sarney teve que manter também um alto nível de reservas cambiais para diminuir os ágios dos empréstimos internacionais e os da renegociação da dívida. Esta veio em etapas para espantar o fantasma da moratória que Sarney não esperava e nem desejava. Neste sentido, a política foi um sucesso; não só conseguiu gerar, pela primeira vez em anos, o superávit na balança comercial, como iniciou a renegociação da dívida e manteve a economia crescendo.

Entretanto, as dificuldades estruturais apertavam o cerco para que o Brasil alterasse sua política industrial, pois a economia perdera ou nunca tivera uma postura concorrencial. A fragilidade da economia brasileira aumentava o apetite voraz dos investidores estrangeiros que, já naquela época, exigiam que o país abrisse as portas de áreas estratégicas para seus investimentos. Os produtores estrangeiros também exigiam a abertura de seu mercado, que era bastante promissor, para seus produtos. Vários acadêmicos americanos preparam o terreno das privatizações, percorrendo as universidades brasileiras questionando a rentabilidade das empresas estatais. Bem verdade que o processo de substituição de importações perdia fôlego, as estatais eram ineficientes e a estrutura setorial da economia mudava rapidamente. Para se ter uma idéia, em 1980 os produtos agrícolas e industriais participavam, respectivamente, com 28 e 69% na pauta de exportação. Já no fim de 1989 a indústria participava com 79 e a agricultura com apenas 19%. O ônus de gerar superávit comercial recaía cada vez mais no setor industrial. Este ônus deve aumentar à medida que a participação da indústria diminui e o país exporta poucos serviços. A indústria resistia à modernização por causa da proteção dada pela política de substituição de importações e porque temia, com razão, a concorrência acirrada no mercado internacional. Por outro lado, as empresas estatais concentravam-se no setor serviço, um segmento da economia que não exportava e nem gerava divisas de outras formas. A única saída para o governo obter os superávits comerciais de que precisava era desvalorizar a moeda em termos reais. Só que todas as vezes que a moeda era desvalorizada a inflação se acelerava porque nossas importações ficavam mais caras; e os aumentos de câmbio eram repassados instantaneamente para os preços internos. Esse processo engessava o setor externo e indexava o câmbio independente da política de preços praticada nos planos de combate à inflação. As desvalorizações e os aumentos de juros para atrair capital externo reduziam o espaço para o governo diminuir suas despesas. Por outro lado, as desvalorizações da moeda provocavam aumentos nos preços dos produtos importados, mas eram necessárias para garantir a renda do setor exportador e manter as exportações competitivas no mercado internacional, face à incapacidade do setor para aumentar sua produtividade. A pressão sobre o governo federal para atender os compromissos externos e internos aumentava rapidamente na segunda metade do governo Sarney; vinha de várias fontes, principalmente do setor privado, sem condições de garantir crédito externo para suas exportações, e dos governos estaduais que se encontravam na mesma situação e sem muita disposição para iniciar reformas na estrutura fiscal de seus estados. Para piorar, a Constituição de 1988 transferia para os estados 26% das receitas sem acrescentar nenhum ônus. A crise do setor público iria se agravar com o excesso de obrigações sem meios. Àquelas alturas, com a necessidade de recursos crescendo, uma política recessiva, em nome de preços estáveis, seria um desastre social para o país. Mesmo assim, ele aceitou a chamada política de feijão com arroz do ministro Maílson da Nóbrega, abandonando os arautos que se perdiam nos detalhes e nos números da economia sem atentar para sua estrutura rígida e engessada por uma conjuntura internacional totalmente desfavorável.

Conclusão

Os planos de combate à inflação eram muito complexos, mas tocavam apenas nos aspectos operacionais sem alterar o modelo ou modificar os fundamentos da estrutura econômica. A conjuntura política não permitiu tamanha ousadia, especificamente para um presidente que não tivera a oportunidade de apresentar e discutir as alternativas com a população. Mesmo assim, o desempenho foi espetacular, levando em conta as condições econômicas em que se encontrava o país. Apesar dos sucessos temporários para controlar a inflação, os planos permitiram evitar uma crise mais profunda, porque salvaram a economia do desemprego e da dependência externa. Estes fantasmas já rondavam a economia naquela época e se tornariam realidade mais cedo se métodos mais ortodoxos fossem aplicados, como alguns setores desejavam. Como toda a questão estava relacionada com a falta de recursos e com o conflito distributivo, é de suma importância que se faça uma pequena comparação com o Plano Real no que tange ao papel do setor externo.

No governo Sarney havia desvalorização cambial diariamente. Isto tinha dois efeitos: encarecia as importações e barateava as exportações. O Brasil importava menos e exportava mais. Isto é, o país conseguia mais recursos e tinha menos despesas. Entretanto, as importações caras realimentavam os aumentos de preços internos, devido à dependência de muitos produtos, especialmente de petróleo. Esta política tornou-se muito pesada na medida em que os ganhos extras serviam apenas para pagar a dívida externa. Como a dívida crescia rapidamente, por causa dos contratos com juros elevados que se acumulavam de forma não linear, e os ganhos apenas cresciam linearmente, a diferença entre as necessidades e os meios aumentava, a economia perdia fôlego e o governo procurava negociá-la em termos mais favoráveis para diminuir o impacto dos juros crescentes. O Plano Real contrariou essa tendência, mantendo o câmbio fixo por muito tempo, e ainda o controla indiretamente, e, às vezes, diretamente; com isso as coisas se inverteram: as importações tornaram-se mais baratas e as exportações mais caras. O que aconteceu então? A entrada de bens importados força os preços dos produtos internos para baixo e as empresas tornam-se mais competitivas. Como nossas exportações ficaram muito caras no exterior, exporta-se menos e isso ajuda a segurar os aumentos de preços, mas a política gera um enorme déficit em conta-corrente. De onde vêm os recursos para preencher essa lacuna? Entram recursos de duas fontes, da venda das empresas estatais e dos investimentos autônomos atraídos pelas taxas de juros elevados. Só que os juros elevados e o corte de despesas públicas provocam desemprego, inibem os investimentos das empresas nacionais e a economia não cresce, perdendo-se a oportunidade de gerar renda para melhorar o nível de vida da população e garantir os compromissos futuros. E quando acabar a fonte de recursos das vendas das estatais, o que acontecerá?

Enquanto no governo Sarney o povo ainda sonhava com um milagre econômico imediato, no governo atual o povo vive numa ilusão de longo prazo que também ofusca a nossa realidade. O projeto Sarney sustentava o emprego, mantinha a autonomia nacional e abria caminho para uma solução duradoura, porque reconhecia que o país tinha que gerar seus próprios recursos, se desejasse crescer com independência. A diferença entre os dois momentos e as duas visões do problema espelha uma lição muito clara que ficará na memória, pois nunca houve e nunca haverá uma nação independente se não aprender a gerar e administrar seu excedente econômico; os riscos dessa negligência são evidentes.

LAUDO PERICIAL
CAUSAS DA MORTE
EDUCAÇÃO
FALTA DE ESCOLAS
DEMAGOGIA
SALARIO
- INFLAÇÃO
- ALTA TAXA DE JUROS
- CONGELAMENTO
- FALTA DE INTERESSE DO BIÔNICO
- FALSO INPC
SAE/DF

Dez mil
greves saudaram a
abertura política

O Governo e o Trabalho

*Almir Pazzianotto**

Mantendo a marcha ascendente iniciada em 1974, nas eleições diretas para governador de 1982, o PMDB colheu expressivas vitórias em vários Estados. Em São Paulo, foi eleito Franco Montoro; em Minas Gerais, Tancredo Neves; Íris Resende, em Goiás; José Richa, no Paraná; Jáder Barbalho, no Pará; Wilson Martins, no Mato Grosso do Sul; Gérson Camata, no Espírito Santo; Nabor Júnior, no Acre; Gilberto Mestrinho, no Amazonas. Pelo recém-organizado PDT, Leonel Brizola, no Rio de Janeiro. Ganhavam consistência a oposição ao regime militar e a campanha pelas diretas para a Presidência da República.

* *Almir Pazzianotto foi ministro do Trabalho durante o governo José Sarney e atualmente é presidente do Tribunal Superior do Trabalho.*

O movimento sindical havia ressurgido impetuosamente em São Bernardo do Campo. A imprensa e o mundo artístico repeliam a censura, e a anistia aos perseguidos pelas convicções políticas reincorporava ao cenário nacional lideranças que haviam se exilado ou eram conservadas em silêncio pela repressão. As greves, com freqüentes ocupações de fábricas, converteram-se numa rotina indesejável.

Em cenário que prenunciava o restabelecimento do regime democrático, no dia 15 de janeiro de 1985 deu-se a última eleição perante o Colégio Eleitoral, com a vitória de Tancredo Neves, candidato da aliança celebrada entre PMDB e PFL, formado por dissidentes do PDS, sobre Paulo Maluf.

O Brasil suspirou aliviado e se preparou festivamente para a posse, programada para 15 de março. Deputado estadual em São Paulo pelo PMDB e secretário de Relações do Trabalho do governo Montoro, aceitei inesperado mas irrecusável convite do doutor Tancredo para assumir o Ministério do Trabalho. Viajei para Brasília na tarde de 14 de março carregado de esperanças, embora certo de que iria conhecer o maior de todos os desafios da minha vida.

O governo José Sarney, que receberia a expressiva denominação de Nova República, enfrentou de imediato dois problemas que poderiam comprometê-lo de maneira definitiva: a doença que conduziu à morte o presidente Tancredo Neves e a greve dos metalúrgicos, deflagrada no reduto do novo sindicalismo, São Bernardo do Campo, rapidamente se alastrando na direção de outros sindicatos vinculados à CUT.

Assumi, assim, a direção do Ministério do Trabalho, no dia 16 de março de 1985, sob o peso de graves preocupações. Raros haviam sido, até então, os contatos anteriores com o vice-presidente no exercício da Presidência e conhecia, por experiências pessoais, a obstinação e a linha política dos dirigentes sindicais do ABCD, a baixa capacidade de resistência do setor patronal, a prática habitual de converter reajustamentos salariais em mecanismos de elevação de preços e a visão simpática com que, salvo poucas exceções, opinião pública e imprensa encaravam campanhas reivindicatórias.

Nos primeiros dias à frente da pasta, enquanto cuidava da busca de entendimentos que pacificassem o ABCD e da solução das questões ligadas à composição da equipe de auxiliares, dedicando especial cuidado à escolha dos delegados regionais, fui surpreendido com a paralisação dos transportes coletivos do Distrito Federal, marcada desde os momentos iniciais pela violência dos piquetes, com depredações de ônibus e agressões àqueles dispostos a trabalhar.

Encontrava-me em meu gabinete, por volta de 9 horas da manhã do dia 3 de abril, quando recebi telefonema convocando-me para reunião urgente no Conselho de Segurança Nacional, instalado em edifício anexo ao palácio do Planalto. Dei instruções ao secretário de Relações do Trabalho, Plínio Sarti, e me dirigi ao local do encontro. Ali chegando, deparei-me com numeroso grupo de oficiais superiores do Exército, achando-se presentes, também, o governador do Distrito Federal, o secretário da Segurança e o diretor da Polícia Federal, todos coronéis da reserva. Aguardava-se a chegada do ministro da Justiça, deputado Fernando Lyra, que naquele momento dava posse ao procurador-geral do Trabalho.

Iniciada a reunião, fui logo interrogado, sem maiores formalidades, acerca das razões pelas quais não havia decretado intervenção no Sindicato dos Trabalhadores em Empresas Rodoviárias, uma vez que a paralisação atentava contra o disposto pelo art. 162 da emenda constitucional n.º 1 de 1969, regulado pelo decreto-lei n.º 1.632, de 1978, proibindo a greve nos serviços públicos e atividades essenciais, assim se entendendo o transporte urbano de passageiros.

Os integrantes do Conselho de Segurança Nacional e o governo do Distrito Federal reagiam, portanto, como era hábito em circunstâncias semelhantes, invocando a aplicação fria, imediata e contundente dos textos legais vigentes e gerando para o governo do presidente Sarney o primeiro desafio político na esfera trabalhista.

Colocado diante de indisfarçável exigência, respondi que não haveria intervenção do Ministério na entidade sindical, recebendo o apoio do ministro Fernando Lyra, que acabara de chegar.

Frente à insistência dos militares, declarei que a intervenção do Ministério do Trabalho significaria o fim imediato do projeto democrático da Nova República. Além disso, seria rigorosamente inútil, pois a greve fora organizada pela oposição à diretoria do sindicato, acusada de cumplicidade com as empresas. Esclareci, também, que havia tomado as providências cabíveis, encontrando-se em curso, naquele instante, mesa-redonda na Delegacia Regional do Trabalho, para se ajuizar, em seguida, dissídio coletivo no Tribunal Regional do Trabalho de Brasília. Acrescentei que, como alguns dos juízes se achavam ausentes, pretendendo passar os feriados da Semana Santa fora da capital, seria necessário encontrá-los e trazê-los imediatamente ou designar substitutos para que, mediante sentença, se determinasse o encerramento da greve, promovendo-se o retorno de todos ao trabalho. Com a contribuição do ministro Marcelo Pimentel, à época corregedor-geral da Justiça do Trabalho, o Tribunal Regional do Trabalho de Brasília foi acionado, superando-se a crise esboçada.

Durante os vinte anos de regime militar ou, se formos fiéis à História, desde a Primeira República, salvo um ou outro breve período de calmaria, a greve sempre fora interpretada como gesto de desafio ao governo e à ordem constituída, razão pela qual invariavelmente era enfrentada mais com emprego de força do que com habilidade e inteligência.

Para não irmos longe no tempo, o mesmo Sindicato dos Metalúrgicos de São Bernardo do Campo e Diadema havia sofrido várias intervenções ministeriais durante o governo do presidente João Figueiredo, com o afastamento e prisão dos seus dirigentes, designando-se interventores para administrá-lo. A derradeira medida arbitrária no gênero no regime militar havia-se tomado em greve promovida pelo Sindicato dos Trabalhadores na Indústria do Calçado de Franca (SP), em fevereiro de 1985, afastando-se e prendendo-se dirigentes. A célere mediação da Secretaria do Trabalho do governo estadual fez com que as partes chegassem ao acordo, cessando a greve e libertando-se o dirigente da entidade sindical.

Advogando 22 anos, atuando na esfera sindical, sabia que medidas de violência jamais traziam soluções, antes contribuindo para acirramento dos ânimos. Não ignorava, também, que em algumas ocasiões as lideranças da greve desejavam secretamente a intromissão abrupta e até violenta do Ministério do Trabalho, única maneira de conseguirem encerrar, com alguma honra, paralisação iniciada sem cuidadoso planejamento ou perspectivas de sucesso, e caminhando inexoravelmente para o fracasso.

Ao enfrentar os primeiros movimentos grevistas, o presidente José Sarney imprimiu a marca que seria de todo o seu governo na área do trabalho, deixando claro que agiria sem precipitação, fazendo a sua opção pelo exercício da paciência e da habilidade, negociando e, nos casos indispensáveis, esperando o pronunciamento do Poder Judiciário Trabalhista.

Enquanto se dava a greve dos metalúrgicos do ABCD, foram paralisados os trabalhos na unidade da General Motors, em São José dos Campos. Foi esta, possivelmente, uma das mais violentas e perigosas entre milhares de outras greves ocorridas nos primeiros dias do governo do presidente José Sarney. Relato incompleto e carregado de paixão desses acontecimentos pode ser encontrado no livro *A Greve da GM*, escrito por Celso Horta (São Paulo, Ed. Página Aberta, 1993). Um dos capítulos desse trabalho tem o sugestivo título "Um levante operário ameaça Sarney". Graças à estreita ligação com que atuaram o Ministério do Trabalho e as Secretarias do Trabalho e da Segurança do governo do Estado, a indústria foi liberada pelos grevistas, libertados os trabalhadores mantidos coercitivamente em seu interior, e a Polícia Militar não teve necessidade de empregar a força para dar efetividade ao mandado judicial de reintegração de posse. Sobre o mesmo movimento, verificar o relato objetivo e imparcial feito por Thomas Skidmore, em *Brasil: de Castelo a Tancredo*, capítulo "A Nova República: perspectivas para a democracia" e o subtítulo relativo ao "Trabalho Urbano" (Rio de Janeiro, Ed. Paz e Terra, 2ª ed., 1988, p. 556 e seguintes).

Segundo alguns levantamentos estatísticos, entre março de 1985 e setembro de 1988, quando deixei o Ministério para integrar o Tribunal Superior do Trabalho, teriam ocorrido cerca de 12 mil paralisações grevistas. Renunciando ao exercício das intervenções, inauguradas no governo Delfim Moreira, quando, sendo Amaro Cavalcanti o ministro da Justiça, foi assinado decreto fechando a União Geral dos Trabalhadores e suspendendo o funcionamento da União dos Operários em Fábricas de Tecidos, da União dos Operários Metalúrgicos e da União dos Operários em Construção Civil (decreto n.º 13.295, de 22 de novembro de 1918), o presidente Sarney abriu nova fase na história do sindicalismo nacional, embora chegasse a enfrentar reações dentro do próprio governo, como noticiaria o jornal *Folha de S. Paulo*, edição de 27 de março de 1987, em matéria publicada sob o título "Ministros vão a Sarney reclamar da atuação de Pazzianotto nas greves".

Houve momentos, como no dia 5 de março de 1987, em que foram registrados, pela Coordenação Geral das Estatais, mais de cinqüenta grandes paralisações simultâneas em várias partes do país, envolvendo atividades essenciais como as dos eletricitários do Ceará, Pernambuco, Bahia, Rio de Janeiro, Goiás, portuários do Rio de Janeiro, Santos, Espírito Santo, Rio Grande do Norte, previdenciários de 13 Estados, professores universitários, metroviários de Pernambuco, petroquímicos do Rio Grande do Sul, Bahia, Rio de Janeiro, urbanitários, ferroviários, servidores estaduais, trabalhadores têxteis, rodoviários, vigilantes do Piauí, trabalhadores da Vale do Rio Doce, da Mafersa, da Embraer, metalúrgicos de Santos, bancários e assim por diante.

A todos os movimentos grevistas, incluídas duas tentativas fracassadas de greves nacionais, o presidente Sarney reagiu com paciência, ensinando patrões, empregados e outros integrantes do governo a administrarem democraticamente esse fenômeno típico às economias industrializadas, preparando o terreno para a adoção das regras que hoje se encontram cristalizadas no art. 9.º da Constituição de 1988 e na lei n.º 7.783, que sancionou em 28 de junho de 1989.

Como conseqüência natural da política de abertura adotada em relação às greves, o governo também se comportou de forma marcadamente liberal no tocante ao reconhecimento de entidades sindicais. Lembra-se que, até a promulgação da Constituição em vigor, o ministro do Trabalho dispunha de poder discricionário em matéria de legitimação sindical. Prevaleciam, portanto, as antigas disposições da CLT relativas a esta matéria, especialmente aquelas constantes do Título V. Competia ao ministro, com exclusividade, determinar a expedição ou não de carta de reconhecimento sindical à associação profissional que entendesse merecedora da distinção, colhendo antes o parecer da Comissão de Enquadramento Sindical e, eventualmente, dos órgãos de informação. O governo do presidente Sarney, não obstante preso à legislação celetista, liberou o deferimento dos pedidos, de tal maneira que, entre março de 1985 e setembro de 1988, às vésperas da entrada em vigor da nova Constituição, haviam sido reconhecidas 1.269 entidades, das quais 823 representantes de segmentos profissionais ou econômicos urbanos e 446 rurais. No mesmo período foram concedidas, como exigia a legislação, 335 extensões de bases territoriais urbanas, abrangendo 2.235 municípios, e trinta extensões de bases territoriais rurais, compreendendo 49 municípios. Atendendo a reivindicações feitas pelos trabalhadores da categoria, em 4 de agosto de 1988 baixou o decreto n.º 96.469, de 4 de agosto de 1988, reconhecendo a Confederação Nacional dos Trabalhadores Metalúrgicos.

Respeitando a greve, não intervindo administrativamente em sindicatos e liberando o reconhecimento de novas entidades, o governo Sarney adotava, na prática, os princípios da Convenção n.º 87 da Organização Internacional do Trabalho, embora esse documento fundamental para o movimento sindical mundial ainda se encontre à espera de aprovação no Congresso Nacional, para onde foi enviado pelo presidente Eurico Dutra, em 1949, como medida preparatória de posterior ratificação.

Logo depois de assumir o Ministério, assinei despacho, publicado no DOU do dia 19 de março de 1985, reabilitando para a vida sindical, sem exceção, dirigentes punidos durante o regime militar, tornando-os aptos a voltar a dirigir as entidades das quais haviam sido afastados. Esta anistia seria apontada pelo brasilianista Thomas Skidmore, no livro citado, como uma das duas medidas mais importantes para criar "a atmosfera mais livre prometida pela Nova República". A outra seria o fim da censura, anunciada pelo ministro da Justiça, Fernando Lyra (pág. 499). Revoguei, ainda, a portaria ministerial n.º 3.337, de 1978, que vedava reuniões e deslocamentos coletivos de dirigentes sindicais, assim como a participação em entidades intersindicais, admitindo a atuação da Central Única dos Trabalhadores e de outras centrais sindicais. Obtive, ainda, do presidente Sarney a revogação de decreto baixado pelo presidente João Figueiredo nos derradeiros instantes do seu mandato liberando o trabalho dos comerciários aos domingos e feriados. Cumpria, assim, compromisso assumido com dirigentes sindicais comerciários, que me haviam procurado no dia 14 de março, no final da missa vespertina celebrada no Santuário de Dom Bosco, assistida ao lado do presidente Tancredo Neves e de outros integrantes do novo governo, em sua última aparição pública, antes de ser hospitalizado aquela noite.

Poucos dirigentes sindicais se deram conta do papel cumprido pelo presidente Sarney na mudança do tratamento político dado à questão sindical, cujas raízes se achavam mergulhadas na Velha República, ganhando vigor durante o Estado Novo e no regime militar.

O presidente não se limitou a isso, fez muito mais. Com a sanção da lei n.º 7.369, de 20 de setembro de 1985, instituiu o adicional de periculosidade para os eletricitários. Outras legislações fixaram em oito horas a jornada de trabalho dos vigias, regulamentaram as profissões de economista doméstico e da mãe social, dispuseram sobre a especialização de engenheiros e arquitetos em engenharia de segurança do trabalho e a profissão de técnico em segurança do trabalho, asseguraram o direito de sindicalização aos servidores da Caixa Econômica Federal. Com a aprovação do Plano Cruzado, pelo decreto-lei n.º 2.283, de 27 de fevereiro de 1986, complementado pelo decreto-lei n.º 2.284, de 10 de março, foi atendida antiga aspiração de todos os trabalhadores, prevendo o seguro-desemprego. Também foi criado o salário móvel ou "gatilho salarial", concedendo reajustamento automático quando a inflação acumulada alcançasse 20%. Outra iniciativa de elevado alcance social do governo Sarney consistiu na criação do vale-transporte, o que foi feito através da lei n.º 7.418, de 16 de dezembro de 1985.

Coube ao governo Sarney a aprovação da portaria n.º 3.067, de 12 de abril de 1988, relativa às normas regulamentadoras de segurança e saúde no trabalho, há muito tempo esperada pelos trabalhadores rurais.

No terreno do salário mínimo, permanente foco de divergências entre economistas, políticos e sindicalistas, o governo Sarney conseguiu uma relativa trégua. O primeiro reajustamento, decretado em 1.º de maio de 1985, poucos dias, portanto, após a posse (decreto n.º 91.213, de 30 de abril de 1985) dobrou-lhe o valor, elevando-o de Cr$166.560 para Cr$333.120. Em 1.º de novembro de 1985 foi reajustado para Cr$600.000. Com o Plano Cruzado foi elevado para Cz$804,00. Com a aplicação automática do "gatilho" passou, em janeiro de 1987, a Cz$964,80. Em março de 1987, determinou-se reajustamento para Cz$1.368,00; em maio, Cz$1.641,60; e em junho, Cz$1.969,92. A partir do mês de setembro os reajustes tornaram-se mensais, maneira encontrada de socorrer os trabalhadores contra o indomável processo inflacionário.

No plano da Justiça do Trabalho, além de numerosas providências legislativas, merece destaque a criação de 340 Juntas de Conciliação e Julgamento no período compreendido entre 1986 e 1989, mais de 1/3 das que são existentes hoje em todo o Brasil. Em 1986 foram criadas 110; em 1988, uma; e, em 1989, 229. Certamente foi o governo que instalou o maior número de juntas em toda a história da Justiça do Trabalho. Também se dedicou atenção aos Tribunais Regionais do Trabalho, sendo criados, em 1986, Tribunais da 13.ª Região — Paraíba, 14.ª Região — Rondônia e 15.ª Região — Campinas e, em 1987, o da 16.ª Região — Maranhão.

Preocupado com aspectos operacionais do Ministério do Trabalho, o presidente Sarney baixou o decreto n.º 95.461, de 11 de dezembro de 1987, revogando o decreto n.º 68.796, de 23 de junho de 1971, que havia tornado pública a denúncia, pelo Brasil, da Convenção n.º 81 da Organização Internacional do Trabalho, concernente à inspeção do trabalho industrial e comercial, revigorando a convenção mencionada. Promulgou, ainda, a Convenção n.º 148 da OIT, sobre a proteção dos trabalhadores contra os riscos profissionais devidos à contaminação do ar, ao ruído e às vibrações no local de trabalho, e remeteu ao Congresso Nacional, para exame e aprovação, várias outras convenções da OIT que estavam à espera dessa providência.

Durante os primeiros três anos desse governo foram construídas as sedes das Delegaciais Regionais do Trabalho de Manaus — cujas obras há muito tempo estavam paralisadas —, Belém, Recife, Teresina, Campo Grande, João Pessoa e Fortaleza, e as Subdelegacias do Trabalho de São Bernardo do Campo, Marília, Jundiaí, Poços de Caldas e Macapá.

Dentro da política de fortalecimento da vida sindical, foram doados automóveis, ambulâncias, aparelhos de raios-X, gabinetes dentários, máquinas de costura, conjuntos para escritório.

No governo Sarney o desenvolvimento e a comercialização do artesanato foram fortemente estimulados pelo Ministério do Trabalho, sendo levadas a efeito, anualmente, feiras nacionais em São Paulo, às quais compareciam, obtendo excelente sucesso, representações de todos os estados. Como medida de amparo aos artesãos, foi aprovado pela portaria SES/MTb n.º 02, de 3 de abril de 1987, carimbo que o identificava como tal, para ser aposto em sua carteira de trabalho e previdência social.

A medida de maior ressonância popular do governo consistiu certamente no Plano Cruzado I, baixado mediante o decreto-lei n.º 2.283, de 27 de fevereiro de 1986, e complementado pelo decreto-lei n.º 2.284, de 10 de março do mesmo ano.

Acredito que o Brasil não se deteve no exame do Cruzado I, seus antecedentes, as circunstâncias em que foi implantado, os resultados que trouxe de imediato, os benefícios que poderia ter trazido e as causas determinantes das mudanças que lhe foram introduzidas e levaram ao seu precoce desaparecimento.

Recebido nos primeiros momentos com surpresa, curiosidade e alguma descrença, o Plano Cruzado, pelo seu ineditismo e ousadia, em poucas horas conquistaria apoio popular, pois continha medidas há muito tempo reivindicadas pelos trabalhadores, como o seguro-desemprego e o salário móvel ou gatilho salarial. Além disso, elevava o valor do salário mínimo para Cz$804,00, concedia abono real de 8%, garantia reajustamento automático correspondente a 60% da variação acumulada do IPC, "assegurada a negociação dos restantes 40%". Garantia, também, o direito à ampla negociação coletiva, que deixava de se sujeitar a qualquer limitação, permitindo que a revisão dos salários se tornasse objeto de livre convenção.

No período dominado pelo Plano Cruzado os brasileiros puderam sentir o gosto do pleno emprego. O repentino alargamento do mercado consumidor, causado pelo congelamento de preços e pelo aumento dos salários, exigiu das empresas aqui instaladas a expansão imediata das suas atividades, até ser alcançado o limite máximo da capacidade produtiva.

A economia saiu do marasmo, rompendo velho círculo vicioso, no qual os salários corriam inutilmente atrás dos preços, ingressando em fase dinâmica, caracterizada pelo aumento da produção, atraindo para o mercado milhões de novos consumidores.

Por motivos que não me cabe investigar, o Plano Cruzado I, à semelhança de vários outros, não obteve vida prolongada, vindo logo depois o Cruzado II, e os Planos Bresser e Verão. De toda maneira, o governo do presidente Sarney encerrou os seus dias mantendo bastante reduzida a taxa de desemprego. Certamente contribuíram para abreviar sua existência o fato de o Brasil se encontrar no período de transição do autoritarismo para a democracia e a circunstância de alguns dos principais interessados na mudança não desenvolverem a melhor compreensão das suas responsabilidades no combate à inflação.

A política de não-intervenção viria a ser consagrada pelo inciso I do art. 8.º da Constituição de 1988, quando determina que "a lei não poderá exigir autorização do Estado para a fundação de sindicato, ressalvado o registro no órgão competente, vedadas ao poder público a interferência e a intervenção na organização sindical". O direito à ampla e livre negociação se tornaria definitivo e o seguro-desemprego também seria alçado à hierarquia de garantia constitucional, como se vê no art. 7.º, inciso II, da Lei Maior.

Foi no governo do presidente Sarney que as lideranças sindicais mais combativas e expressivas conquistaram definitivamente espaço na vida político-partidária, revelando-se o mais conhecido de todos eles, Luís Inácio Lula da Silva, candidato quase vitorioso à Presidência da República.

Nem tudo aquilo que se desejou fazer foi alcançado. Em duas oportunidades malograram esforços realizados no sentido da realização do pacto social, que teria possibilitado a transição, mantendo sob controle o processo inflacionário. Possivelmente o país não se achava preparado para iniciativa dessa complexidade e envergadura. Não se conseguiu, também, a aprovação, no Congresso Nacional, da Convenção n.º 87 da Organização Internacional do Trabalho, até hoje não ratificada pelo governo brasileiro.

Ao deixar o Ministério, no final de setembro de 1988, para assumir o cargo de ministro do Tribunal Superior do Trabalho, alimentava firme convicção de que, na áspera esfera das relações de trabalho, pela paciência, espírito aberto, sensibilidade às exigências do desenvolvimento e empenho em modernizar, o governo Sarney teria assegurada sua posição de destaque na história do sindicalismo e das classes trabalhadoras brasileiras.

Glauber Rocha
filmou a alegria
do povo em
São Luís

Lei Sarney: Marco na Cultura Brasileira

*Luiz Roberto Nascimento Silva**

O objetivo deste artigo é abordar a importância histórica da lei Sarney como marco inicial de uma nova política cultural para o país. Nesse momento em que tantos de seus colaboradores reúnem-se para em livro consolidarem as realizações do governo Sarney, coube-me o honroso convite de analisar sua contribuição à cultura brasileira. Apesar de não ter trabalhado diretamente com o então presidente José Sarney, trabalhei como advogado ligado à classe cultural para a implementação dessa nova legislação. Participei assim tanto do ponto de vista teórico, como do prático, da revolução que ela representou para o setor cultural. Nessa perspectiva o convite formulado é de um lado uma honra e de outro um compromisso de participação de todos aqueles que diretamente comprometeram suas vidas com a cultura brasileira.

---

* *Luiz Roberto Nascimento Silva é advogado. É mestre em Direito Econômico pela UFRJ e foi ministro da Cultura durante o governo Itamar Franco.*

Antes de abordar a contribuição fundamental do então presidente José Sarney para a criação de uma legislação cultural avançada no país, tendo como conseqüência o fortalecimento da própria cultura, torna-se necessária uma análise ampla dos seus pressupostos. O processo artístico e cultural confunde-se com o processo civilizatório, sendo uma de suas dimensões fundamentais. Desde que o homem ocupou o espaço terrestre expressou-se artisticamente através das formas e vícios mais distintos que evoluíram junto com o próprio processo histórico. Desde as grutas de Altamira, passando pelas construções egípcias e pelas alegres e sensuais pinturas da cultura cretense, vamos encontrar sempre o gênero humano na sua busca de entender e se comunicar com o mundo.

Esse processo durante longos anos obedeceu a regras conectadas ao modo de produção e aos interesses predominantes dos grupos de poder. Numa sociedade dividida em classes é natural que as classes dominantes viessem a recrutar os artistas para com eles atingir pela expressão artística a sociedade como um todo. Por essa razão Brecht entendia que numa sociedade dividida pela luta de classes o "efeito imediato" da obra de arte requerida pela estética da classe dominante é o efeito de suprimir as diferenças sociais existentes na platéia, criando, assim, enquanto a obra de arte vai sendo encenada, um sentimento de integração de uma coletividade não dividida em classes.*

Na realidade a atuação do artista livre de uma macroestrutura econômica é algo relativamente recente. A maior parte da produção cultural nos séculos XVI e XVII, por exemplo, estava intimamente dependente das cortes para as quais ela era produzida. O exemplo de Mozart é eloqüente nesse sentido. Apesar de no final de sua vida tentar romper esse ciclo, teve a maior parte de sua obra construída sob a dependência financeira das cortes. Um exemplo típico do compositor do final do século XVIII... Beethoven é um dos primeiros músicos independentes financeiramente dos compromissos com a corte. Inaugura um novo parâmetro das relações do artista com seu público. Mas já estamos nesse caso em pleno século XIX...

Analisando esse fenômeno, Norbert Elias salientou que "a mudança da posição social e de função dos compositores alterou também o seu estilo e o caráter de sua música". Explicando melhor a passagem do que designou como arte de artesão e arte de artista, aprofunda sua análise: "na fase artesanal, o

* *Brecht, Bertolt* – Teatro Dialético, *Rio de Janeiro, 1967, p. 55.*

padrão de gosto do patrono prevalecia, como base para a criação artística, sobre a fantasia pessoal de cada artista. A imaginação individual era canalizada, estritamente, de acordo com o gosto da classe dos patronos. Na outra fase, os artistas são, em geral, socialmente iguais ao público que admira e compra sua arte."* Por esse processo de democratização da obra de arte cai a correspondente ampliação do seu mercado, reduz-se a pressão coletiva da tradição e da sociedade local sobre o artista, que pode assim criar para um universo mais amplo de consumidores.

Portanto, o artista, tal como o vemos nos dias de hoje, é algo relativamente recente, surge apenas no século XIX. Assim, se por um lado ele se liberta da relação de dependência econômica com o patrono e passa a dirigir-se para um público mais amplo, por outro, passará a ter que vender sua força de trabalho como qualquer outro. Essa é a situação inovadora e revolucionária: o artista torna-se livre da dependência econômica a um macrossistema e essa liberdade irá modificar sua própria linguagem. Instaura-se um novo ciclo de inquietações e dificuldades que se refletem em como viver como artista, como criador neste mundo moderno.

Todos os países, de uma forma ou de outra, vão se defrontar com essa necessidade de incentivar e estimular a produção cultural. Num mundo modelo em que a arte passa a ser um produto como os demais, mas que os criadores não mais possuem a garantia de sua sobrevivência, a questão passa a ser: até que ponto e de que forma deve o Estado intervir nesse processo. Não existem soluções lineares e cada país irá construir um modelo próprio.

Além disso algumas formas de expressão, como a ópera, por exemplo, são economicamente deficitárias, ainda que culturalmente necessárias. Constrói-se um novo paradigma nas relações de financiamento à produção cultural, na qual o Estado moderno irá substituir a corte dos séculos XVI a XVIII e a Igreja durante a Idade Média. Nesse novo paradigma as relações que se estabelecem entre o artista e o Estado serão sempre conflituosas, traduzidas ora por um ataque permanente a esse Estado, ora pela produção de uma obra submetida e submissa a ele.

No Brasil, numa primeira etapa, vamos encontrar um modelo cultural totalmente dependente da Colônia com uma ação de simples transposição. Numa segunda etapa, no início da segunda metade do século XVIII, en-

* *Elias, Norbert* – Mozart: sociologia de um gênio, *Jorge Zahar Editor, 1999, pág. 47.*

contramos uma cultura de transição ainda fundada numa classe dominante escravista ou feudal, mas com a formação de uma pequena burguesia que irá trazer mudanças nesse processo. Numa terceira etapa podemos dizer que efetivamente iniciamos o processo de uma cultura nacional. Há um certo consenso entre nossos estudiosos em aceitar a Revolução de 1930 como o marco desse avanço das relações capitalistas no país com a conseqüente ascensão da burguesia como classe dominante.*

Portanto será sob o comando de Getúlio Vargas que, de forma contraditória, teremos, de um lado, uma forte repressão política aos adversários do seu regime e, de outro, a consolidação do que seria o núcleo de construção intelectual de um modelo nacional autônomo. O Ministério da Educação e Cultura será o propulsor desse processo, em especial pelas atuações e personalidades de Gustavo Capanema e Rodrigo Mello Franco de Andrade.

Os intelectuais pela primeira vez são chamados à administração pública, podendo dar uma contribuição concreta à formulação política do país. O decreto n.º 25, de 1937, passa a ser o primeiro instrumento objetivo de preservação do patrimônio nacional, já nessa época extremamente dilapidado, roubado e vendido para colecionadores no país e no exterior. Estrutura-se o SPHAN. Em torno de Rodrigo Mello Franco reúnem-se os arquitetos Lúcio Costa, Oscar Niemeyer, Carlos Leão, Renato de Souza Leão e Alcides da Rocha Miranda. Em São Paulo, o SPHAN era representado por Mário de Andrade, autor do projeto de sua concepção. Gilberto Freyre era o correspondente em Pernambuco. Junto a Capanema a presença permanente de Carlos Drummond de Andrade e Manuel Bandeira. Essa geração não se limitou a redescobrir o Brasil e a preservá-lo; criou políticas públicas que fundaram um novo país.

Após a contribuição única e revolucionária dessa geração genial, o país prosseguiu produzindo cultura com maior ou menor intensidade e qualidade. Encontraremos nos anos JK o florescimento da Bossa Nova. Posteriormente, o Cinema Novo cria uma nova estética e uma nova gramática cinematográfica. O Tropicalismo estende as fronteiras da criação para atuar na própria revolução dos costumes.

Dentro desse processo histórico é que vamos encontrar a contribuição de José Sarney na construção de novas bases para a cultura brasileira. Uma das

---

* *Sodré, Nelson Werneck* – Síntese de História da Cultura Brasileira, *15.ª edição, Bertrand Brasil, 1988, p. 5.*

suas realizações mais importantes é a criação do Ministério da Cultura pelo decreto n.º 91.144, de 15 de março de 1985. O MC surge como um desmembramento do antigo Ministério da Educação e Cultura. Na realidade consolida-se a percepção que, ainda que seja inegável a interligação entre educação e cultura, ainda que toda ação educacional tenha sua faceta cultural e vice-versa, o certo é que o público e seus destinatários são diversos. Isso o governo Sarney reconheceu com a criação do Ministério que, com todos seus erros e acertos peculiares da administração pública, foi responsável pela consolidação de uma série de avanços do setor cultural.

A política educacional, seja no primeiro grau, seja na universidade, envolve uma extensa rede de professores e alunos, corpo docente e discente e diversos equipamentos urbanos ligados ao exercício dessa política. Dentro de uma federação como a nossa, essa realidade assume características próprias, uma vez que as necessidades básicas do Norte do país não são forçosamente as mesmas do Sul.

De outro lado, a política cultural convive com as diversas formas de manifestação artística — teatro, cinema, artes plásticas, literatura, música, dança e espetáculos circenses —, necessitando de regras próprias e de agentes públicos que compreendam as suas especificidades. A estrutura administrativa que atende às dificuldades da rede pública de educação de primeiro grau não é a mesma que irá resolver os problemas do financiamento e ocupação das salas de teatro de uma determinada região, para citar um exemplo hipotético. São atores sociais distintos, públicos distintos e linguagem igualmente diversa. O MC surgiu como uma reivindicação legítima dos diversos secretários de Cultura dos estados que descobriram nas suas administrações estaduais que as necessidades da área cultural eram diversas das necessidades da área educacional. Necessitavam de uma estrutura jurídica independente para que nela convergissem os problemas e as soluções a eles relativas. Assim surgiu o MC.

A lei Sarney vai consolidar no campo legal a obra iniciada com a criação do Ministério da Cultura e será, por assim dizer, um mecanismo fundamental de atuação na área cultural. Com a lei, o MC vai encontrar sua área de atuação própria e passará a criar uma política pública para a área de cultura.

A lei n.º 7.505, de 2 de julho de 1986, fundamentalmente concedeu benefícios fiscais na área do imposto de renda para as operações de caráter cultural ou artístico. Certamente um conjunto de medidas que visasse estimular a área cultural como um todo poderia envolver outros impostos que não apenas o imposto de renda. Todavia um projeto dessa natureza, que abrangesse todas as etapas do processo produtivo cultural, teria forçosamente que incluir modificações legais nas três competências tributantes: União, estados e municípios. Sabemos que numa federação, e em especial num país com tanta diversidade como o nosso, isso seria muito difícil, para não dizer impossível.

Por essa razão, o projeto concentrou-se prioritariamente no imposto sobre a renda. O imposto de renda é de longe o imposto mais importante, tanto no nível da arrecadação, como pela sua significação filosófica no sistema tributário brasileiro. Ainda assim, o projeto encontrou várias resistências. Ele foi fruto do trabalho do político José Sarney durante 11 anos, inicialmente como senador e depois como presidente da República. Trata-se, portanto, do resultado de um trabalho de toda uma vida nessa direção, com esse compromisso com a cultura.

Efetivamente estudando os Anais do Congresso Nacional vamos descobrir que já em 1972 o então senador José Sarney apresentou o projeto de lei n.º 54, que "permitia deduções do imposto de renda das pessoas jurídicas e físicas para fins culturais, a partir do exercício de 1973, ano-base de 1972". O projeto acabou arquivado. Em 1975 reapresenta o projeto de lei que tomou o n.º 56, que terminou igualmente arquivado. No mesmo ano de 1975 apresenta também o projeto de lei n.º 80, que criava fundos financeiros para a área cultural. Em 1980 apresenta o projeto de lei n.º 128, que em sua emenda permitia "deduções no imposto de renda das pessoas físicas e jurídicas, para fins culturais, a partir do exercício financeiro de 1981, ano-base de 1980". Foi igualmente arquivado. No mesmo ano de 1980 apresenta o projeto n.º 138, que isentava os ingressos de espetáculos cênicos de qualquer imposto, fosse estadual, municipal ou federal.

Todos esses projetos de lei foram sistematicamente arquivados sob a alegação de que eram inconstitucionais, porque representavam despesas ou isenções que só poderiam ser criadas através de uma iniciativa exclusiva do Poder Executivo. Quando assume a Presidência da República, Sarney terá a oportunidade histórica de finalmente converter o projeto em realidade, transformando-o em lei.

Basicamente a lei Sarney concedeu incentivo fiscal às pessoas jurídicas e físicas que doassem, patrocinassem ou investissem em favor de operações de caráter cultural ou artístico. O contribuinte — pessoa física — poderia abater da renda bruta de sua declaração de rendimentos os valores transferidos para o setor cultural até o limite de 10% da referida renda. Já o contribuinte pessoa jurídica poderia abater como despesa operacional os valores efetivamente transferidos para o setor cultural. Cumulativamente podia deduzir do imposto devido valor equivalente à aplicação de alíquota cabível do imposto, desde que observado o limite de 2%.

Posteriormente o decreto n.º 93.335, de 3 de outubro de 1986, regulou a lei n.º 7.505/86 aperfeiçoando o entendimento do texto legal. É evidente que o processo de sedimentação das novas leis é sempre lento e complexo. A lei Sarney não fugiria a essa regra. Existiam pequenas divergências de interpretação. Mas o fato concreto é que a lei representou um salto extraordinário para a produção cultural brasileira.

Uma série de eventos e de atividades culturais que não se realizavam antes passou a ter sua viabilidade possibilitada pela lei n.º 7.505/86. O artista e o produtor cultural, pela primeira vez, quando procuravam o empresariado não tinham a lhe oferecer apenas a oportunidade de participar do processo cultural, ofereciam-lhe concretamente um benefício fiscal em contrapartida. As relações entre o artista e o seu investidor não se pautavam mais na simples benemerência ou mecenato puro. Retirava-se pela primeira vez a concepção mais católica do que protestante que investir em cultura era um pecado, punível pela impossibilidade de retorno financeiro do investimento realizado.

Inicia-se igualmente um contencioso que iria caracterizar as relações com a cultura. Veremos em todos esses anos um conflito permanente na interpretação dos mecanismos legais da legislação cultural. Os órgãos culturais terão sempre a tendência de realizar uma interpretação ampliativa, buscando sempre maximizar a captação de recursos. Os órgãos fazendários, por seu turno, tenderão sempre a fornecer uma interpretação restritiva, buscando sempre reduzir o espectro dos incentivos concedidos.

Todos que atuavam como nós na área cultural tínhamos consciência da importância da lei Sarney. Por essa razão, com enorme surpresa e revolta viemos a nos defrontar com sua arbitrária extinção. Efetivamente, no governo Collor, a lei Sarney foi extinta, sob o pretexto de que existiam várias irregularidades em seu funcionamento que exigiam a sua extinção. Provavelmente existiam problemas como ocorrem em todos os campos administrativos, especialmente em uma legislação de incentivos fiscais. O certo é que as eventuais irregularidades poderiam e deveriam ser corrigidas por um procedimento sério e sincero de apuração. Nada justificaria a extinção pura e simples de uma legislação que já havia demonstrado sua eficácia e sua função social.

Posteriormente, quando o Congresso Nacional realizou uma comissão de inquérito, ficou comprovado que o número de irregularidades era mínimo. Na realidade, durante a vigência da lei n.º 7.505/86 foram instaurados apenas dois inquéritos de valores reduzidos. Perante a Receita Federal não constaram autos de infração lavrados em virtude da lei.*

Portanto a extinção da lei Sarney inscreve-se no capítulo particular das vinganças do presidente Collor contra a classe artística, da qual fazem igualmente parte a extinção da Embrafilme, do Concine, da Funarte e tantas outras instituições culturais. Uma das primeiras decisões do novo presidente foi reduzir o *status* administrativo do Ministério da Cultura, rebaixando-o a simples Secretaria vinculada à Presidência da República. Não é objeto deste texto a análise do que foi feito nesse período. Algum pesquisador atento do futuro poderá chegar a conclusões extremamente importantes. Uma dessas é que parte das decisões não foi tomada apenas por raiva e perseguição pessoal à classe artística. A coisa é menos ingênua e mais grave. No caso do cinema, por exemplo, quando esses fatos ocorreram a indústria nacional de cinema representava cerca de 30% do mercado interno. Com a extinção da Embrafilme, do Concine e de todos os demais órgãos do setor, o governo Collor inviabilizou a produção nacional por um longo período. Um bom roteiro será examinar os segmentos que foram imediatamente beneficiados por tais decisões...

A importância da lei Sarney como marco, matriz de um novo sistema legal de incentivos fiscais é tão evidente que, em sua segunda etapa, o governo Collor resolveu recriar a legislação de incentivos fiscais à cultura. Estamos chamando de segunda etapa o ciclo posterior a esse desmantelamento primitivo da área cultural. Nessa etapa, quando a Secretaria passou ao comando de Sergio Paulo Rouanet, o governo Collor encaminhou e promulgou a lei n.º 8.313, de 23 de dezembro de 1991, com a qual pretendeu reconstruir parte do setor que tão zelosamente havia destruído.

Vejamos o que vamos encontrar no texto da própria ementa da nova lei: "restabelece princípios da lei n.º 7.505, de 2 de junho de 1986". Ou seja, o novo governo resolve recriar uma nova legislação com os princípios norteadores da própria lei que tão violentamente havia atacado. Talvez, por caminhos trun-

* Diário do Congresso Nacional *(Seção II), dezembro de 1991, p. 9006–9011.*

cados e certamente indesejados, seja essa a maior prova da importância e da permanência da lei Sarney.

Cabe aqui uma reflexão sobre a importância da construção legal, jurídica, quando confrontada com os simples atos de embate da ação política. Apenas a dimensão do tempo pode redimensionar a importância relativa dos fatos e recolocar as ações em uma justa hierarquia. A permanência do direito quando contrastado com a efemeridade do mero jogo político.

O próprio Sarney no Congresso Nacional, ao analisar e votar a lei n.º 8.313, assim se manifestou: "a vida parlamentar é constituída de glória efêmera. Ela se faz de momentos, de instantes que rapidamente se dissolvem no tempo. Às vezes, é marcada por um projeto, por um aparte, por uma emenda e, de uma maneira mais perene, por uma causa." Citou como exemplo as lutas históricas do conselheiro Saraiva com os distritos eleitorais e do conselheiro Nabuco com a abolição. Nessa mesma sessão, depois do discurso, generosamente acabou votando pela aprovação da nova lei, que restabelecia os conceitos e fundamentos da legislação que havia criado.

De certa forma, Sarney nesse momento traçou um roteiro inconsciente para si mesmo. Neste livro, em que se comemora com justiça a obra do presidente Sarney em toda sua longa e extensa vida política e parlamentar, impõem-se essa reflexão e esse reconhecimento. A lei Sarney é um marco, um paradigma fundamental das novas relações entre a classe artística e o empresariado. A partir dela diversas legislações estaduais e municipais buscaram incentivar igualmente os setores culturais. Podemos igualmente dizer que esse trabalho não foi um simples projeto, uma emenda, mas, antes, uma causa de toda uma existência.

O poder da serenidade de uma transição negociada

A Democracia Vinga

*Vamireh Chacon**

A democracia no Brasil e na maior parte do mundo ainda precisa de muita construção aberta, transparente e participante.

Realmente, como se vê no quadro da próxima página (Fig. 1), a vida política brasileira costuma viver ciclos breves de estabilidade, interrompidos por rupturas, retomados em seguida.

Isto é, a monarquia declara-se brasileira e instala-se em 1822, cai pela Proclamação da República em 1889; pouco estável até a revolução da Aliança Liberal de 1930, a qual — após dissolver-se sob forte pressão de irresolvidos problemas da primeira grande urbanização e industrialização do Brasil, inclusive com a insurreição da Aliança Nacional Libertadora comandada pelo Parti-

* *Vamireh Chacon é cientista político, com pós-doutorado na Universidade de Chicago; atualmente dirige o Instituto de Ciências Políticas da UnB.*

do Comunista em 1935 — é substituída pelo centralismo autoritário do Estado Novo (1937), derrubado em 1945. Durará 19 anos, para, em 1964, por sua vez tombar a democracia representativa, vítima daqueles mesmos problemas sociais, ainda mais agravados. Em seu lugar, um regime militar tecnocrático.

A eleição do presidente civil José Sarney, 1985, por uma coalizão de partidos, conclui mais esta redemocratização, no processo iniciado pela distensão da Presidência Geisel e abertura da Presidência Figueiredo.

Os ciclos políticos correspondem a paralelos, embora não sincrônicos, ciclos institucionais constitucionais (Fig. 2).

Isto é, a Constituição monárquica (1824) substituída pela primeira republicana (1891), a segunda (1934), a terceira (1937), a quarta (1946), a quinta (1967) sem conseguir institucionalizar o regime militar tecnocrático, reagindo às ameaças com a emenda de 1969, na prática outra Constituição ainda mais autoritária, produto dos tumultos levando ao ato institucional n.º 5, acabando por fechar o regime. Lenta e gradualmente se descomprimindo, como dizia o presidente Ernesto Geisel na fase de distensão, sucedida pela abertura da Presidência João Figueiredo e Assembléia Nacional Constituinte sob o presidente civil José Sarney, concluída pela Constituição de 1988.

Cada ciclo constitucional, portanto, com 23 anos em média, pouco menos que os ciclos políticos de 27.

Um presidente do Uruguai noutra fase redemocratizadora deles, Júlio Sanguinetti, no jornal *O Globo* de 19 de janeiro de 1985, afirmava que, "embora seja certo o movimento pendular democracia/autoritarismo, o tempo deste será cada dia mais curto, porque agora nossas sociedades têm consciência não só do que querem, mas também de que podem alcançá-lo".

A opção pela democracia, em meio a todos os percalços, vem se enraizando na consciência nacional, e exemplo disto é que só durante os sete anos do

Fig. 1

Monarquia	1.ª República	2.ª República	3.ª República	4.ª República	5.ª República	6.ª República
1822	1889	1930	1937	1945	1964	1985
67 anos	41 anos	7 anos	8 anos	19 anos	21 anos	

Fig. 2

1824	1891	1934	1937	1946	1967	1969	1988
67 anos	43 anos	3 anos	9 anos	21 anos	2 anos	19 anos	

autoritário Estado Novo foram proibidos os partidos políticos no Brasil. Assim eles sempre existiram, com menor ou maior liberdade. E, apesar do próprio estado de sítio, as sucessões no Executivo e renovações no Legislativo ocorreram por via eleitoral na Primeira República, antes da Revolução da Aliança Liberal em 1930. Mesmo entre 1964 e 1985, regime militar-tecnocrático, houve eleições nos vários níveis, por mais restrições que existissem.

O regime militar-tecnocrático é assim melhor definível em sua estrutura interna de poder com os militares tomando, em última instância, as decisões, assessorados pelos tecnocratas encarregados da sua execução, regime militar tecnocrático-autoritário, porém não propriamente bonapartista. Isto é, as sucessões presidenciais, no topo da pirâmide executiva, e sua política geral de planejamento econômico e administrativo, ocorriam num quadro de planejamento de Estado-Maior. Daí não acontecerem conflitos nem na cúpula militar, nem na sua complementação político-parlamentar, quando das sucessões presidenciais, ao contrário da Argentina. O mesmo se diga da continuidade na busca das metas econômicas desenvolvimentistas, em vez das inconstantes, diversas e contraditórias decisões de política industrial e administrativa na vizinha república platina, em sua paralela experiência genuinamente militar.

A visão de Estado-Maior do regime brasileiro pressupunha estabilidade no rodízio de generais na Presidência, escolhidos no mais alto topo do generalato de quatro estrelas; consenso só ameaçado na sucessão do presidente general Costa e Silva. Antecipada em meio à instabilidade mundial da guerra fria, então no auge, atingiu direta e intensamente também o Brasil em 1968 e 1977. A guerra fria encontrava-se no ponto máximo da luta armada na Guerra do Vietnã e guerrilhas urbanas e rurais, em vários pontos do território nacional, sendo contidas na Presidência Médici.

Mesmo em meio a tantas dificuldades, o regime militar-tecnocrático seguia na busca do desenvolvimento econômico e tecnológico, no esforço de elevação do nível de poder do Brasil. Com a guerra fria começando a diminuir na década de 1970, com o declínio da força da União Soviética e ainda o não crescimento da influência mundial da China, incipiente naquela fase. Este aspecto favorável foi contrabalançado negativamente, no fim dos anos 1970, por duas sucessivas crises internacionais de abastecimento de petróleo do qual o Brasil era muito dependente e conseqüentes elevações dos juros do capital internacional, com imediatas repercussões na alta da dívida externa brasileira, elevadas a um ponto crítico.

Neste quadro, as discriminações ideológicas internas no Brasil, praticadas pelo regime militar tecnocrático, eram basicamente funcionais, estratégicas, em vez de estritamente doutrinárias.

Por tudo isso, circunstâncias econômicas e políticas vistas em perspectivas pragmáticas mesmo no contexto da guerra fria, ao máximo na época, foi que se completou, em meio a todas as dificuldades, o projeto inicial da intervenção militar de 1964, agravada em 1968 pelos motivos internos e externos expostos. A lição servira para melhor condução da normalização em meio a outra crise internacional e nacional, ao término da década de 1970.

A posse do primeiro presidente civil, José Sarney, 1985, após o ciclo militar tecnocrático de 21 anos, significou assim o resultado de elaborada engenharia política.

A distensão por Geisel, a abertura política e sua continuação por Figueiredo, coincidiram, em nível internacional, com as conseqüências do levante militar de 25 de abril de 1974, em Portugal, e da derrota argentina nas Malvinas britânicas, em 15 de junho de 1982, levando a tumultuadas redemocratizações dos dois países, suas Forças Armadas divididas, impopulares, procurando reconciliação com as respectivas sociedades civis. No Brasil, que, por ser em população, território e economia, literalmente maior, o fracionamento das Forças Armadas teria obviamente conseqüências muito piores e não só para o Brasil, também para toda a América do Sul, devolvendo o continente ao palco central da guerra fria, então ainda em curso, principalmente entre Estados Unidos e União Soviética. Bastante útil, tanto para o governo brasileiro quanto para as oposições, foi a lembrança, a propósito, do desmoronamento da Presidência Goulart em 1964 e a decorrente intervenção militar.

Os acontecimentos de Portugal e da Argentina serviram, portanto, de advertências e não de exemplos a serem seguidos. Daí a conclusão do processo redemocratizador, devolvido ao itinerário inicial do grupo antes em torno do presidente Castelo Branco, entrementes falecido e com liderança sucedida por Geisel-Golbery-Figueiredo. Ocorreu então a retomada desse processo interrompido pela fraqueza do presidente Costa e Silva, embora também militar, diante de rebeliões, articuladas internacionalmente pela guerra fria, transformadas até em guerrilhas urbanas e rurais, reprimidas pela Presidência Médici.

Os êxitos do planejamento econômico-estratégico do regime militar-tecnocrático, mesmo a altos preços sociais, passaram a ser ameaçados pelas repercussões dos choques de grande elevação dos preços do petróleo em 1973-1974 e 1979-1980, início e término da Presidência Geisel, com conseqüentes altas dos juros internacionais e da dívida externa brasileira, assim tornada impagável. O Brasil entrou em moratória técnica, só lhe faltando o reconhecimento oficial. Daí a abertura política planejada, de início consentida, na fase mais crucial, ao término negociada, um tanto à maneira da abertura espanhola da época e não ao modo das tumultuadas portuguesa e argentina, muito perigosas em país com a população, território e economia do porte brasileiro, ademais das suas potencialmente graves repercussões internacionais, no próprio equilíbrio mundial da guerra fria da época.

O embaixador dos Estados Unidos no Brasil em 1964, Lincoln Gordon, já havia então reconhecido a importância internacional da contenção da desagregação na Presidência Goulart. Os acidentes de percurso, daí em diante, foram sendo corrigidos, dentro de um plano de Estado-Maior, na medida do possível das circunstâncias locais e internacionais. As sucessões presidenciais eram decididas basicamente pelo Alto Comando do Exército entre os generais de posto mais elevado, os de quatro estrelas; sucessões nem sempre fáceis, como se viu na de Costa e Silva, quando este perdeu o controle dos acontecimentos, em meio ao irrompimento, não só de greves generalizadas, quanto até de guerrilhas a duras penas reprimidas pela Presidência Médici.

Devolvida a normalidade, e antes que a crise internacional do petróleo e da dívida externa do Brasil dificultasse ainda mais a conclusão do processo redemocratizador planejado, tornara-se fundamental a transição pela eleição livre, porém por Colégio Eleitoral, não mais pelo Legislativo de maioria governista referendando escolhas, e ainda, não por voto universal direto da tradição republicana presidencialista também brasileira.

Ocorreu uma dupla candidatura civil, para a Presidência e vice, de experimentados políticos capazes mais de congregar que desunir, em circunstância decisiva ao término do processo redemocratizador: Tancredo Neves e José Sarney, por suas lideranças nos grupos partidários de origem, foram os escolhidos, por sua credibilidade e competência confirmadas por reconhecidas atuações no Congresso Nacional e governos estaduais.

Este era o cenário econômico e social básico ao fim de outro ciclo da vida política institucional brasileira, término do regime militar-tecnocrático. Na realidade, mais uma etapa no processo de industrialização, urbanização e pós-industrialização do Brasil, sempre se inserindo em inevitável, avassaladora globalização.

A resposta das classes dirigentes brasileiras, em seus setores mais lúcidos, foi a Aliança Democrática. Construída pela coalizão PMDB-PFL: o PMDB sob a liderança de Tancredo Neves e aprovação de Ulysses Guimarães, este interessado e engajado na campanha por eleições presidenciais Diretas-Já, de grande repercussão popular; aquele, mais realista, ao preferir uma fase de transição através de sucessão presidencial pelo Colégio Eleitoral, na realidade Senado e Câmara federais ampliados. O PFL, inicialmente Frente Liberal, fração do PDS, antiga Arena, partido governista, depois PFL, então sob a liderança de Aureliano Chaves (vice-presidente de João Figueiredo) e Marco Maciel, senador com grande capacidade de articulação.

Tancredo Neves do PMDB foi o escolhido pela Aliança Democrática para seu candidato a presidente; José Sarney, ex-presidente do PDS por renúncia, apresentado para vice.

Sarney não era nenhum adventício

Advogado, escritor, jornalista, duas vezes deputado federal, governador do Maranhão, duas vezes senador, presidente da Arena e do PDS, tinha colaborado com destaque no processo de descompressão política da distensão e abertura, com o apoio de Petrônio Portella e Marco Maciel, entre outros. Enfermidade e falecimento de Tancredo Neves levaram José Sarney à Presidência da República em 1985.

A engenharia política da descompressão culminou na eleição de Sarney, que continuou na sua Presidência, a mais liberal e mais democrática que o Brasil conhecera.

Ainda existiam muitos ressentimentos, ameaças de revanchismo por parte dos insatisfeitos com a própria anistia e ameaças de revide, pelos que deles discordavam.

A Aliança Democrática, profundamente cônscia da gravidade da situação, proclamava logo no início do seu programa: "O país vive gravíssima crise na história republicana. A hora não admite vacilações. Só a coesão nacional, em torno de valores comuns e permanentes, pode garantir a soberania do país, assegurar a paz, permitir o progresso econômico e promover a justiça social. Este pacto político propugna a conciliação entre a sociedade e o Estado, entre o povo e o governo." Sem ressentimentos, ao entender objetivamente as seguintes etapas do processo redemocratizador:

Primeira etapa: evitar hiato na transferência do poder, daí a Aliança "aberta aos partidos políticos e demais forças democráticas, para eleger o presidente e vice-presidente da República".

Segunda etapa: do pacto político ao pacto social da "reorganização institucional do país. Uma nova Constituição fará do Estado, das leis, dos partidos políticos, meios voltados para a realização do homem — sua dignidade, sua segurança e seu bem-estar".

A convocação de Assembléia Nacional Constituinte costuma ser o coroamento da conciliação de cada nova fase política brasileira. Em 1987, o presidente José Sarney determinou outro marco da vida institucional do Brasil. A Aliança Democrática estabeleceu por metas da Nova República, numa ampla frente de centro, a desburocratização e a prioridade das empresas nacionais, sobretudo pequenas e médias, o combate à inflação com reformas tributárias e reprogramação da dívida externa. Sem esquecer, como base, o "restabelecimento da independência e prerrogativas do Poder Legislativo e do Poder Judiciário", tão limitados pelo regime militar-tecnocrático, e o "fortalecimento da federação e efetiva autonomia política e financeira dos estados e municípios", outro tanto para ressarcir as compressões por aquela fase anterior.

O Brasil assistiu então à Presidência mais liberal e democrática da sua história, com a final legalização dos Partidos Comunistas, ainda na clandestinidade, abolição da exigência de controle ideológico nos preenchimentos dos cargos públicos e Assembléia Nacional Constituinte, a mais livre e mais representativa de toda história brasileira.

As dificuldades econômicas e sociais, acontecidas na Presidência Sarney, foram as herdadas, mais as características da nova onda de globalização na virada do século XX ao século XXI. Presidência (1985-1990) em pleno término de uma década das mais difíceis em readaptação tecnológica, não só pelo Brasil mas também pela imensa maioria dos países de todo o mundo.

Aquelas dificuldades — somadas às de adaptação a um outro dos ciclos brasileiros de abertura política institucional e até constitucional — foram exploradas numa escala nunca antes vista no Brasil, graças ao impacto maior dos meios de comunicação em massa. Surgiu o chamado fenômeno Collor, a política-espetáculo, como a denominam os cientistas políticos contemporâneos europeus e principalmente estadunidenses: sobretudo a do espetáculo televisivo, filmes inteiros de propaganda eleitoral tecnicamente muito bem elaborados, reuniões de multidões atraídas pelos "showmícios" de cantores famosos, além dos cartazes coloridos gigantescos nas principais avenidas das grandes e médias cidades, mesmo nas praças, por menores que fossem. E a televisão onipresente, quase onipotente formadora ou deformadora da opinião, não por si só e sim conforme os interesses do momento captados previamente por pesquisas de classes e regiões.

Na realidade, um caos informático de massas organizado, orquestrado nos mínimos detalhes, contra o qual se passou a reagir, porém somente a partir da avassalante eleição de Collor e conseqüentes resultados.

Foi isso que aconteceu: fatores externos e fatores internos, atropelando-se entre si e quase ao próprio processo de abertura, efetuado tão cuidadosamente por um projeto de engenharia política, culminando na eleição de Tancredo-Sarney e Presidência deste. Foi um importante sinal de maturidade das classes dirigentes terem buscado e encontrado a solução constitucional do impedimento do presidente Collor, sem se recorrer à intervenção, sequer à pressão militar, impopular em sua recente conclusão, início da Presidência Sarney: mais um grande passo no amadurecimento da democracia também no Brasil.

Atropelados foram principalmente os grandes líderes civis da resistência ao regime militar-tecnocrático. As campanhas presidenciais de Collor e Lula ultrapassaram os padrões anteriores. O Brasil viveu seu grande momento de utopia: Collor prometendo imediato ingresso brasileiro no Primeiro Mundo, Lula propondo um paraíso social terceiro-mundista, ambos atropelando os grandes partidos e seus candidatos, com riscos de desequilíbrio do quadro.

Tendia a haver desgaste inevitável do presidente em exercício, na transição como jogo de transigência para preservar a rota da mudança pacífica, aceita pelos militares atraídos pelo presidente Sarney no referido quadro, ao conseguir a confiança deles, da classe dirigente política e da maioria da população, tranqüilizados também os investidores nacionais e internacionais. Mesmo ao preço de os candidatos à Presidência terem, como ponto comum, ataques ao presidente para imediata repercussão eleitoral. Ataques absorvidos pelo presidente Sarney em sua visão maior de conclusão do processo de transição pacífica do regime de exceção de volta à normalidade democrática, cada vez mais exigida pelos setores conscientes do eleitorado, inclusive em marchas de massas pelas principais metrópoles do Brasil.

Assim, a sucessão presidencial foi o coroamento da transição negociada. Por isto o presidente Sarney não quis ser candidato à reeleição, nem apoiar ninguém, nem influir nos debates do primeiro turno, ao abster-se de responder aos ataques de que era objeto preferencial. O presidente Sarney optou por ficar neutro, presidindo como magistrado sua própria sucessão, sem dar respostas polêmicas, sequer tomando conhecimento oficial das injustiças verbais de que estava sendo vítima. Tudo para fortalecer as renascentes instituições democráticas brasileiras.

O candidato Fernando Collor de Mello foi quem mais concentrou os ataques a Sarney, ao apresentar-se como campeão da moralidade pública, representante da juventude e reintrodutor de renovada modernidade no Brasil, três temas de eficaz combinação, por ele articulada com seus assessores de *marketing* político, habilmente selecionados e utilizados na mais moderna das campanhas presidenciais brasileiras até então. Numa mobilização dos meios de comunicação em massa, como nunca se tinha visto, estruturada com temas e métodos continuamente se adaptando às expectativas e demandas de opinião pública.

Por isso, no segundo turno, Fernando Collor desviou os ataques de Sarney a Luís Inácio Lula da Silva, ao verificar a constatação das pesquisas de opinião apresentando Lula como o temor maior das classes médias e altas formadoras de opinião. Lula, então tido como perigoso para a democracia representativa, despreparado culturalmente e desajustado na intimidade familiar, teve, então, exploradas em plena televisão suas dificuldades com a ex-mulher e a filha não-reconhecida legalmente por ele. Quadro que mudou muito posteriormente.

José Sarney foi o primeiro presidente brasileiro que não quis fazer seu próprio sucessor, nem interferir no processo.

Já se instalara o início da crise dos partidos, desde que eles começaram a recobrar mais espaço após o término do regime militar, concluído pela eleição presidencial de Tancredo Neves e José Sarney, este em imediata sucessão daquele. As dificuldades internas e externas dos partidos vinham de longe. Eram estruturais no seu desajuste com a opinião pública, cada vez mais exigente pela industrialização e urbanização do país. Em 1989 estava de novo claro o quadro: os partidos desgastados, submetidos a uma espécie, nada nova, de assalto por candidatos correndo por fora das raias partidárias habituais: um, Luís Inácio Lula da Silva, provindo da resistência sindical paulistana ao regime militar; o outro, Fernando Collor de Mello, oriundo de difusos e crônicos descontentamentos sociais agravados e por ele explorados ao máximo na maior campanha política televisiva até então.

A campanha sucessória de 1989 foi a primeira sob influência da chamada videopolítica. Antes, só Carlos Lacerda havia usado a televisão, mas para combater presidentes: Vargas, Kubitschek e Goulart. Em seguida passara a haver uma corrida baseada sobretudo nos oposicionismos mais extremados, concentrados em ataques contra o que pudesse parecer equilibrado e convergisse para o centro, como no caso da Presidência Sarney. Até os grandes jornais e as próprias televisões passaram a fazer pesquisas diretamente, ou a contratá-las, a ponto de, daí em diante, nenhuma campanha mais, mesmo estadual, senão municipal de grande e mesmo médio portes, ser feita sem prévia consulta às pesquisas. Esta foi a maior novidade metodológica, em vez de ideológica, das campanhas à sucessão presidencial em 1989, que assim se tornou um marco na histórica política brasileira: a revolução tecnológica midiática chegando às eleições.

Numa sociedade pluralista e de consumo em massa, as legendas partidárias tendem a ser mais um produto em outro mercado, o político. É a hora do privilégio do escândalo, candidatos ao Executivo e Legislativo à base de propagandas espetaculares, inclusive do tipo moralista, não apenas moralizadoras.

Nesta base publicitária surgiram dois candidatos autônomos: um representando o impacto de movimentos sindicais com seu maior florescimento no regime de liberdade da Presidência Sarney, e o outro se opondo aos partidos tradicionais, apressadamente generalizados por Collor como decadentes, este se apresentando, então, como o candidato jovem propondo mudança geral nas práticas e costumes políticos e administrativos do Brasil. Tão desligado das lideranças tradicionais que transitara indiferente por várias legendas, irrompeu nacionalmente com uma legenda inexpressiva, a de um tal Partido da Juventude, logo abandonado e substituído pelo adventício PRN, Partido da Renovação Nacional, que, apesar de ser direto instrumento do candidato presidencial Collor com seus trinta milhões de votos no segundo turno, cujo partido só conseguiu eleger 22 deputados.

Fernando Collor de Mello, apresentando-se como candidato pragmático, contrapunha-se ao candidato ideológico Luís Inácio Lula da Silva, que, assim, assustava os eleitores principalmente das classes médias e altas. Daí Collor conseguir 51% dos votos contra 47% de Lula, que nunca mais teve essa percentagem, caindo para 36% e 32% nas duas eleições presidenciais seguintes contra Fernando Henrique Cardoso.

Para se ter uma idéia do que significou o impacto dos métodos de Collor, por seus assessores, lembre-se que ele ganhou, no segundo turno, em 553 dos 572 municípios do próprio Estado de São Paulo, onde alcançou 9,2 milhões de votos, decisivos 2,5 milhões a mais que Lula, que só ganhou no Rio de Janeiro e Rio Grande do Sul, então áreas de influência de Leonel Brizola, e em Pernambuco, por ser terra natal de Lula. A novidade Lula fora se esvaziando por lutas internas do próprio partido, e forças que o apoiavam, em meio ao desgaste até mundial dos seus dogmas estatizantes e xenófobos, com a queda da Cortina de Ferro, da qual o Muro de Berlim era a parte mais visível, por ser urbana.

A sucessão presidencial, conduzida por José Sarney, foi, assim, o coroamento da transição negociada. Por isto Sarney não quis ser candidato, nem apoiar ninguém, nem influir nas discussões do primeiro turno.

Para se ter uma idéia da serena e firme condução da sucessão presidencial por Sarney — com repercussões até na seguinte, mesmo dramática, a da renúncia de Collor sob ameaça de *impeachment* pelo Congresso Nacional —, basta lembrar que, naqueles momentos políticos máximos, não houve sequer uma única prontidão militar, ficando as Forças Armadas limitadas aos seus deveres constitucionais. O presidente José Sarney não tentou qualquer represália política ou mesmo extralegal contra os candidatos à sua sucessão que faturavam de público o desgaste inevitável por aquele jogo de transigência, contudo firme e sereno.

Foram dois paradigmáticos términos de mandato presidencial, o de José Sarney e o de Fernando Collor de Mello: mais que cordial, mais que respeitador das instituições democráticas, seu cultivador em crucial momento de conclusão de longo processo redemocratizador. O desempenho de Sarney foi consciente de responsabilidade histórica e semeado pelo exemplo; muito diverso ao do candidato Collor, o qual, eleito presidente, mudou, contudo, daí em diante, as técnicas de propaganda e mesmo a da própria agenda político-administrativa em termos de inserção na globalização e desdogmatização ideológica, com grande repercussão e influência nos presidentes seguintes. Programa de Collor, contudo, apenas iniciado, logo sustado no tumulto de escândalos financeiros de porte até então inéditos; daí a mobilização popular pressionando o Congresso Nacional rumo ao *impeachment*, no último momento evitado pela renúncia presidencial de Fernando Collor de Mello.

Na virada do século e do milênio, a questão apresenta-se mais profunda. Consiste em avaliar-se a capacidade de as instituições democráticas sobreviverem e aprimorarem-se, mesmo em meio a crises e também no Brasil, desde que são poucas as democracias representativas estabilizadas no mundo, concentradas no chamado Primeiro Mundo.

Getúlio,
inspirador
e vítima do
revanchismo

O Fim do Revanchismo

Oliveira Bastos*

Por que "Os anos Sarney"?

Porque eles marcam o termo da transição militar e o coroamento da transição civil não apenas da chamada *Revolução de 64,* mas também de um longo período que a envolve e a determina (setenta anos, ou seja: desde as revoltas tenentistas dos anos 1920 contra a natureza oligárquica da República velha, a ascensão [1930] e a queda de Vargas, em 1945, até a eleição de Collor, em 1990) — período em que o Brasil ficou tateando em busca de bases institucionais para equacionar seus conflitos políticos, econômicos e sociais. E mais: a natureza desses conflitos, exacerbados por uma atuação também partidária e predadora da imprensa do Rio de Janeiro e de São Paulo na década de 1920 (pensemos na sincronia e no sentido nada ético do jornalismo que então era

* *Oliveira Bastos é crítico literário e jornalista.*

praticado por Assis Chateaubriand, Mário Rodrigues e Edmundo Bittencourt)[7] transformou, nesse período, a luta pelo poder em uma violenta guerra na superfície da sociedade brasileira, com as elites (inclusive militares) dilacerando-se mutuamente e dificultando ou inviabilizando os projetos de desenvolvimento social e/ou institucional que foram apresentados à nação.

Criou-se, assim, um ciclo político em que o revanchismo tornou-se bandeira de luta e que vai desde a Revolução constitucionalista de 1932, passando pelos conflitos com integralistas e comunistas, o Estado Novo, a deposição de Vargas em 1945, sua restauração — por via eleitoral — em 1950, as lutas que o levaram ao suicídio em 1954, a tentativa de golpe de Jânio Quadros, a posse e a deposição de João Goulart, até a ocupação do poder pelos militares em 1964 e a formulação, dentro da realidade da guerra fria, de um projeto de "Brasil grande potência", esvaziado pela deterioração da economia no fim da década de 1970, com o segundo choque do petróleo (1979) e a brutal elevação das taxas de juros internacionais (1982). Foi, então, que as circunstâncias permitiram a formulação de um projeto de conciliação nacional, nítido em todos os passos e palavras de Tancredo Neves, a partir de 1974, objetivando a superação dos traumas do passado e a colocação da atividade política, isto é, da luta pelo poder, em nível compatível com a modernidade democrática. A posse de Sarney — uma verdadeira extravagância do destino — não cancelou, antes estimulou esse projeto, cujo desenvolvimento, na prática, foi o tema deste livro. É chegada a hora, portanto, de uma visão geral desse ciclo político.

Foi na segunda parte da década de 1980 que ruiu a União Soviética, o império que atravessou o século XX, sobretudo a partir dos anos 1920, como fundamento material da mais radical utopia política que o homem já ousou formular e cuja tentativa de forçá-la a tornar-se realidade mergulhou o mundo numa competição irracional em que a violência, a sabotagem, o terrorismo e a falta de ética foram transformados em armas de guerra tanto pelos países comunistas, como pelos países capitalistas. O *sentido* (enredo) dessa história quase nunca é edificante. E seus atores, nem sempre são confiáveis. A História, de resto, não escolhe parceiros; na verdade, ela é feita pelos que se apresentam, agem e interagem — conscientes ou não de seus papéis. E nem sempre os melhores papéis caem nas mãos dos melhores "atores". Neste período específico não foi dado ao Brasil escolher o lado em que ficaria. Geográfica, econômica e culturalmente estávamos alinhados com as chamadas democracias ocidentais e preparados ideologicamente para combater o comunismo. O fato de Luiz Carlos

Prestes, o líder máximo dos comunistas brasileiros, ter saído das fileiras do Exército e de seus comandados terem feito sua primeira e última tentativa de tomada do poder dentro dos quartéis e na calada da noite, facilitou a criação de um ódio irracional dos militares contra os comunistas — tarefa a que se dedicou, com especial carinho, o Departamento de Imprensa e Propaganda (DIP) da ditadura de Vargas. Este não foi o primeiro, nem o último episódio em que, como veremos, a direita revelou-se, no Brasil, muito mais preparada e realista, politicamente, do que a esquerda. E não se tratava, veja-se bem, de ingenuidade política apenas. Na época dos acontecimentos da chamada "intentona", Luiz Carlos Prestes morava, supostamente escondido, numa casa na rua Redentor, em Ipanema, e ia todos os dias, com a mulher, à praia do bairro, achando honestamente (como tudo, em Prestes) que nunca seria identificado "porque todos os olhares se dirigiam à beleza de Olga Benário"[2]. Até ser preso, e sua mulher entregue à Gestapo. Esse tipo de análise superficial e psicologicamente projetiva da realidade marcará o comportamento das esquerdas brasileiras, um cemitério de vítimas da truculência da direita provocada pela imbecilidade das análises esquerdistas. O mais grave, porém, foi quando a esquerda, no início da década de 1960, desprezando toda e qualquer consideração de correlação de forças, empreendeu (na verdade, pensou que empreendia) uma grande marcha imaginária para o poder. É a história dessa marcha imaginária que leva o país a 21 anos de regime militar.

Ao fim da Segunda Grande Guerra (1939-1945), o Brasil era um país eminentemente católico, americanizado pela cultura cinematográfica, ditatorialmente alinhado com as democracias ocidentais e inimigo jurado do comunismo internacional. Tinha moeda relativamente estável, muitos empréstimos a pagar, poucos créditos a receber do exterior (e, assim mesmo, vergonhosamente convencido, pelos Estados Unidos e pela Inglaterra, de que não era hora de cobrar dos alemães as indenizações a que tinha direito por prejuízos de guerra), já vivia um acelerado processo de urbanização, logo iniciaria uma fase intensiva de sua industrialização, mas estava (pasmem)... em débito com a democracia. O Estado Novo, de inspiração fascistóide, não impediu Vargas de perceber para onde pendiam os rumos da História e declarar guerra ao Eixo (Alemanha, Itália, Japão). Era, ironicamente, a sua opção pela democracia, que fora a grande bandeira dos aliados e em nome de cujos princípios nossos soldados lutaram, morreram e ajudaram a vencer o nazi-fascismo nos campos de batalha da Europa. Terminada a guerra, Getúlio Vargas, ditador, foi "convencido" a renunciar. Sua deposição não resultou de nenhum clamor popular — muito pelo contrário — fruto que foi de um arranjo entre as elites políticas de oposição e as novas (mesmo quando ainda não identificadas) lideranças militares. É que os jovens oficiais da FEB, como bem exprimiu, mais tarde, o seu comandante, marechal Mascarenhas de Moraes (ele próprio, um admirador de Vargas) sentiam-se envergonhados por terem sido as Forças Armadas co-responsáveis pela implantação do Estado Novo, em 1937. Não esquecer, por exemplo, que os futuros generais Cordeiro de Farias, Castello Branco e Mamede integraram as Forças Expedicionárias, ajudaram ou aplaudiram, na sombra, a queda da ditadura em 1945, inspiraram a criação da Escola Superior de Guerra (fonte de toda a doutrina de segurança nacional ditada pelos interesses da guerra fria), acompanharam e devem ter aplaudido os atos de insubordinação que provocaram o 11 de novembro de Lott (foi Mamede quem discursou no enterro de Canrobert) e deram régua e compasso ao movimento militar de 1964 depondo justamente um desastrado herdeiro político de Vargas. Desastrado e, ao mesmo tempo, trágico, na medida em que João Goulart tornou-se impotente para mudar o curso de sua imolação política determinada não pelo destino (como no teatro grego), mas pela cegueira de seus aliados.[3]

Ora, os defensores da democracia representativa, liderados pelos Estados Unidos, não foram os únicos vencedores dessa guerra. Os países socialistas, comandados pela União Soviética, foram decisivos para a vitória contra o nazi-fascismo. A partir de então o mundo ficou dividido entre duas grandes potências — os Estados Unidos e a União Soviética — num confronto ideológico entre a direita e a esquerda, entre, digamos, a democracia e a ditadura do proletariado. Esse confronto, em que um lado precisava destruir o outro para implantar livremente o reinado de sua excelência ideológica e pragmática, durou até os últimos dias da década de 1980, e ficou conhecido como guerra fria Nunca houve evidência de que um conflito armado poderia ser vencido por este ou aquele bloco. Essa incerteza é que alimentava a neurose de destruição, em todos os campos, do grande inimigo. Na impossibilidade de afirmar-se a hegemonia militar de qualquer um, os dois blocos dedicaram-se a uma corrida armamentista como nunca o mundo vira, e à conquista de novos espaços de influência e de poder econômico. No início dos anos 1970 já estava claro que não havia tanto mundo a destruir se o estoque de bombas atômicas fosse um dia utilizado. E mais claro estava que a alocação de recursos à tecnologia e à fabricação de artefatos da indústria bélica (nesta, incluindo-se a corrida pela conquista do espaço interplanetário) congelava a distribuição da riqueza mundial e reforçava a dependência dos países subdesenvolvidos e/ou em processo de desenvolvimento.

O drama político brasileiro vai evoluir — a partir da expulsão de Vargas do poder, em 1945 — rigidamente balizado pelos atores e processos políticos cavilosamente urdidos na década de 1920 e de que resultaram, nas seis décadas seguintes, facções divididas por ódios pessoais profundos e um sentimento de urgente necessidade de *revanche* partidária ou institucional. Isto tudo agravado, no Brasil, pelas divisões internas e externas determinadas pelas correntes ideológicas, pelos expedientes escusos da guerra fria, pela necessidade imperiosa de se criar infra-estrutura urbana para responder ao desafio da vertiginosa transferência de populações do campo para as cidades, do Nordeste para o Sudeste — problemas que reclamavam uma estrutura forte e centralizada de poder, mesmo quando de constituição democrática. Começa aí, também (1945), o teatro de agenciamento político que substitui 15 anos de ditadura, com a chamada à cena de novos atores e em que a formulação ou reformulação de propostas (discursos) partidárias submetem a linguagem, que nunca é neutra, a um processo de fixação semântica que nos obriga a considerar mundos e realidades definidos (ou falsamente definidos) pelas ideologias. Quem leu Habermas e sua "teoria da competência comunicativa" sabe como se formam e funcionam esses mundos falaciosos. Além do mais, vai-se viver um curioso processo (nunca levado na devida conta) em que o povo, sempre que consultado, corrige situações políticas mal resolvidas ou resolvidas contrariamente ao "sentido" que a História deveria tomar. Assim, por exemplo, o povo vinga-se das duas "renúncias" de Vargas — em 1945, elegendo Dutra e, em 1954, colocando Juscelino no poder. Por outro lado, vinga-se da fuga de Jânio, em 1961, apoiando os que lutavam para tornar inviável a Presidência de João Goulart, o que obrigou, mais tarde, o sociólogo Betinho — importante membro das esquerdas de então, a reconhecer que o golpe de 1964 foi o que deixou de ser dado em 1961. O regime militar inaugurado em 1964 teve, inegavelmente, o apoio popular que colocou Jânio no poder para realizar (como ele prometera, em campanha) uma grande faxina na vida pública brasileira. Tais correções de rumos funcionam como mecanismos de explicitação do *sentido* da nossa história recente, tal como intuído por Caio Prado Júnior.[4]

Acompanhemos a evolução dessa verdadeira comédia de equívocos políticos. Quando Vargas foi apeado do governo, em 1945, sua popularidade era inquestionável. Na primeira eleição, inscrito a sua revelia. ele recebeu votos que o fariam deputado ou senador por vários estados. Nos teatros de revista e no cancioneiro popular a figura do baixinho, gordinho e pai dos pobres era a mais aplaudida e requisitada, onde quer que aparecesse. A popularidade de Vargas tinha raízes profundas no sentimento de desamparo das camadas mais pobres da população, justamente as que forneciam mão-de-obra menos qualificada para os setores em que o trabalho braçal era indispensável, como nos de transportes, construção civil, portos etc. Esse contingente ocupacional chegara ao Rio de Janeiro e a São Paulo, em sua maior parte, nas levas de migrantes nordestinos e nortistas. Adalgisa Néry, que privou da intimidade palaciana, conta em suas memórias que Vargas (e ela não sabia dizer como) percebera não apenas a orfandade política dos pobres, mas sua desorientação existencial provocada pelo processo migratório e pelo conseqüente sentimento de perda de sua identidade cultural. Foi o próprio Vargas, segundo Adalgisa, quem inspirou a retórica da relação paternalista do governo com a classe operária até então ignorada pelos políticos. Esse depoimento se transformou, posteriormente, em fonte de interpretação política nas mãos de José Honório Rodrigues.

Vargas sabia quem realmente manipulava os bastidores do poder. Nos estados, pontificavam ainda as lideranças firmadas no apoio ao ex-ditador e que se inscreveram no PSD, logo transformado em partido majoritário, enquanto as massas operárias eram convocadas para formar o PTB, o braço peleguista (trabalhismo oficializado) do varguismo. Não surpreendeu a ninguém a eleição do marechal Eurico Dutra, um dos fiadores militares de Vargas, para a Presidência da República. Com a colocação do partido comunista na ilegalidade (primeira emanação da guerra fria), Vargas passou a simbolizar, com o PSD e o PTB, a burguesia e o proletariado disponíveis. Os setores que impulsionavam a oposição tinham sua razão de ser na crescente urbanização e conseqüente marginalização da classe média e, já visivelmente, nos pleitos de abertura (para o capital estrangeiro) e de modernização da economia. Sua volta ao poder, por eleição direta, em 1950 — como antes já havia sido a eleição de Dutra — constituiu-se em clara desaprovação popular às forças que o haviam derrubado em 1945. Tratava-se de um ajuste de contas, um revanchismo pacífico, no voto. Pelo menos para ele, mas não para seus inimigos. Um dado significativo desse novo estado de espírito do ex-ditador foi sua disposição de não hostilizar os comunistas, que haviam apoiado sua decisão de entrar na guerra contra o nazi-fascismo. Para Vargas, parecia bastar a satisfação de seu retorno ao poder. Ele queria, e seu ministério o diz, um governo de união nacional. Mas seus inimigos pensavam diferente e cuidaram de preparar-se para a batalha final.

Ainda não se fez uma análise — sumária, embora — da profundidade da intervenção de Vargas na economia, na política externa, na sociedade e, sobretudo, na estrutura do Estado brasileiro. Seu desinteresse pelos aspectos teóricos ou programáticos do poder escondia, na verdade, uma extraordinária vocação para o jogo político de emergência, um mestre que era (o melhor de todos) na exploração das circunstâncias. Quando estas lhe deram a oportunidade, ele montou um Estado (Novo) discricionário, policial e com um forte — e inusitado, para nossos costumes — aparato de espionagem interna, com a ajuda de serviços secretos estrangeiros. Para seus inimigos, permaneceu a avaliação de um regime de violência policial. Para os seus admiradores e auxiliares mais diretos, era a única forma de instituir uma Presidência verdadeiramente nacional, não desafiada pelos sobas locais, muitos ainda remanescentes do incompleto federalismo que dera origem à política dos governadores. Seu Estado Novo não tinha camisas, bandeiras, lemas, nem partido único, como seus similares nazistas, fascistas ou comunistas. Mas foi suficientemente forte para suprimir as liberdades individuais e institucionais, criar uma previdência social nos limites da economia de mercado da ocasião e impor programas de industrialização, de nacionalismo econômico e de políticas externas (no plural) visando a objetivos concretos do interesse nacional. A criação da indústria metalúrgica é um exemplo clássico de sabedoria de seu cinismo operacional. Ele jogou, ao mesmo tempo, com a ajuda dos americanos e dos alemães. E, no outro extremo da ação diplomática, enquanto recebia relatórios da Gestapo sobre as atividades dos judeus e dos comunistas no Brasil, ele pedia a Sumner Welles (secretário de Estado americano) que enviasse agentes do FBI para ajudar o serviço secreto brasileiro a identificar e policiar as atividades dos principais agentes nazistas no Sul do país. Sua equipe era integrada, no primeiro escalão, por homens de confiança que garantiam apoio aos nazistas e por outros que já estavam operando com a estrutura militar aliada. Somente três semanas antes de declarar guerra à Alemanha e aos países do Eixo, Getúlio demitiu Filinto Müller, Francisco Campos e Lourival Fontes. Não espanta que, logo após a guerra, o Brasil tenha ganho a Presidência da ONU. Mas merecíamos também o Nobel do contorcionismo diplomático.

Na verdade, Vargas havia criado um Estado forte com o escasso material institucional disponível, num quadro econômico limitado e dentro de uma sociedade que continuava a desprezar o pobre, como a sociedade do Império desprezava o escravo. Ou até mais, já que o estatuto da escravidão obrigava os senhores a alimentarem e darem casa a seus escravos. Só ele, Vargas, sabia operar esse Estado. Foi o que ele próprio disse ao embaixador alemão Pruefer e que transmitiu as palavras de Vargas ao ministro do Exterior de seu país, em 16 de novembro de 1941, nos seguintes termos: "Sobre a política externa do Brasil, decide somente ele e mais ninguém." É curioso observar, como faz Sarney em sua entrevista neste livro, que Vargas, como homem de fronteira, estimulou a desconfiança em relação aos vizinhos sul-americanos, embora jogando na direção deles o seu melhor sorriso e a fumaça de seu melhor charuto. Pois é este homem que retorna ao poder pelo voto, em 1950, num país dividido entre a fidelidade a uma nova Constituição, excessivamente bacharelesca, e a obediência a chefias políticas estaduais formadas, em sua grande maioria, na escola ditatorial do Estado Novo. Vargas voltou sem estar preparado para as profundas mudanças que ocorreram em cinco anos de liberdade política e econômica no país e, sobretudo, num mundo dividido em dois hemisférios inconciliáveis, cobrando atitudes definidas e claras de todos os países e governos. Não havia mais lugar, nesse mundo, para a nuance, para o claro-escuro e para a ambigüidade em que Vargas formara e desenvolvera o seu talento político.

Pode-se dizer, então, que o mundo mudara muito e Vargas, quase nada. As Forças Armadas haviam aumentado muito os seus efetivos e a sua especialização. No seu primeiro governo, Vargas precisou negociar apenas com o Exército, e o fez através de lideranças notáveis como Góes Monteiro, Eurico Dutra e Mascarenhas de Moraes. Agora, Marinha e Aeronáutica tinham peso específico, e as lideranças emergentes no Exército o encaravam como uma vocação antidemocrática irrecuperável. A incapacidade de perceber essas mudanças em áreas tão minadas do poder, irá lhe custar caro. Foi justamente da Aeronáutica, fiel ao brigadeiro Eduardo Gomes, que partiu o golpe inquisitorial que o levaria ao suicídio.[5]

Outras mudanças significativas ocorreram. O sistema de comunicações não era mais o liderado pela *Voz do Brasil* (o rádio, nessa altura, iria ceder sua liderança à televisão), a luta de classes ensinou às forças trabalhistas a apoiarem o governo mas, ao mesmo tempo, fomentarem greves reivindicativas que irritavam a classe média, por sabotarem o funcionamento de infra-estruturas que, afinal, pertenciam ao próprio Estado (transportes, saúde, energia etc.) — o que deixava à mostra a ambigüidade da estratégia política do presidente. Quando Vargas percebeu que precisava de veículos para se defender e até para enfrentar chantagens de jornais ditos independentes, agiu a seu modo, isto é, mandando financiar com recursos do Banco do Brasil a implantação da *Última Hora*, um marco no processo de modernização da imprensa brasileira, mas de nascimento financeiro espúrio, logo denunciado. Por outro lado, seu decreto limitando a remessa de lucros para o exterior e a criação da Petrobras colocaram-no no índex do grande capitalismo internacional, que já vinha tendo seus interesses contrariados pela política cambial seletiva (gravava a entrada de artigos de consumo e subsidiava a importação de bens de capital) inaugurada no governo Dutra e prolongada por Vargas. O governo Dutra, aliás, é um dos mais injuriados da nossa História, dele prevalecendo a versão de que dilapidou nossas reservas no exterior, acumuladas durante a guerra, com a importação de quinquilharias. Trata-se de uma versão falsa e torpe da realidade, já que foi justamente o aperto cambial do pós-guerra que determinou a corajosa política de importações que gravava terrivelmente as quinquilharias (o consumo supérfluo) e subsidiava a entrada de máquinas e equipamentos para a industrialização do país. Nunca houve transferência de renda mais acelerada para os industriais brasileiros do que durante "os anos Dutra". Apesar de Celso Furtado ter provado que a política cambial desse período possibilitou o grande salto na indústria de substituições de importações, a visão jornalística, superficial e preconceituosa (contra o ciclo de Vargas, evidentemente), continuou descrevendo o governo Dutra de forma caricata e grotesca. O período de Juscelino registrou, é óbvio, um volume de investimentos muito maior, mas representado pela maciça entrada de capitais externos — o que já é uma outra História.

Os militares, desnecessário dizer, quanto mais jovens mais antivarguistas se revelavam, até porque manipulavam armas e recebiam, preferencialmente, treinamento profissional dos Estados Unidos. Foi justamente da imprensa e de setores radicais (vale dizer, anticomunistas) das Forças Armadas que partiram os primeiros sinais de repulsa ao novo governo do velho Vargas — e que culminaram com a instalação da chamada "República do Galeão", um tribunal militar de inquisição com o objetivo de incriminar o presidente por *corrupção* e *subversão* — palavras que informarão, daí por diante, toda a estratégia da direita para chegar ao poder. Entenda-se: invocava-se a *corrupção* para sensibilizar os brios da classe média já visivelmente discriminada, e a *subversão* para levar os militares anticomunistas à loucura. Encurralado pela brutalidade dos ataques, sem perspectiva política imediata para contornar a crise e, sobretudo, preocupado com a autonomia e a audácia da comissão de inquérito militar que chegara ao ponto de convocar seu irmão para depor e que parecia motivada a caminhar para um confronto direto com a autoridade presidencial, Vargas decidiu-se por uma nova renúncia — mas, desta vez, com o traumatizante gesto do suicídio. Nunca, em toda a história de sua vida institucional, o Brasil experimentara tão forte comoção popular. Os inimigos de Vargas, que vinham se fortalecendo e ampliando suas alianças, foram instantaneamente paralisados por um sentimento nacional de repulsa a este *parricídio* político. O Brasil transformou-se, da noite para o dia, numa imensa nação de órfãos e deserdados. Em nome de seus companheiros de governo, a última homenagem a Vargas foi prestada pelo seu ministro da Justiça, Tancredo Neves, cujo discurso, de apelo à conciliação, marcaria profundamente o então jovem político maranhense José Sarney.

O que se viu, a seguir, foi não apenas um país dividido pela política e pelos interesses econômicos — mas uma nação dilacerada pelo ódio pessoal e dei-xando vazar um exacerbado e primitivo emocionalismo partidário através dos veículos de comunicação, sobretudo a televisão, recém-inaugurada. Uma simplificação grosseira colocava em campos opostos *golpistas* e *entreguistas* contra *corruptos* e *subversivos*. Por seu poder de formulação, de provocação e de agressão verbais, Carlos Lacerda se transformaria no principal líder e intérprete da radicalização contra Vargas. Ele, aliás, é um exemplo típico de que, em política, é mais fácil mudar de posição do que de discurso. Candidato ostensivo (embora nunca lançado) à Presidência da República, em qualquer circunstância e com qualquer configuração política, ele manteve a mesma veemência e a mesma retórica ao longo dos anos e dos conflitos de que participou, sempre com extraordinário brilho verbal. É possível, inclusive necessário, cotejar os períodos em que Lacerda teve acesso à televisão com os períodos de crise política que abalaram a nação. Ele teve acesso à TV-Rio na crise que culminou com o suicídio de Vargas; foi afastado da televisão durante o governo de Juscelino; voltou à TV-Rio durante o período de Jânio; teve acesso limitado durante o governo de Jango e foi banido da televisão pelo regime militar. O cotejo entre essas duas ordens de eventos (acesso de Lacerda à televisão, de um lado, e eclosão de crises institucionais, de outro lado) mostra o extraordinário poder de aliciamento desse orador que foi o brasileiro que melhor soube usar o novo veículo como instrumento de proselitismo político. Na sua obsessão de poder, Lacerda irá, sucessivamente, agredir adversários, amigos, aliados e, ao termo de sua carreira, buscar o apoio dos inimigos. Tudo isso, sem mudar de estilo e sem perder a expressividade de sua contundência verbal. Um gênio da retórica política.

O mandato de Vargas não pôde ser completado pelo seu vice, Café Filho, que, doente, foi "impedido" de se restabelecer pela presença de tanques do Exército diante do prédio em que morava, na avenida Copacabana, no Rio de Janeiro. O povo, no entanto, mais uma vez corrigiria o rumo da História, colocando no poder os dois partidos criados à sombra de Vargas: o PSD, de Juscelino Kubitschek, e o PTB, de João Goulart. A oposição, liderada pela UDN, foi derrotada na pessoa de uma das glórias do Exército brasileiro, o general Juarez Távora, como antes amargara sucessivas derrotas eleitorais com o patrono da Aeronáutica, que era o brigadeiro Eduardo Gomes. Vê-se claramente como a oposição e os militares, irmanados pela frustração, iam construindo, eleição após eleição, os seus diques de ressentimento. Por isso que tentaram de tudo para impedir a posse de Juscelino e de João Goulart, levantando a tese da maioria absoluta, tanto no Congresso quanto nos quartéis. Observem a cadeia de fatos e de nomes. Por ocasião do enterro do general Canrobert Pereira da Costa, um líder radical, projetou-se o nome de um coronel (Bizarria Mamede) que, à beira do túmulo, deixou claro que a posse de Jango e de Juscelino seria intolerável, pois que nenhum deles exprimia o verdadeiro sentimento do povo brasileiro. O então ministro do Exército, Teixeira Lott, solicitou ao presidente da Câmara dos Deputados, então no exercício da Presidência da República, Carlos Luz — era do PSD, mas agia como se fosse da UDN —, licença para punir Mamede que, segundo o ministro, atentara contra a disciplina militar. A licença foi intempestivamente negada. Era a tarde do dia 10 de novembro de 1955. Lott, na mesma hora, pediu demissão do cargo e foi para sua casa. À noite o general Odílio Denys, o mais velho na sua arma, reuniu-se com os oficiais-generais presentes no Rio de Janeiro e concluíram que Carlos Luz havia passado por cima da hierarquia ao negar permissão para o ministro do Exército punir um coronel ostensivamente indisciplinado. Chamaram Lott e o convenceram a permanecer no cargo e a liderar a deposição do presidente, no dia seguinte. Assim que os tanques começaram a deixar a Vila Militar, Carlos Luz e o grupo anticomunista e antivarguista (Carlos Lacerda, indusive) embarcaram no cruzador *Tamandaré*, da Marinha de Guerra, e foram para Santos e, depois, São Paulo. Nesse momento nasceu a fama do grupo do "Onze de Novembro", legalista, em que se apoiaria Juscelino. O episódio revela, também, como as Forças Armadas já estavam divididas. Anos depois, um filho desse general Denys, símbolo da legalidade, seria escolhido por Sarney para ajudá-lo a montar a nova visão estratégica do país. Sem ditadura, sem guerra fria e sem ressentimentos.

O governo de Juscelino, superados alguns arreganhos de uns poucos militares revoltados e logo perdoados pelo novo presidente, estava destinado a promover um grande salto não apenas no desenvolvimento econômico do país, mas na própria topografia do poder. A criação de Brasília não representou apenas a interiorização da consciência territorial do país, mas a abertura de uma nova e vasta fronteira de cidadania, a que os políticos do Rio de Janeiro e de São Paulo, intérpretes das pressões empresariais diretas sobre o poder, levaram tempo para aceitar. Para cumprir seu ambicioso programa de metas, Juscelino convocou o capital estrangeiro, dividindo com a oposição um de seus aliados mais ativos. O grupo de Lacerda e de seus aliados militares, contudo, calculadamente recusou-se a entender as mudanças quantitativas e qualitativas operadas na economia pelas propostas políticas de Juscelino. Preferiu encará-lo, desde o aparecimento de sua candidatura, como um epígono de Vargas. Juízo totalmente errado, mas que convinha à UDN lacerdista e seus aliados militares, ainda mais que facilitado pela aliança, puramente eleitoral, de Juscelino com o PTB de João Goulart, seu vice-presidente. Mas Juscelino, aconselhado por Tancredo Neves, que analisara profundamente as razões da queda e do suicídio de Vargas, atraiu as melhores cabeças das três armas para assumirem postos-chaves na área de segurança nacional e na direção dos projetos de desenvolvimento econômico, com o que neutralizou, em grande parte, a entrada da retórica lacerdista nos quartéis. Juscelino foi, seguramente, o presidente que mais nomeou militares para funções civis. Em seu livro, hoje um verdadeiro clássico sobre o período, Maria Vitória Benevides confessa que fez o mapeamento da presença militar na equipe de Juscelino com a ajuda de Tancredo Neves, de Nelson Werneck Sodré e de Lucas Lopes, dois deles atuando na área econômica — Tancredo como diretor de Redesconto do Banco do Brasil e Lucas Lopes, como ministro da Fazenda. Duas lições devem ser tiradas desse levantamento. A primeira lição é que Tancredo, embora lotado na área econômica, atuava na articulação política com os militares, em cujo comportamento se aprofundara após o traumático suicídio de Vargas. A segunda lição, implícita no livro de Maria Vitória, é que a divisão dos militares tornou possível a estabilidade política do governo Kubitschek. Faltou a Maria Vitória recorrer ao principal motivo dessa estabilidade: a negação, a Carlos Lacerda, de acesso à televisão. Sem falar, é claro, na extraordinária onda de crescimento econômico que atingiu todas as regiões do país e que até hoje funciona, no imaginário popular brasileiro, como a nossa *belle époque*.[6]

Por um jogo de palavras que disfarçava a irredutibilidade de posições e de interesses políticos cristalizados (e também contrariados), a UDN lacerdista recusou-se a aceitar que o país ultrapassara, incorporando-as, as propostas de Vargas e que tinha identificado no crescimento econômico acelerado a sua mais importante meta de independência nacional. Era o *desenvolvimentismo*, que a Cepal (órgão criado pelas Nações Unidas) ajudara a definir, disponibilizando toda uma estrutura teórica para mostrar que só a industrialização romperia as cadeias da dependência econômica. Essa tese, que justificou a criação de um instituto para a formação da elite política e administrativa do país (o ISEB), havia penetrado também nos órgãos de estudos e de alto comando militares (a ESG, sobretudo) com a pregação da necessidade de associação das grandes empresas privadas com o Estado para a criação do verdadeiro poder militar, o então chamado complexo industrial-militar que seria, a partir de 1964, a pedra de toque do novo regime.

Que o país havia mudado, e muito, prova-o a própria revisão, operada dentro da UDN, em relação a temas como *nacionalismo, desenvolvimento, capital estrangeiro, remessa de lucros, monopólio estatal do petróleo,* e outros que passaram a motivar um forte grupo do partido, a *Bossa Nova*, apelido que indicava uma ênfase modernizante (como a modificacação da batida operada no samba pelo grupo de João Gilberto) para velhos problemas da estrutura política e social brasileira. O grupo, com representantes em Minas e em quase todo o Nordeste, serviu para Magalhães Pinto introduzir, no seu partido, um outro perfil de candidato a presidente da República, sem o facciosismo de direita que já então caracterizava (e descaracterizava) a UDN de Lacerda. A partir daí a própria UDN estava rachada.

Quando Juscelino transformou o Planalto Central num canteiro de obras para a construção da nova capital, fez questão de escolher pessoalmente dois homens para o comando do empreendimento. Um, foi o *trator* Israel Pinheiro para tocar as obras, dia e noite, sob sol ou chuva. O outro foi o *udenista* Íris Meimberg para responder pela tesouraria da Novacap, a estatal criada para construir Brasília. O partido decidiu que não devia ter posição oficial sobre o assunto — atitude ditada pela evidência de que a UDN estava dividida e que grande número de parlamentares de sua bancada (principalmente de Minas e do Nordeste) não só aprovava como aplaudia a construção da nova capital. Meimberg era — como a maliciosa escolha de Juscelino precisava caracterizar — uma espécie de aval da (autoproclamada) incorruptível UDN a uma obra que não poderia respeitar rigidamente os códigos legais que regiam os empreendimentos do governo federal, dada a urgência com que fora programada. Mas, para o partido, ficou claro que a presença de Meimberg na Novacap obedecia a um convite pessoal do presidente da República a um amigo e não a um representante da UDN. Filigranas do discurso partidário.

Outra prova de que o país mudara, e muito, surgiu quando da sucessão de Kubitschek. Seja porque estivesse convencido de que voltaria em eleição plebiscitária à Presidência da República em 1965, seja porque achasse que não devia manifestar preferência dentro de sua base de sustentação, ou por outra razão não revelada, o certo é que Kubitschek deixou correr solto o processo da escolha de seu sucessor. O PSD, cansado de tanta hostilidade militar, terminou aceitando o nome do general Teixeira Lott, respeitado dentro do Exército pelo seu caráter e profissionalismo, mas sabidamente de pouca sensibilidade política e de nenhuma habilidade para o jogo eleitoral. Repetiu-se a aliança com o PTB e com o mesmo João Goulart como candidato a vice-presidente.

Já as oposições, lideradas pela UDN lacerdista, tomaram o caminho oposto. Desistiram de uma candidatura militar e resolveram apoiar o então governador de São Paulo, Jânio Quadros, que fizera carreira fulminante como inimigo da *corrupção* e de funcionários públicos desidiosos. Usando como símbolo a vassoura e uma aparência física relaxada e pouco higiênica, Jânio afastava-se do elitismo udenista mas tinha consciência de que o seu discurso deitava raízes no mesmo canteiro moralizante, embora com ênfase direcionada no rumo dos *excluídos*. Era contra a forma como o Estado vinha sendo gerido e usado em função de interesses partidários e corporativos que Jânio lançava o arsenal retórico udenista, devidamente corrigido em seu rumo. Enquanto Vargas (e seu sucessor, João Goulart) tratavam a classe operária como companheira de jornada, Jânio buscava, mesmo no seio da massa trabalhista, a grande maioria dos marginalizados — com discurso, roupas e hábitos de fácil identificação. A revolta dos excluídos era, no entanto, ladinamente desvia-da do sistema econômico, que os penalizava, para o mandarinato assalariado que, no discurso de Jânio, se via representado pelo funcionalismo público — incompetente, corrupto e preguiçoso — e pela vasta rede de proteção peleguista montada durante o Estado Novo. Não por outro motivo, Jânio Quadros fez questão de enfatizar sua sintonia política, dentro da UDN, com o grupo da "Bossa Nova". A Política (vale lembrar, a política varguista vigente, segundo a versão udenista) era apresentada, então, como a arte de dilapidar o erário público em benefício de uma facção trabalhista, em detrimento da sociedade como um todo. Mas Jânio não ficou nisso. Pela primeira vez, numa campanha eleitoral, o combate à inflação ganhava *status* de cruzada contra o grande monstro que devorava as entranhas da economia brasileira. Com este tópico, o candidato da oposição colocava o dedo na ferida aberta pelos comprometedores índices de emissão de papel-moeda dos dois últimos anos do governo Juscelino; por sinal, os mais delirantes da construção de Brasília. Nem faltou a Juscelino um grupo de economistas que "provasse" que a emissão de papel-moeda para investimento em obras públicas não gerava inflação. Seria renda antecipada.

A eleição de Jânio, num país em que o presidente da República assume ares imperiais pela soma de poderes que enfeixa em suas mãos, foi percebida como um grande divisor de águas. Enfim, tudo seria passado a limpo. E logo se viu que a vassoura não era um símbolo inerme. Ao assumir o governo, Jânio criou dezenas de comissões de inquérito para auditar o que se passara no país, sob a complacência dos governos anteriores. Esses grupos de trabalho, integrados majoritariamente por oficiais do Exército, abriram as entranhas da política e da administração pública ao olhar direto e escandalizado dos militares. Estagiar na considerada podridão das contas e dos processos político-administrativos foi decisivo no convencimento militar de que o país realmente precisava passar por uma faxina geral.

Uma conjunção de fatores poderosos e, para ele, negativos, logo convenceu Jânio de que seria impossível realizar essa faxina através de medidas solicitadas ao Congresso. Não é difícil enumerar a cadeia de fatores inadequados à formação de um consenso político regenerativo por via congressual. A eleição de 1960 sancionou uma caótica distribuição de poder, levando Lacerda ao governo da Guanabara mas contrabalançado pela presença de Magalhães Pinto no governo de Minas, além de colocar um cunhado de Jango (sim, o próprio Leonel Brizola) no Rio Grande do Sul. Em Pernambuco, um udenista, Cid Sampaio, foi substituído por Miguel Arraes. Em São Paulo, um inimigo de Jânio — o indefectível Ademar de Barros — voltava ao governo. Essa salada de contradições políticas era supinamente reforçada pela presença de João Goulart, programaticamente o superinimigo de Jânio, na Vice-Presidência da República — resultado de uma aberração eleitoral da Constituição de 1945 que tornara majoritárias e, portanto, dissociadas, as eleições do presidente e do vice-presidente da República.

A forma como Jânio Quadros passou a se comportar, logo que assumiu o governo, e como querendo mostrar que não era refém de nenhum convencionalismo, foi a mais excêntrica possível. Seus atos só combinam, formando um certo sentido, quando considerados à luz da evidência de que ele pretendia ou considerava indispensável investir-se de poderes excepcionais. Embora não tenha articulado um golpe, ele juntou todas as circunstâncias necessárias para gerar uma grande crise e uma ainda maior comoção política no país. Com o vice-presidente, seu substituto, em viagem pela China, tudo indica que Jânio escolheu o inflamável Carlos Lacerda para provocar a sua renúncia. No dia seguinte a um dos melhores desempenhos de Lacerda na televisão, levando ao povo a denúncia de que o presidente o convidara para dar um golpe de estado, Jânio Quadros renunciou, cheio de indignação mas também de cautelas. Enviou sua carta de renúncia ao Congresso por um ministro alcoólatra que não deveria ter pressa de entregá-la e internou-se numa Base da Aeronáutica (a arma que levou Getúlio ao suicídio), em São Paulo. Como (e era previsível) o país afundava na perplexidade, o Congresso rapidamente apossou-se da carta-renúncia e proclamou a vacância do cargo até a chegada do vice-presidente. Assumiu, interinamente, o então presidente da Câmara, o pessedista Ranieri Mazzilli. Com todas as indicações de que os militares não permitiriam a sua posse, o vice-presidente foi aconselhado a multiplicar as escalas do avião em que retornava ao país, enquanto em Brasília se iniciava um penoso diálogo entre correntes politicas em busca de uma fórmula que tornasse palatável, para os militares, a posse de Jango. No Rio Grande do Sul, o governador Leonel Brizola, depois de um gesto cavalheiresco em direção a Jânio Quadros e de pronunciado desprezo por Carlos Lacerda, assumiu a liderança da luta pela posse do vice-presidente eleito — seu cunhado — conseguindo a adesão do Comando do III Exército, sediado em Porto Alegre, e projetando-se, nacionalmente, como grande e corajoso líder popular. A fórmula encontrada foi a da posse de Jango, mas sem poderes presidencialistas. Instalou-se, então, um parlamentarismo de conveniência, com um mineiro clássico, Tancredo Neves, na chefia do novo governo. E abria-se diante da UDN, dos militares e da imensa maioria do eleitorado que elegera Jânio Quadros para varrer do país as práticas políticas e administrativas corruptas do varguismo, agora representado por João Goulart, não apenas um dique de ressentimentos, mas um verdadeiro oceano de frustração e de perplexidade.

Consciente da fragilidade de sua situação política mas, ao mesmo tempo, de que tinha sido espoliado em seu direito de assumir a Presidência da República com plenos poderes, João Goulart, já no discurso de posse, deixou claro que lutaria, dentro da lei, para mudar o regime que lhe fora imposto. Tancredo fez o que era possível, nas circunstâncias, e até o que parecia impossível: promoveu uma conciliação nacional provisória para levar João Goulart ao encontro de Kennedy, em Washington, acompanhado dos presidentes de todos os partidos políticos brasileiros, incluindo o da UDN. De seu gabinete faziam parte, como ministro da Indústria e Comércio, o deputado paulista Ulysses Guimarães e, como ministro do Trabalho, o deputado Franco Montoro, mas Tancredo não se iludia quanto à urgência de uma definição institucional e não criava obstáculos para que João Goulart reunisse forças, no populismo e na esquerda, para livrar-se do parlamentarismo. Quando entendeu que estas forças se avolumavam e que chegara a hora de João Goulart reconquistar a totalidade dos poderes para os quais fora eleito, Tancredo Neves renunciou. Como primeiro-ministro, ele obrigou o país a levar a sério o parlamentarismo de encomenda; não se prestaria, portanto, a comandar a campanha que desembocaria no plebiscito que devolveu a Jango os seus plenos poderes, mas também não seria obstáculo à correção de um desvio histórico, ditado por um instante de conturbação política. Em outras palavras: Tancredo considerou encerrada a missão que recebeu para conduzir o país de um estado de crise a um estado de direito. E voltou à zona de sombra de onde acompanhou o destino tecer, com linhas óbvias, os novos caminhos da política brasileira.

Do outro lado, a direita, que chegara ao poder institucional pelo voto, sentia-se vítima de um golpe de estado provocado por um aleijão da Constituição de 1945 que, no final das contas, beneficiava justamente as correntes políticas que o eleitorado brasileiro pretendeu varrer do poder. Além do ódio que havia entre as duas correntes, juntava-se à circunstância institucional a certeza, de ambas as partes, de que se impunha a coragem de lutar pelos respectivos poderes perdidos. E ambas as correntes estavam munidas de respeitáveis e sólidas razões políticas. Assim, o confronto tornara-se inevitável.

João Goulart assumiu formalmente o comando do governo, mas não o comando do país. O Congresso lhe era visivelmente adverso, já que às forças da oposição se juntavam, com toda a discrição possível, os parlamentares do PSD mais ligados a Juscelino Kubitschek — ninguém mais ostensivo do que ele como candidato à Presidência da República. Goulart percebeu não ter outro caminho senão o de se apoiar nas lideranças sindicais e nas forças de esquerda para, num apelo direto às massas, reconstruir o universo político do getulismo através de um novo pacto social que seria definido pela aprovação do que se convencionou chamar de *Reformas de Base* — um conjunto de propostas apenas referido, mas nunca efetivamente apresentado a debate público. *Reformas de base* era o nome da bandeira com que o presidente pretendeu mobilizar as massas, tanto urbanas quanto rurais. Num primeiro momento, e para se opor à candidatura de Juscelino, o governador Magalhães Pinto e o grupo da Bossa Nova apoiaram, não tão discretamente, mas também sem nenhuma paixão desenfreada, a proposta de um novo pacto social que, afinal, era o que o próprio Jânio Quadros pregava quando acenava para os "excluídos". Acontece que tanto as lideranças sindicais, urbanas e rurais, como todas as organizações de esquerda, entenderam a posição de Goulart como convite explícito para um assalto ao poder. Houve, então, mais agitação do que mobilização — e pelo simples fato de que nem as lideranças sindicais nem as organizações de esquerda tinham o respaldo popular que acreditavam, ou fingiam que acreditavam, ter. Essa agitação, no quadro internacional da guerra fria (os russos não haviam colocado seus mísseis em Cuba?) e dos profundos conflitos internos que assinalaram os altos e baixos da onda política getulista, não poderia deixar de levantar suspeitas entre militares brasileiros e americanos. A transferência do general Vernon Walters (elemento de ligação do Exército americano com a FEB, na Itália) para o Brasil, e a criação e atuação do IPES, onde imperavam o talento estratégico de Golbery do Couto e Silva e a capacidade de mobilização financeira de vários empresários como Jorge Oscar de Mello Flores, mostram que a direita, assustada, agiu em conseqüência, enquanto Jango e as esquerdas agiam num vazio apenas estrepitoso. Por outro lado, as lideranças sindicais e de esquerda, além de não ajudarem muito porque mobilizavam pouco, ainda submetiam o presidente a desgastes desnecessários, com lambanças pessoais ou corporativas que não podiam ser sancionadas pela realidade em que se movia o governo. E havia, sobretudo, o Brizola, candidatíssimo à Presidência da República, mas impedido legalmente de concorrer porque era cunhado de Goulart. Suas primeiras investidas contra essa proibição constitucional foram bem-humoradas ("Cunhado não é parente; Brizola pra presidente"), mas logo assumiram o caráter de radical contestação institucional e de desafio ao presidente no sentido de que aprofundasse o debate das reformas que, para ele, se resumia ao artigo da Constituição que proibia sua candidatura. Refletindo a experiência dos "anos João Goulart", mais de vinte anos depois, o depoimento de importantes personagens daqueles idos de março expõe claramente a falsidade da situação vivida num quadro de equívocos políticos, embora de fértil imaginação criadora. Celso Furtado: "O governo Goulart era fraco, não tinha diretrizes coerentes, e estava preocupado em sobreviver." Hércules Corrêa, dirigente do Comando Geral dos Trabalhadores, em 1964: "Nossas propostas não casavam com o Brasil... O governo do Jango precisava de uma trégua, e não de uma greve atrás da outra... O golpe de Estado precisa ser analisado no contexto de 1961-1964, quando se completou um processo político, econômico e social iniciado em 1930... Brizola contribuiu muito para o golpe, atuando de forma irresponsável, em certos momentos." Darcy Ribeiro, chefe da Casa Civil da Presidência, em 1964: "Os esquerdistas louquinhos queriam mais caos... O presidente preferiu cair a dar uma ordem de fogo contra as tropas do Mourão Filho... Era difícil enfrentar o radicalismo de Brizola, que tinha uma posição esquerdista... O Jango só foi entendido pela direita; ele abriu um caminho para a revolução... A maioria dos líderes sindicais era sacana, sindicaleira; suas posições eram demagógicas." Nélson Werneck Sodré, historiador e militar, diretor do ISEB, em 1964: "A esquerdização nos isolou... o movimento pró-reformas de base não conseguiu articular uma base política e estruturá-la... A quebra da hierarquia foi um fato grave, mas acessório, pois a derrota foi no nível político... O golpe de 1964 não foi um golpe militar; foi um golpe político, vitorioso na área política; isolado o governo, deu-se a operação militar de ocupação, pois o governo já estava politicamente vencido." Leonel Brizola, aspirante a candidato à Presidência da República e a mais forte liderança popular de esquerda, em 1964: "A derrota do movimento popular foi uma coisa episódica, pois os trabalhadores não estavam no poder... Éramos ingênuos... Os grupos dos 11 foram uma tentativa desesperada de unir o povo contra o golpe; eram o que se poderia chamar de clubes de resistência democrática; não eram grupos paramilitares."

Depoimentos como estes, prestados ao jornalista Dênis de Moraes, mais de vinte anos depois dos acontecimentos em que tiveram participação direta e intensa, multiplicam-se pela literatura que o tempo foi acumulando numa espécie de revisão proustiana, "em busca do juízo perdido". As frases citadas acima são as mesmas, *mutatis mutandis,* formuladas por Sérgio Magalhães, Waldir Pires, Gregório Bezerra, Francisco Julião, Herbert José de Souza (o Betinho), Ferreira Gullar, Luiz Carlos Prestes (este, lamentando a "traição" do Partido Comunista russo à causa internacional do marxismo-leninismo), Almino Afonso e muitos outros.[7]

A análise mais sensata e mais realista desse período é a do historiador Nélson Werneck Sodré, e por dois motivos: em primeiro lugar ele foi, a vida toda, um homem profundamente honesto e, em segundo lugar, por sua condição de militar — o que lhe dava, na ocasião, um mirante privilegiado para acompanhar a evolução da crise política. Segundo ele, o governo Goulart já tinha contra si, quando assumiu, a opinião pública que determinara o fim do estilo varguista de fazer política às custas de um Estado patrimonialista e paternalista — de tal modo era inequívoco o sentido do voto dado a Jânio Quadros. E só fez piorar essa situação, depois do plebiscito interesseiramente apoiado por todos os candidatos à Presidência da República, deixando que o governo se isolasse tanto pelas boas como pelas más intenções de seus aliados. Não houve, segundo Sodré, nenhum golpe militar, mas uma anomia política e administrativa que levou o país ao desabastecimento (nos grandes centros urbanos havia fila para tudo), à crise cambial, à desmoralização completa da autoridade, inclusive no âmbito das Forças Armadas. O presidente Goulart também nunca pensou em dar golpe nenhum — o que irritava seus aliados. No dia 31 de março de 1964, quando o general Mourão começou a deslocar suas tropas no sentido do Rio de Janeiro (e não no sentido de Brasília, onde estavam os poderes constituídos), o brigadeiro Antônio Teixeira tinha aviões preparados para metralhar o exército brancaleone de Mourão e de Magalhães Pinto, já travestido de general civil da revolução, mas não obteve autorização de Jango para levantar vôo. Não havia, no Planalto central, nenhum esquema que pudesse dar segurança ao presidente, mesmo com Mourão marchando para o lado oposto do território nacional. O que fez Jango? Tomou um avião para Porto Alegre e de lá foi para o Uruguai, onde era *estanciero* conspícuo. Não tinha mais com quem, nem por que lutar. Foi a fuga do presidente e não uma operação militar articulada que obrigou o Exército a *ocupar* o poder, na análise correta e isenta (na verdade, testemunhal) de Nélson Werneck Sodré.

A chamada *Revolução de 64* foi o soneto ("Não se faz um soneto, ele acontece", disse Ledo Ivo, um udenista histórico) com que Jânio Quadros sonhou passar a limpo o Brasil. Os militares assumiram, então, a missão de operar essa faxina, tanto em relação ao entulho de esquerda quanto ao entulho de direita e — aí, sim — recorreram à violência e ao arbítrio que julgaram necessários. A revolução teve apoio popular nos seus primeiros anos (antes do AI-5 e da elevação internacional do preço do petróleo e da taxa de juros), tanto que manteve o Congresso funcionando e a liberdade de imprensa. Começou a se isolar da sociedade no governo Costa e Silva quando editou o AI-5 e sobretudo no governo de Médici, quando superestimou (no quadro da guerra fria, é bom lembrar) o desafio da guerrilha urbana e rural e introduziu a tortura nas prisões e, em alguns casos, o assassinato político. A brutalidade desproporcional com que foram esmagadas as ingênuas, mas também estúpidas iniciativas esquerdistas de guerrilha levou o setor de segurança e de informação do regime a se fechar sobre si mesmo e, cada vez mais afastados do sentimento popular, os militares sentiram que era chegada a hora de devolver o poder aos civis, consciência que se estruturou e se programou durante o governo Geisel. Mas já então não havia clima nem condições internacionais para criar e operar um verdadeiro complexo industrial-militar de Primeiro Mundo. Isto mesmo: o mundo e não apenas o Brasil mudava as suas referências, os seus objetivos e a organização dos Estados e da economia. E o Brasil, mais uma vez, não estava preparado para a nova realidade que começava a chegar. Esse é o lado político.[8]

Sob o aspecto econômico, é necessária uma outra leitura dos 21 anos do regime militar. Em função da distribuição internacional de poder, a industrialização transformara-se numa questão estratégica. O conceito de complexo (no sentido de combinação operacional) industrial-militar tornou-se a nova bússola do desenvolvimento nacional. Quando João Goulart deixou a Presidência, o país estava economicamente falido, sem condições de promover a paz interna e muito menos de ascender na escala internacional de poder. Os militares deram, então, plena cobertura e autonomia aos técnicos em condições de impulsionar o crescimento econômico do país. Ironicamente, foram encontrar na Fundação Getúlio Vargas um estoque de técnicos e de políticas que começaram a desmontar a estrutura do Estado varguista e a modernizar e diversificar a economia do país. Equilibradas as contas internas e externas durante o governo Castello Branco, com visível controle da inflação baseado num sistema de indexações que punia os assalariados, o Brasil experimentou, nos 12 anos seguintes, um notável desempenho econômico, com picos de 11% de crescimento do PIB, graças, sobretudo, à contratação de volumosos empréstimos externos a taxas baixíssimas de juros que vigoravam no mercado internacional em virtude do excesso de petrodólares. O regime militar, não há como deixar de reconhecer, cumpriu notável papel na construção de uma infra-estrutura nacional nas áreas de transportes, comunicações, energia elétrica, além de buscar, por motivos estratégicos, a auto-suficiência em matéria de combustíveis, com o aumento da produção de petróleo e do álcool-anidro. Por uma falsa noção de segurança, pretendeu que o país desenvolvesse, isoladamente, a sua indústria de informática, fechando o mercado a quem, de fato, estava inventando as novas tecnologias da informação, no exterior. Mas, a partir de 1979, com o segundo choque da alta do preço do petróleo e, mais ainda, depois da elevação brutal da taxa de juros americana, em 1982, a economia brasileira despencou outra vez no abismo. Não havia mais como resolver a crise financeira, principalmente no quadro de má vontade e até de hostilidade popular que acompanhou os últimos anos do governo Figueiredo. A guerra fria chegava a seu fim, com os russos acenando para a necessidade de uma reformulação interna e, sobretudo, para a impossibilidade de continuar financiando a exportação de sua revolução. As operações comerciais especiais que contemplavam as exportações cubanas e que eram, na verdade, um subsídio a Fidel Castro, foram reduzidas drasticamente a partir dos últimos anos da década de 1970.

Durante o governo Figueiredo, o Brasil entrou, literalmente, em moratória técnica, já que não pagava o principal de sua dívida externa e contraía novos empréstimos para cobrir o chamado serviço da dívida. A inflação deixada por Figueiredo, vale dizer, pelo regime militar, foi de 235% em 1984 — infinitamente superior, portanto, à herdada de João Goulart. A Revolução de 64 pode ser descrita, assim, como um sonho de grandeza militar entre dois colapsos da economia brasileira. Como no célebre soneto de Rilke, era imperioso mudar de vida.

Ainda assim não foi fácil a sucessão de Figueiredo. Para garantir que a passagem de poder para um civil se fizesse de forma *lenta* e *gradual*, o presidente Geisel editou um conjunto de alterações constitucionais (conhecido como o *Pacote de Abril*) tirando da disputa eleitoral um terço dos mandatos de senadores que passaram a ser indicados pelos partidos. Foram os senadores *biônicos*. No mesmo pacote, a duração do mandato presidencial foi fixada em seis anos, e a eleição processada num Colégio Eleitoral em que o regime teria vitória de antemão assegurada. Estas alterações tiveram enorme impacto na oposição. Tancredo Neves, por exemplo, havia fundado um partido popular (PP) com o qual esperava se colocar em condições de compor com qualquer uma das grandes legendas para sair vitorioso mesmo numa eleição indireta. Sua reação imediata foi no sentido de dissolver o novo partido e regressar ao MDB, agora PMDB, enquanto a Arena passava a se denominar PDS. Nascia ali, também, o projeto oposicionista de luta pelo retorno às eleições diretas. Observa-se aqui, exatamente neste ponto do processo político, que enquanto Ulysses e seus seguidores passaram a apostar no colapso do regime militar e julgaram que era chegada a hora de exigir nas ruas a imediata realização de eleições diretas, Tancredo Neves, solitariamente, jogou todas as suas fichas na necessidade de uma saída honrosa para os militares, no caso de uma crise que tumultuasse ou até impedisse a sucessão de Figueiredo. Houve de tudo para a criação dessa crise, inclusive a sugestão de Brizola para o adiamento da eleição, enquanto o presidente se fazia de maluco-beleza. Tancredo, contudo, insistia na necessidade de uma ponte entre os militares e a oposição, no que ganhou o apoio de Franco Montoro e dos moderados do PMDB.

Outro dado importante, não previsto na estratégia Geisel-Golbery de transferência de poder, foi o comportamento dúbio de Figueiredo. Fustigado por uma campanha da oposição que exigia, com respaldo popular, a realização de eleições "Diretas-Já", sem nenhuma simpatia pelo candidato do partido oficial (Paulo Maluf), incentivado por Brizola a desejar mais um ano à frente do governo sob o pretexto da coincidência de mandatos, e amargurado pelas restrições físicas a que a idade e as doenças o submetiam, Figueiredo terminou mantendo o calendário e a eleição indireta, mas pessoalmente enojado (era o que dizia, na intimidade) com tudo o que ocorria a sua volta.[9]

E o que ocorria a sua volta? Simplesmente o renascimento do jogo político, a oferta e a procura de alianças político-partidárias num mercado eleitoral (semi-)aberto. Nesse jogo, para o qual nem Figueiredo nem o regime podiam mais ditar ordem unida, uma forte corrente situacionista (que incluía o vice-presidente da República, Aureliano Chaves, o ex-presidente do partido, José Sarney, e muitos outros nomes de destaque político) não aceitou a candidatura de Maluf e, em dissidência, estimulou a criação de uma nova correlação de forças eleitorais pela qual a oposição passou a ser majoritária no sistema de escolha indireta do presidente. A formação da chapa (Tancredo Neves-

José Sarney) e as negociações que asseguraram o apoio militar à nova fórmula de transição institucional (não mais de um militar para um civil do regime, mas de um militar para um civil da oposição) e garantiram a concordância das correntes de oposição ao nome de Sarney, é obra de verdadeira engenharia política parcialmente revelada, neste livro, em depoimento do ex-presidente. O regime militar, que durante mais de vinte anos evoluiu como estratégia de Estado-Maior, acabou com um enorme fracasso de planejamento eleitoral.

Curiosa é a trajetória que ao longo de quase quarenta anos aproximou, afastou e tornou a aproximar os nomes de Tancredo Neves e de José Sarney. Como aqueles antigos mestres na arte de ler nas nuvens ou nas entranhas dos animais o destino de seus povos, Tancredo Neves esteve sempre nas encruzilhadas em que o país precisou dele para descobrir um caminho de conciliação e de transição pacífica. Quando os seguidores de Vargas exigiam outros cadáveres para vingar o do grande líder levado ao suicídio, Tancredo, seu ministro da Justiça, teve a necessária coragem para, diante da multidão enfurecida e do caixão do presidente sacrificado, erguer um chamado à razão e ao desarmamento de espíritos. Esse discurso impressionou profundamente o então muito jovem e udenista José Sarney, segundo ele próprio relatou, no Senado, em discurso dedicado à memória de Tancredo. Tempos depois, na crise aberta com a renúncia de Jânio Quadros, foi Tancredo quem viabilizou a posse de João Goulart aceitando ser o primeiro-ministro de um parlamentarismo de encomenda, enquanto Sarney, da Bossa Nova da UDN, integrava uma corrente que destoava do reacionarismo de seu partido e pregava um novo pacto social. Tancredo nunca foi identificado como um verdadeiro oposicionista ao regime militar, enquanto Sarney era olhado com suspeição por alguns setores do novo governo por ter pertencido à Bossa Nova, de onde rolaram muitas cabeças (Seixas Dória, José Aparecido de Oliveira, Ferro Costa etc.), caracterizadas como de esquerda. O historiador maranhense Benedito Buzar tem uma explicação para essa refração sofrida pela imagem de Sarney, na passagem do plano estadual para o federal:

> "O Sarney era da UDN porque, no Maranhão, o Vitorino Freire era do PSD. E buscou sua faixa de atuação federal junto aos progressistas do seu partido (a UDN) porque tinha, de fato, motivação social de esquerda, sem nunca ter sido comunista. Quando aconteceu a queda de Jango e a ascensão dos militares, Sarney estava no partido vitorioso e Vitorino, no partido derrotado. Acontece que Sarney era considerado de esquerda e

Vitorino era amicíssimo dos irmãos Geisel e de outros generais que chegavam ao poder."

Por que ele não foi cassado, juntamente com os "esquerdistas" da Bossa Nova, é um mistério político até hoje não decifrado. Neste livro, Sarney conta sua versão. O certo é que na eleição de 1965, Sarney elegeu-se governador de seu estado, esmagando nas urnas a carreira de Vitorino e de tudo o que ele representava no Maranhão. Sarney derrubou uma oligarquia fechada e poderosa no seu estado e por esse motivo a *Revolução* tornou-se verdadeiramente popular no Maranhão. Foi a exuberante alegria de um povo comemorando sua libertação que Glauber Rocha flagrou em um documento cinematográfico histórico. No Maranhão, Sarney era a alegria do povo. Em resumo: foi um governo de extraordinário impacto administrativo, pela primeira vez baseado em pesquisas sobre a situação real do estado e em audacioso planejamento, com metas de curto, longo e médio prazos, que contou com apoio ostensivo e a admiração de Roberto Campos e de sua equipe, então empenhados na implantação do PAEG (Plano de Ação Econômica do Governo Federal). Assim, quando chegou a hora de substituir Tancredo, Sarney estava certo de ter experiência política e administrativa para a missão. Podia não contar com a violência da rejeição manifestada mais pelos veículos de comunicação do eixo Rio-São Paulo do que pelos frustrados oposicionistas do PMDB. Pode não ter avaliado corretamente a profundidade do ódio que passou a lhe dedicar o general Figueiredo por se recusar a operacionalizar a sugestão de Brizola, de mais um ano de mandato para o presidente. Mesmo assim, sentia-se preparado para qualquer situação. É, pelo menos, o que ele diz e o que se revela conforme com os fatos.

O que se passou na véspera da posse do primeiro governo civil, depois do longo ciclo de generais-presidentes, quando Tancredo Neves foi obrigado a internar-se no Hospital de Base de Brasília para uma cirurgia de emergência, está minuciosamente relatado por Ronaldo Costa Couto no Capítulo 2 ("De 64 ao governo Sarney") deste livro. Costa Couto prova, mais uma vez, que o verdadeiro motivo da recusa de Tancredo em se internar estava na sua convicção de que o general Figueiredo não daria posse a Sarney e que esse fato poderia reabrir uma crise institucional que anularia todo o esforço, até aquele momento bem-sucedido, para o regresso do país ao regime democrático. Só uma piedosa mentirinha de Francisco Dornelles, dando ao tio a certeza de que Sarney seria empossado, conseguiu vencer a resistência de Tancredo à internação.

O fato mostra o que era óbvio para quem conhecia a carreira política de Sarney, no Maranhão, que, por sua luta contra Vitorino Freire, ele estava destinado a ser um *inquilino* no prédio da "Revolução", e não um membro da família. E é isso, justamente, que Sarney revela, com detalhes, na longa entrevista que constitui a coluna dorsal deste livro.

Sobre a herança econômico-financeira que o regime militar transferiu ao governo de Sarney, falaram, neste livro, Maílson da Nóbrega, Antônio Dantas (professor da UnB e de Cornell) e João Sayad. Era um plano inclinado sobre o abismo. O projeto militar (do Brasil-grande-potência) esgotara suas possibilidades e não obtinha nem investimentos e nem empréstimos — na verdade entrara em estado de falência técnica contratando novos empréstimos externos apenas para a rolagem da dívida e com um processo ascendente de inflação que ultrapassara, em 1984, os 230% ao ano. Pela escolha de seu Ministério é possível dizer que o grande conflito de Tancredo com sua base política ocorreria na área financeira. O PMDB inteiro queria um ministro da Fazenda de São Paulo e, sobretudo, fora dos quadros monetaristas que haviam imposto, durante o regime militar, pesados sacrifícios às camadas mais pobres da população com a estranha visão de um bolo (a riqueza nacional) que não podia ser dividido enquanto não aumentasse. Tancredo não admitia abrir mão do comando da economia e exigia que o mesmo ficasse em família, nas mãos, para ele insuperáveis, de Francisco Dornelles. Antes mesmo da posse, os paulistas tentaram dar um golpe branco em Dornelles; aproveitando a viagem de Tancredo ao exterior começaram a articular a indicação de Olavo Setúbal para o cargo. A rapidez com que Tancredo, do exterior, fulminou a manobra, é a melhor prova de que um abismo profundo separava o novo presidente da República dos demais líderes das oposições — Ulysses à frente — no que dizia respeito às diretrizes de política econômica. O que os dois campos queriam apontavam caminhos não apenas divergentes, mas excludentes. Seria leviano supor que essas divergências levassem a um impasse perigoso, já que Tancredo era um mestre na arte da navegação sem instrumentos e, por outro lado, só tinha compromissos com a viabilidade política. Mas ao nomear Dornelles para o Ministério que seria o de Tancredo, Sarney herdou o conflito, sem o cacife político oposicionista de seu companheiro de chapa. Manobrou, portanto, no sentido de entregar o comando da economia aos paulistas de Ulysses Guimarães e só no fim apelou para a receita caseira que foi a nomeação de Maílson para o Ministério da Fazenda. Daí a ênfase com que, ao longo de seu mandato, ele alertava para o fato de que o importante, o essencial, era o fortalecimento político da democracia e que a economia poderia esperar. Era como se dissesse: "Eu estou cuidando da viabilidade política e institucional do país. Da economia, cuidou o pessoal do Tancredo, no primeiro momento, e o pessoal do Ulysses, depois."[10]

E estas palavras, implícitas em todos os atos e discursos do presidente, mostravam que as oposições — depois de 21 anos combatendo o regime militar, não estavam preparadas para propor uma nova política econômica ao país. Precisaram esperar mais cinco anos para ouvirem de Fernando Collor qual o caminho a seguir, enquanto procuravam nas cinzas do passado os restos da experiência do Plano Cruzado para a construção da nova estratégia do Real. E, ainda assim, para dar no que deu.

Notas

[1] Em artigo publicado em 18 de novembro de 1930, em *O Jornal*, intitulado "O Monstro", Chateaubriand exibe o seu gênio para bajular e para agredir – armas indispensáveis para alcançar seus objetivos. Começa dizendo que Bismarck teria muito o que aprender com Getúlio, "um misto de Lusbel e de arcanjo" e ataca João Pessoa por um ângulo surpreendente, isto é, por ter sido sempre muito zeloso com o dinheiro do Estado. Tendo Getúlio, em 1929, recomendado ao governador da Paraíba que armasse o Estado, seu companheiro de chapa nem chegou a considerar a sugestão, por absurda. Mas Chateaubriand assim interpreta o episódio: "O sr. João Pessoa não concordou com o plano armamentista, sobretudo porque era um terrível avarento com os dinheiros públicos de sua terra." A leitura, hoje, desse tipo de jornalismo (tanto o que atacou Bernardes, como o que elogiou Vargas) é dolorosa pela impressão e intenção de banditismo que o anima.

[2] *A Coluna Prestes*, Anita Leocádia Prestes, Editora Braziliense.

[3] Todos os depoimentos de militantes de esquerda, coligidos a partir dos anos 1980, são unânimes em mostrar que a política, durante a ditadura de Vargas e o governo Goulart, era conduzida mais por bravatas de conceituação do que pela mobilização efetiva das massas. Essa fantasiosa exibição de poderio político, em pelo menos dois momentos, mobilizou os piores instintos sanguinários da direita: em 1935 e em 1964. Em relação a Leonel Brizola, o melhor julgamento, porque insuspeito, é de Darcy Ribeiro, para quem Brizola agiu irresponsavelmente. Muito mais irresponsáveis foram as primeiras ações radicais de esquerda, a julgar por seus documentos doutrinários, reunidos por Willian Waack em seu livro *Camaradas* (Cia. das Letras, 1993) . Sobre as lideranças sindicais da época de Goulart, Darcy confessa a Dênis de Moraes: "Eram uns sacanas. Só queriam aparecer." (Revista *Veja*, janeiro de 1995 e *A Esquerda e o Golpe de 64*, Dênis de Moraes. Editora Espaço e Tempo Ltda.)

[4] Em 1942, Caio Prado confessa em seu clássico *Formação do Brasil Contemporâneo* que os problemas nacionais daquela época já estavam definidos e postos em equação há 150 anos. É nesse livro que ele expõe sua (não digamos *teoria*) intuição de que a História de todo povo tem na sua evolução, considerada a distância, um certo sentido. E ele mesmo assegura que não adianta querer *pular* a solução de alguns conflitos ou problemas porque eles sempre aflorarão na superfície da História, enquanto não forem resolvidos. É preciso reescrever toda a História

política do Brasil à luz dessa intuição de Caio Prado Júnior. Este capítulo é uma modesta contribuição à visão de Caio Prado, servida por uma consciente leitura da política brasileira comparando textos e fatos do período que vai da década de 1920 até a década de 1980. Como fez Edmond Wilson com sua interpretação da Revolução Russa. Aliás, o século passado assistiu a uma inusitada dança de posições. Enquanto a obra de arte, depois de conseguir *status* de um objeto fora da natureza e da sociedade, com o *New Criticism* (Archibald MacLeish havia proclamado: "Um poema não tem que significar, mas ser"), passou a segunda metade do século XX a ser estudada como um sistema de signos incrustado num sistema econômico, social e político. Já a História, no mesmo período, mergulhada numa terrível crise de identidade, procurou abrigar-se até no mundo das artes. Primeiro, utilizando os métodos de leitura da crítica literária. Depois, proclamando-se – com o radical Wayden White – um autêntico gênero literário. Uma volta inesperada, mas triunfal, a Heródoto, já que os alexandrinos o admiravam e reverenciavam como fabulista e artista – suprema homenagem numa cultura que valorizava a História como um gênero literário.

[5] Sobre este período é importante consultar o ensaio de José Honório Rodrigues *O Governo Constitucional de Getúlio Vargas,* em que são arroladas as forças nacionais e internacionais que se uniram contra Vargas. De 1970, este ensaio foi incluído na coletânea *História, Corpo do Tempo*, da Editora Perspectiva.

[6] *O Governo Kubitschek – Desenvolvimento Econômico e Estabilidade Política,* Maria Vitória Benevides. Não é preciso perder muito tempo em pesquisas para provar que o crescimento da economia concorre, e muito, para a estabilidade política. Mas no caso de Juscelino foi fundamental, para a tranqüilidade institucional de seu Governo, além do temperamento do presidente – sempre cordial e conciliador – um outro fator que não ocorreu à autora: o afastamento de Lacerda da televisão e do rádio, através de censura comercial, ou seja, manipulação de recursos financeiros do governo. A tirania da negação.

[7] Todos estes depoimentos estão no livro *A Esquerda e o Golpe de 64,* de Dênis de Moraes, Editora Paz e Tempo, 1989. Um modelo de entrevistas políticas conduzidas com o objetivo de esclarecer os fatos e não de iluminar os entrevistados.

[8] Sobre a herança econômica e a maldição política que foram os grandes desafios do regime de 1964 poderiam ser extraídos diversos livros do *Lanterna de Popa,* de Roberto Campos. Um livro fundamental para compreender as dificuldades políticas da direita para colocar em prática suas propostas econômicas num país supostamente de direita, mas politicamente envenenado pela retórica terceiro-mundista, de esquerda. O livro de Campos é fundamental, mas de impossível manejo por seu tamanho. Lê-lo é um exercício de alterofilismo físico e mental que, naturalmente, fortalecerá qualquer pessoa que a ele se submeter.

[9] Neste livro, com as cautelas que o escrúpulo devido a um morto recomendam, José Sarney mostra que Figueiredo queria, de fato, melar a eleição de 1985 e até, ingenuamente, pretendeu contar com a ajuda dele, Sarney. Curiosamente, Figueiredo achava Sarney "um fraco".

[10] Na entrevista para este livro, Sarney faz questão de enfatizar que não descuidou um momento sequer da economia – do que dão provas os indicadores financeiros e sociais do período em que governou o país. Apenas, segundo ele, procurou não *estressar* o ambiente, já muito delicado, com as agruras de um combate ortodoxo à inflação.

Documentos

Descompressão no Prata foi o início de uma vida nova no continente

A Visão Estratégica

*Rubens Bayma Denys**

A estreita convivência durante todo um período de cinco anos de governo, como assessor presidencial para Assuntos Militares e da Política e Estratégia de Segurança Nacional, permite ao depoente formular um abalizado conceito sobre as elevadas qualidades de estadista do ex-presidente Sarney.

A visão política e estratégica de José Sarney parte de uma clara compreensão da base continental brasileira e de que um futuro promissor para o país está intimamente ligado ao fortalecimento conjunto dos países sul-americanos. Ela passa também pela sua convicção de que a promoção desse fortalecimento depende fundamentalmente de o nosso país realizar a racional ocupação dos seus espaços vazios, de forma a poder usufruir de todas as

---

** O general-de-exército Rubens Bayma Denys foi ministro-chefe do Gabinete Militar da Presidência da República durante o governo José Sarney.*

suas potencialidades e, assim, melhor contribuir para o desenvolvimento conjunto do nosso continente. A integração continental está intimamente ligada ao desenvolvimento equilibrado e harmônico do Brasil, incluindo as regiões de fronteira do Centro-Oeste e da Amazônia.

Para ressaltar a visão continental de Sarney, cabe lembrar que na fase da monarquia, o Império brasileiro dava as costas para a América do Sul, evitando aproximação com as repúblicas do continente, com o propósito de assegurar a estabilidade do regime monárquico. Com a proclamação da República, o sonho dos nossos republicanos de integração do Brasil com os seus vizinhos não logrou sucesso, porque os antagonismos existentes no Prata e as dificuldades de comunicação a oeste e ao norte impediam qualquer aproximação maior. Somente quase cem anos após esse sonho torna-se uma realidade, graças à diplomacia presidencial inaugurada por Sarney.

Essa visão política e estratégica inclui ainda a necessidade de se promover urgentemente o desenvolvimento rural equilibrado, de forma a proporcionar oportunidades de emprego no campo e a ocupação ordenada do território. São fundamentais para isso uma reforma agrária e uma política agrícola adequadas às diversas regiões do país, ambas apoiadas por medidas de sustentação ao homem do campo, em especial ao pequeno agricultor. Essa visão destaca também a necessidade de fixar as populações carentes do interior em suas áreas de origem, assistindo-as com recursos técnicos e sociais básicos, visando criar oportunidades de empregos nessas regiões e evitar futuras pressões nas áreas urbanas. Foi o caso do Programa de Apoio aos Quinhentos Municípios mais Carentes, lançado em seu governo e conduzido pela Secretaria Especial de Ação Comunitária – SEAC, com o apoio da Legião Brasileira de Assistência – LBA, do INAMPS e de outros órgãos federais e estaduais.

A compreensão do presidente Sarney sobre o valor da oportunidade de trabalho para o cidadão e para a segurança e o bem-estar da família brasileira levou seu governo a priorizar uma política de pleno emprego. Isso lhe valeu cerca de 11 mil greves durante os cinco anos de mandato presidencial, sinalização indiscutível de que houve um regime de total liberdade democrática. Um país e uma sociedade ainda por construir necessitam de desenvolvimento e mercado que proporcionem emprego ao cidadão.

A Amazônia foi priorizada durante todo o mandato de José Sarney. Entendia ele que a prioridade estratégica de defesa do país deveria ser deslocada do Cone Sul para a Amazônia. A cobiça internacional em relação à Amazônia está mais do que nunca em evidência, obrigando os nossos governantes a estarem atentos às manobras insidiosas que são feitas contra a nossa soberania na região. Ao fazer o balanço das ações do seu governo no âmbito do Programa Calha Norte, afirmou o seguinte: "Durante quase cinco anos, trabalhamos em silêncio na conquista deste Brasil rico e ignoto que ocultava na profundeza da mata seu fascínio e seu mistério."

Entendia Sarney que o prestígio do país se assenta também nos níveis de desenvolvimento científico e de capacitação tecnológica já alcançados. Portanto, dentre os numerosos programas que prestigiou no setor destacam-se o de Desenvolvimento da Tecnologia Nuclear Autônoma e o Aeroespacial. Estava claramente convencido de que o país deve ter o direito soberano de utilizar a energia nuclear para fins pacíficos, sem obrigação de assinar tratados discriminatórios. Da mesma forma, entendia que a tecnologia aeroespacial era fundamental para o Brasil, o qual, de dimensões continentais, necessitaria de satélites para as comunicações e controle do nosso extenso território e de foguetes para lançá-los. Sarney compreendia, sobretudo, que nas relações entre países os interesses nacionais não podem ser contemporizados, tratados superficialmente e cedidos sob qualquer tipo de pressão internacional.

Convém também lembrar que durante o governo Sarney em nenhuma ocasião se falou em golpes ou ocorreram quarteladas. Não houve medidas de segurança, nenhuma tropa do Exército entrou de prontidão por qualquer motivo. Os militares cooperavam com a redemocratização nacional mantendo a peculiar atitude profissional. O governo realizou no país o que Sarney disse ao presidente Alfonsín: "No Brasil, estamos fazendo a redemocratização com os militares."

A política externa e a diplomacia presidencial

- A integração e a concertação política continental e latino-americana
- A distensão política na Bacia do Prata e o Mercosul
- O pacto amazônico e o Merconorte
- A zona de paz e cooperação do Atlântico Sul
- A comunidade dos países de língua portuguesa

O governo Sarney caracterizou-se por importantes ações estratégicas visando especialmente à consolidação da integração territorial do país e ao fortalecimento das relações políticas e econômicas do Brasil com as nações do continente e latino-americanas. Essas ações foram, em grande parte, impulsionadas pela iniciativa pessoal do presidente Sarney, que, assim, deu ênfase à diplomacia presidencial, inaugurada em seu governo.

Profundo conhecedor da importância da posição e da dimensão do território brasileiro na América do Sul e do potencial econômico do nosso país, entendia o presidente Sarney que o fortalecimento e a valorização do "Bloco Sul-Americano", no concerto mundial, teria de passar forçosamente pelo empenho e pela prioridade que o governo brasileiro desse à integração política e econômica do Brasil com as nações vizinhas.

A diplomacia presidencial teve início, pode-se dizer, no primeiro encontro dos presidentes Alfonsín e Sarney, da Argentina e do Brasil, respectivamente, ocorrido na fronteira de Foz do Iguaçu, dias 29 e 30 de novembro de 1985, para a inauguração da Ponte Internacional Tancredo Neves. No dia 29, após o jantar oferecido pelo presidente argentino ao seu colega brasileiro, entre outros assuntos por eles abordados informalmente, Sarney referiu-se à Usina Hidrelétrica de Itaipu e convidou Alfonsín a visitá-la. Não obstante a quase imperceptível preocupação que pairou momentaneamente, entre alguns circunstantes que conheciam de perto as graves disputas nas relações bilaterais anteriores à construção da referida hidrelétrica, o convite foi prontamente aceito. Na manhã seguinte, o presidente Alfonsín visitou, com o presidente Sarney, aquela magnífica obra de engenharia nacional, acompanhado apenas de alguns de seus assessores mais imediatos, já que o ministro das Relações Exteriores, os comandantes militares e algumas outras autoridades, representativas do Estado argentino, não haviam comparecido.

Em seguida ao jantar do dia 29 de novembro, dois novos assuntos marcaram o diálogo dos dois presidentes. Um deles referiu-se ao processo de redemocratização dos dois países e à posição de suas Forças Armadas. Alfonsín observou que seu governo conduzia o processo na Argentina à revelia das Forças Armadas; enquanto Sarney fez-lhe ver que, no Brasil, a redemocratização vinha sendo operada com a participação dos militares.

Um outro tema trazido à baila pelo presidente Sarney versou sobre a necessidade de o Brasil e de a Argentina se unirem na formação de um bloco econômico para fazerem face, em melhores condições, à tendência da economia mundial que, nos últimos anos, vinha passando ao largo da América do Sul, dirigindo-se para áreas de mercados mais atraentes. Alfonsín gostou da idéia e daí se originaram as negociações para a criação do bem- sucedido Mercosul.

A Declaração de Iguaçu de 1985, assinada pelos dois presidentes naquela ocasião, marca o início da integração econômica Brasil-Argentina. Essa declaração culminou com o Tratado de Integração, Cooperação e Desenvolvimento, subscrito em Buenos Aires, em 29 de novembro de 1988, e ratificado por unanimidade pelos parlamentares dos dois países. O Uruguai, cujo presidente esteve presente a todos os encontros dos seus colegas do Brasil e Argentina, em seguida manifestou a intenção de associar-se ao tratado.

Estudioso dos assuntos pertinentes à história política e militar dos países do continente, desde a formação das respectivas nacionalidades e da independência de Espanha e Portugal, o presidente Sarney sabia que os conflitos e as disputas territoriais no Prata e a consolidação dos regimes republicanos na América hispânica e da monarquia do Brasil lançaram profundas sementes de discórdia e desconfiança nas relações entre os primeiros e o nosso país. Constituíram elas, até recentemente, fatores adversos a uma política de aproximação do Brasil com os seus vizinhos, os quais viam propósitos imperialistas em todo o empenho de nosso país nesse sentido. Nem a proclamação da República e o entusiasmo dos republicanos brasileiros em procurar implantar uma política de aproximação e de boa vontade nas relações com a vizinhança continental, no final do século

XIX e início do século XX, foram suficientes para vencer os preconceitos sedimentados na História. No decorrer da segunda metade do século XX, as desconfianças e as disputas na bacia do Prata se acirraram com a corrida para o domínio da tecnologia do urânio, encetada pelos dois países e, posteriormente, pela construção da Hidrelétrica de Itaipu pelo Brasil.

Foi a conversação informal dos presidentes Sarney e Alfonsín, em Foz do Iguaçu, em 19 de outubro de 1985, culminando com a Declaração de Iguaçu, que teve o mérito de afastar definitivamente as mencionadas desconfianças e disputas tradicionais, a começar pelo estreitamento das relações entre o Brasil e a Argentina. Muito contribuiu para isso o processo de retorno ao regime de plena democracia em todos os países do Cone Sul, a partir da década de 1980, do século passado, cooperando para o surgimento de um clima de cordialidade e de diminuição das suspeitas na interação política regional. Os dois presidentes, sentindo-se plenamente legitimados pelos processos de redemocratização recém-instalados em seus países, deram início ao ambiente de entendimento e confiança, agora consolidado.

As reuniões de caráter informal do presidente Sarney com os seus colegas presidentes da América do Sul, em especial os da Argentina e Uruguai, tornaram-se uma rotina nas nossas relações exteriores, enfatizando a diplomacia presidencial inaugurada e estimulada pelo presidente brasileiro.

Com Alfonsín e Sanguinetti, Sarney manteve dez e 11 encontros, respectivamente, a maioria de caráter informal, que contribuíram para estreitar a amizade mútua entre os três presidentes e solidificar as relações políticas e econômicas entre o Brasil, a Argentina e o Uruguai, propiciando a criação e a consolidação do Mercosul. Em conjunto, os três presidentes levaram o seu apoio aos processos de redemocratização do Paraguai e da Bolívia, avalizando-os com suas presenças na posse do general Andrés Rodríguez na Presidência da República, em Assunção, e na do senhor Jaime Paz Zamora, em La Paz, fortalecendo a democracia no âmbito da bacia do Prata. Já no final do seu governo, juntamente com os demais presidentes do Cone Sul, Sarney assistiu à posse do presidente Aylwin, do Chile, que marcou o retorno do Chile ao regime de plena democracia.

Foi através de mediação pessoal junto ao presidente paraguaio, general Andrés Rodríguez, realizada pelo presidente Sarney, que o governo paraguaio decidiu abrir à Bolívia a livre navegação no rio Paraguai, vedada àquele país desde a Guerra do Chaco.

Os encontros de presidentes no âmbito dos Mecanismos de Consulta e Concertação Política (Grupo dos Oito) e do Tratado da Amazônia, evidenciaram os esforços do governo Sarney em estreitar as relações do Brasil com os parceiros das Américas do Sul, Central e Caribe. É oportuno salientar que a presença do Brasil nesses encontros era nitidamente valorizada pelo respeito e pelo acatamento devidos ao presidente brasileiro pelos seus colegas de chefia de Estado.

Foi muito significativo o espírito de solidariedade latino-americano, demonstrado pelo presidente Sarney com a visita de apoio ao presidente, senhor De la Madrid, e ao povo mexicano, realizada por ocasião do grande terremoto que abalou a Cidade do México. Essa visita foi realizada de forma imprevista, com o desvio não programado da rota de sua viagem aos EUA para participar da abertura da reunião anual da ONU.

A aproximação com a África se fez através dos países de expressão portuguesa, prioritariamente. As providências relacionadas com a criação dos Centros de Estudos Brasileiros em Cabo Verde, Bissau e Maputo se inserem dentro desse propósito. Outra iniciativa de grande expressão ocorreu em 1.º e 2 de novembro de 1989, quando foi realizado em São Luís do Maranhão o Primeiro Encontro dos Chefes de Estado dos Países de Língua Oficial Portuguesa. Nessa reunião, a que compareceram os chefes de Estado de Portugal, Guiné-Bissau, São Tomé e Príncipe, Cabo Verde e Moçambique, além de um representante especial de Angola, foi criado o Instituto Internacional da Língua Portuguesa, com o objetivo de coordenar as políticas atinentes ao idioma comum e às respectivas culturas.

Objetivando ainda o entendimento e a aproximação entre os povos sul-americanos e africanos, foi proposta pelo governo Sarney a constituição da Zona de Paz e de Cooperação do Atlântico Sul, iniciativa diplomática acolhida na Assembléia-Geral da ONU, em 1986.

A política de fronteiras e a integração e o desenvolvimento

- A ocupação dos espaços vazios e integração nacional
- Amazônia – A última fronteira
- O Programa Calha Norte
- O Programa para a faixa de fronteira da Amazônia Ocidental – PROFFAO
- O Programa de Assistência Social Especial Integrada – PASEI

Desde o início do seu governo, o presidente Sarney demonstrou grande preocupação com as nossas fronteiras e com a integração e o desenvolvimento nacionais. Destacam-se, nesse sentido, entre outras, as políticas e estratégias conduzidas na Amazônia, através do Programa Calha Norte, do PROFFAO e do PASEI, ao longo de todo o seu mandato, com o propósito de aumentar a presença governamental nos grandes espaços vazios da região.

O Programa Calha Norte

Criado no início do governo Sarney, em 1985, o Programa Calha Norte foi, em sua concepção, um planejamento integrado de ações governamentais para a região ao norte das calhas dos rios Solimões–Amazonas. O propósito foi assegurar melhores condições de manutenção da integridade territorial e da soberania do país naquela vasta região setentrional da Amazônia, partindo inicialmente de uma intensificação da presença do Estado e do governo ao longo da faixa de fronteira.

A relevância política e estratégica do Programa Calha Norte afirmou-se durante a sua implementação *ao longo de todo o governo Sarney*, de 1986 a 1990, e vem sendo reconhecida nesses últimos anos em que se desenvolve no seio da sociedade nacional uma tomada de consciência com relação ao nosso patrimônio amazônico, sua importância para o país e a necessidade de defendê-lo e preservá-lo.

Para melhor explicitar o que foi realmente o Calha Norte, é oportuna uma breve dissertação sobre os seus objetivos, os estudos e avaliações da região e as ações realizadas. Até hoje há quem entenda que o projeto teve apenas propósitos militares; outros dizem que praticamente não contou com a participação de ministérios e órgãos civis, o que também não é verdade.

Certamente existiu o componente militar, como ocorre em planejamentos estratégicos dessa envergadura, nos quais a integridade do território brasileiro e a soberania nacional estão diretamente envolvidas. No caso, pesaram duas razões.

Uma primeira, pela necessidade de se fortalecer o componente militar do poder nacional na região, em face da conjuntura política existente, à época, em alguns países ao norte e a noroeste do continente sul-americano.

A Guiana e o Suriname, países recém-independentes, lutando com dificuldades para manter a estabilidade interna, vinham sendo alvos de disputas no âmbito da guerra fria. Pouco antes, no início da década de 1980, Cuba enviara ao continente africano, com o apoio da então União Soviética, um considerável contingente militar de cerca de vinte mil homens, para ajudar o recém-independente governo marxista de Angola, contra as forças oponentes internas, apoiadas não declaradamente pelo Bloco Ocidental. Uma operação semelhante, em direção ao norte da América do Sul, caso viesse a ser decidida, certamente apresentaria menor dificuldade logística para ser conduzida. E sabe-se que, em face da continuidade e da permeabilidade do terreno da região, Boa Vista (RR) e até mesmo Manaus (AM) são vulneráveis a ações terrestres vindas do norte.

A Colômbia encontrava-se, como ainda está, envolvida com as organizações guerrilheiras e atividades do narcotráfico internacional que já atuavam nas proximidades das nossas fronteiras despovoadas do alto Solimões e alto rio Negro. Na época, havia indícios da entrada em nosso território, inclusive em São Gabriel da Cachoeira, de pessoas ligadas a uma dessas organizações. Mais tarde, já em 1992, tivemos o sério incidente na região do Traíra, em que uma organização guerrilheira colombiana atacou uma patrulha de reconhecimento do Exército brasileiro, na linha de fronteira.

A outra razão de uma forte presença do componente militar do poder nacional, no Projeto Calha Norte, reside na tradição nacional e na missão constitucional do nosso Exército. Ao longo da História pátria, nossas fronteiras no sul e no oeste foram demarcadas e vivificadas pela presença de organizações militares do Exército nacional. Em nossas imensas fronteiras despovoadas, o

Exército tem marcado não apenas a presença do Estado brasileiro, mas da própria nação.

Entretanto, também estiveram presentes, no referido planejamento estratégico, os componentes políticos, os econômicos e sobretudo os sociais, do poder nacional, como se irá ver nos acertos bilaterais e nas demarcações da linha de fronteira com os países vizinhos, na criação de pólos de desenvolvimento político-socioeconômico, especialmente em Tabatinga e São Gabriel da Cachoeira, na construção de rodovias e na assistência às populações ribeirinhas e indígenas, entre outras ações implementadas. Obviamente, todos esses componentes do poder nacional se integravam e concorriam para atender aos propósitos do planejamento estratégico, sejam os de caráter permanente, sejam os conjunturais; estes, em função das condições vividas na época, naquela região e nos países vizinhos.

Os planejamentos realizados para a implementação do programa fundamentaram-se em estudos e levantamentos de dados sobre a situação da área em pauta, realizados ainda em abril e maio de 1985. Mereceram destaques, entre outras, as seguintes apreciações sobre a região ao norte das calhas dos rios Solimões-Amazonas.

- imensa área de 1.221.000km², corresponde a 14% do território nacional, com apenas 1.620.000 habitantes, correspondendo a apenas 1,2% da população brasileira;
- região praticamente inexplorada e não integrada ao território nacional, com reduzida presença brasileira, sendo esta mais crítica ao longo da extensa linha de fronteira (6.771km) que, por sua vez, é habitada virtualmente por indígenas em diversos graus de aculturação e que representam 0,04% da população nacional e 22,7% de toda a população indígena do país, a grande maioria na extensa faixa de fronteira, de Tabatinga (AM) ao Oiapoque (AP), que, de conformidade com a Funai, apresentava-se assinalada por áreas indígenas pretendidas à demarcação;
- distante dos centros de poder e desenvolvimento do país, o afastamento da região torna-se mais acentuado pelo obstáculo natural das calhas dos rios Solimões e Amazonas que tende a dissociá-la do restante do território brasileiro, pelas óbvias limitações ao acesso terrestre;
- em contrapartida, verifica-se ao norte e a oeste uma continuidade territorial que, se por um lado induz a uma aproximação natural e

desejável com os países ali situados, por outro, permite o fácil acesso aos agentes do comércio e de atividades ilegais;

- o imenso vazio demográfico da região, o ambiente hostil e pouco conhecido e a grande extensão da faixa de fronteira, escassamente povoada, tornam vulneráveis a integridade territorial e a soberania nacional na região;
- o clima de instabilidade ao norte, do outro lado da fronteira, provocado pelas disputas no âmbito do conflito leste-oeste sobre os governos recém-independentes da Guiana e Suriname, ao que se soma a existência de organizações de guerrilheiros a oeste, na Colômbia, são fatores que acentuam a referida vulnerabilidade;
- à exceção dos grandes centros de Manaus, Boa Vista e Macapá, há extrema carência de recursos sociais básicos, especialmente quanto ao atendimento de saúde das populações;
- subsolos extremamente ricos em recursos minerais;
- vias de comunicação terrestre incipientes, sendo as poucas existentes totalmente dependentes das condições climáticas;
- existência de narcotráfico, incluindo plantação, colheita, refino e comercialização do *epadu* (coca);
- incipiente presença do poder público caracterizada pelas seguintes constatações:
  a) utilização predatória de recursos naturais;
  b) contrabando e descaminho de minerais e biopirataria;
  c) desordenada atividade de garimpo;
  d) problemas decorrentes de conflitos, envolvendo, especialmente, índios, posseiros, garimpeiros e empresas de mineração; e finalmente
- o intenso interesse internacional, cada vez mais crescente, a partir de meados da década de 1980, em assuntos da Amazônia brasileira, em especial com relação aos destinos das populações indígenas e à demarcação de suas terras, servia para aumentar as preocupações do governo brasileiro com relação à soberania nacional naquela região.

Concluídos os estudos, estes foram submetidos à consideração do presidente Sarney, que considerou a necessidade de se promover, com certa premência, as seguintes *políticas de governo*, em relação à área:

- o fortalecimento das expressões do poder nacional, em face da acentuada vulnerabilidade da soberania nacional na região;
- a integração da região ao restante do país e o seu desenvolvimento político-socioeconômico.

Para tanto, seria necessária a promoção das seguintes ações governamentais estratégicas na área abrangida:

- incremento das relações bilaterais;
- intensificação das campanhas de recuperação dos marcos limítrofes;
- aumento da presença brasileira na área, em especial na faixa de fronteira, com base na ação pioneira das Forças Armadas;
- ampliação e intensificação da ação da Funai, acompanhada da definição de uma política indigenista apropriada à região, tendo em vista a faixa de fronteira;
- ampliação da infra-estrutura viária;
- interiorização de pólos de desenvolvimento econômico;
- ampliação da oferta de recursos sociais básicos;
- aceleração da produção de energia local.

A análise dos aspectos destacados permitiu ao governo concluir pela conveniência de um planejamento abrangente, de médio a longo prazo, visando direcionar a atuação governamental. Esse planejamento, além de objetivar o fortalecimento das expressões do poder nacional e a integração da região ao restante do país e o seu desenvolvimento, deveria incluir também o relacionamento com os vizinhos do norte e oeste. Destarte, seria recomendável, pelas razões já citadas, ampliar as relações bilaterais, especialmente com a Guiana e o Suriname.

Havendo decidido sobre *as políticas e ações governamentais* a realizar, o presidente José Sarney instituiu, em 19 de junho de 1985, um Grupo de Trabalho Interministerial para apresentar um programa de governo para a região ao norte das calhas dos rios Solimões e Amazonas. Os trabalhos do GTI deveriam ser transparentes e o planejamento voltado para atender ao fortalecimento das expressões do poder nacional e ao desenvolvimento político-socioeconômico da região e à sua integração ao restante do país.

O estudo da realidade regional, realizado pelo GTI, identificara três espaços diferenciados na região em causa: o primeiro, compreendendo uma faixa de fronteira com 150km de largura, entre Tabatinga (AM) e Oiapoque (AP); o segundo, definido pela orla ribeirinha dos rios Solimões e Amazonas e seus principais afluentes, entre os quais destaca-se o rio Negro; e o terceiro, o núcleo interiorano, constituído dos espaços interiores limitados pelos dois primeiros.

A imensidão da área e a dimensão amazônica dos seus problemas, de outra parte, demandariam o estabelecimento de prioridades de ações que deveriam ser despojadas de sonhos e compromissadas, tão-somente, com a capacidade de realização governamental. Em conseqüência, o governo Sarney elegeu a faixa de fronteira como área prioritária e preferencial para fins de programação e ação imediata de governo.

Dessa forma, considerando a amplitude das ações governamentais necessárias e prioritárias, bem como as disponibilidades, a curto e médio prazos, dos recursos financeiros que permitissem concretizá-las, o presidente Sarney aprovou, em 19 de dezembro de 1985, a seguinte estratégia de consecução proposta pelo GTI para o Programa Calha Norte.

Ações imediatas na faixa de fronteira a serem realizadas pela implementação de "projetos especiais" com a participação coordenada de órgãos federais e estaduais, para atender apenas às quatro primeiras ações governamentais.

A saber, os projetos especiais:

- área das relações bilaterais, a cargo do Ministério das Relações Exteriores, englobando o incremento das relações com os países vizinhos e a intensificação das campanhas de recuperação dos marcos limítrofes;
- aumento da presença brasileira na área, a cargo dos Ministérios da Marinha, do Exército e da Aeronáutica;
- ampliação e intensificação da ação da Funai, a cargo do Ministério do Interior;
- ações subseqüentes em toda a área (faixa de fronteira, orla ribeirinha e núcleo interiorano), envolvendo as quatro últimas ações governamentais, a serem definidas em programas e projetos compatíveis com as diretrizes gerais do Plano de Desenvolvimento da Amazônia.

Coerente com a estratégia de consecução da ação governamental, caberiam aos projetos especiais do Programa Calha Norte a ordenação e a programação dos trabalhos imediatos, na extensa faixa de fronteira de 6.500km.

Quanto às ações subseqüentes, embora tivessem sido contempladas com recursos no I Plano de Desenvolvimento Regional, o andamento e a intensidade dos trabalhos não foram considerados satisfatórios. Assim, a partir de 1987, por determinação presidencial, a Secretaria-Geral do Conselho de Segurança Nacional, posteriormente Sadem, tomou a si a tarefa de coordenar e implementar diretamente, através da realização de "projetos complementares", algumas das ações governamentais estratégicas, anteriormente previstas no referido I PDR. Contou, para isso, com a decidida cooperação de ministérios e órgãos governamentais, federais estaduais e municipais, que atenderam prontamente aos convites para participar do Programa Calha Norte.

A saber, os projetos complementares:

- Ampliação da infra-estrutura viária.
- Oferta de recursos sociais básicos.
- Projeto-piloto Tabatinga.

A aceleração da produção de energia local, uma das ações estratégicas também apontadas, ficou a cargo da Eletronorte, em toda a região do programa. Porém, na faixa de fronteira, as providências nesse sentido couberam ao Exército, quando da condução dos projetos especiais a seu cargo visando ao "aumento da presença brasileira na área".

O Programa Calha Norte veio a ser o primeiro grande esforço governamental para intensificar a ação de presença do Estado e do governo na região setentrional da Amazônia, com vistas a garantir a soberania da nação e a integridade do território brasileiro naquela remota área do país, bem como assegurar a oferta de recursos sociais básicos às suas populações, ainda hoje não suficientemente assistidas. Para a sua promoção e a consecução dos seus objetivos foram convocados vários ministérios e órgãos governamentais federais, estaduais e municipais, para a realização de grande número de tarefas, dentro de um planejamento e execução bem coordenados.

O sucesso da implantação do Programa Calha Norte deveu-se à decisão política do governo Sarney, que bem compreendeu a sua importância estratégica para o país, lançando-o e dando-lhe todo o apoio. Com esse propósito, fez inúmeras visitas às diversas áreas daquela extensa região setentrional da Amazônia, acompanhado de ministros de Estado e de outras autoridades do governo federal e dos estados, para estimular a sua implementação e assistir de perto às suas realizações. Convém ressaltar ainda que, desde o lançamento do programa, o presidente Sarney não tem poupado comentários em defesa das medidas adotadas pelo Calha Norte.

O Programa Calha Norte, não obstante as dificuldades conseqüentes da conjuntura econômica, cumpriu em grande parte os seus objetivos iniciais. Foram intensificadas as relações bilaterais e os trabalhos das campanhas de demarcação da linha de fronteira com os países vizinhos. Houve uma ampliação e um aumento sensível da atuação da Funai na área. As áreas indígenas ao longo da faixa de fronteira foram demarcadas conforme uma metodologia mais adequada para a região, em consonância com as disposições constitucionais prescritas no § 2.º do art. 20 e no art. 231 e seu § 2.º, embora posteriormente, no governo Collor, fossem anuladas *por pressões* de ONGs internacionais.

A presença brasileira na região, em especial a governamental, com base na ação pioneira das Forças Armadas, foi bastante incrementada em relação ao que existia anteriormente ao Programa Calha Norte. Por sua vez, o Exército já possui um efetivo razoável e uma articulação adequada à sua missão. A Aeronáutica dispõe, também, de adequada infra-estrutura para proporcionar o apoio logístico aos órgãos governamentais e às populações da área e também para o seu próprio desdobramento operacional em toda a região. A Marinha estruturou-se adequadamente para as operações ao longo das calhas do Solimões-Amazonas e dos seus principais afluentes e na área marítima setentrional, com a construção do píer da Base de Val-de-Cães. O dispositivo da força terrestre, a infra-estrutura de apoio logístico e os meios existentes de apoio aéreo e naval possibilitam atualmente a rápida concentração de grandes efetivos e poder de combate em determinada área da região.

A implantação do Projeto-Piloto Tabatinga foi muito bem-sucedida no seu propósito de estimular a criação de um pólo de desenvolvimento naquela região de fronteira tríplice, Brasil, Colômbia e Peru. Serviu ainda de modelo para desenvolver os demais municípios daquela faixa de fronteira, em especial o de São Gabriel da Cachoeira (AM) e o de Oiapoque (AP).

Tabatinga já é uma cidade que pode se ombrear com Letícia, capital de departamento da Colômbia, e também é um pólo de desenvolvimento no alto Solimões. São Gabriel da Cachoeira também já se constitui em pólo de desenvolvimento do alto rio Negro e a localidade de Iauretê, no rio Uaupés, já começa a possuir infra-estruturas básicas necessárias para vir a ser uma futura cidade com tradição e cultura indígenas e seus cidadãos com alto sentimento de brasilidade, na fronteira com a Colômbia.

A ação governamental já se fez sentir em grande parte da região, embora esteja muito longe de coibir ou reprimir, com eficiência, os ilícitos, o contrabando, os descaminhos e as explorações praticadas contra as minorias desfavorecidas, como os caboclos ribeirinhos e as comunidades indígenas, especialmente por aqueles que se dizem seus protetores. A implantação das organizações militares na faixa de fronteira, muitas delas junto às comunidades indígenas, demarcou o arcabouço da presença brasileira e da ação do governo na região. As organizações militares, traduzindo a própria presença da nação, contribuem para a vivificação da faixa de fronteira e para o desenvolvimento da área, na medida em que tradicionalmente: estimulam as atividades educacionais e econômicas; prestam assistência de saúde à população local; integram os silvícolas à comunidade nacional; inibem o trânsito ilegal de estrangeiros, o narcotráfico e a evasão de riquezas; além de se constituírem em intransigentes defensoras do meio ambiente amazônico.

Buscou-se levar às pequenas guarnições da linha de fronteira, antigas e novas, o máximo de assistência à saúde, à educação, ao lazer, à segurança e ao conforto. Uma das preocupações foi dotá-las de ligação telefônica e de televisão por satélite. Nesse sentido, o Ministério das Comunicações prestou grande colaboração, na época.

O pelotão de Cucuí já está ligado por terra com São Gabriel da Cachoeira, através da BR-307 e, a partir dessa rodovia, cerca de vinte quilômetros ao sul de Cucuí, foi iniciada a construção da estrada para Maturacá, onde está sediado um pelotão de fronteira. No Amapá, por sua vez, foi totalmente implantado o trecho da BR-156, que vai de Calçoene até a fronteira do Brasil com a Guiana Francesa, possibilitando a ligação terrestre com a cidade de Oiapoque e com a guarnição militar de Clevelândia do Norte, o que antes se fazia apenas por via marítima: abriu a perspectiva de se realizar muito em breve a ligação por terra com a cidade de Caiena. Em Roraima, a BR-174 já possibilita ligação contínua, em qualquer época do ano, de Caracaraí, no sul desse estado, até Pacaraima (BV-8), ao norte da fronteira com a Venezuela.

A ligação terrestre de Boa Vista, em Roraima, com Georgetown, na Guiana, é hoje uma realidade, embora ainda exista um trecho de cerca de cem quilômetros com tráfego bastante precário. Para tanto, o governo brasileiro financiou os recursos necessários ao governo da Guiana para implantar cerca de seiscentos quilômetros de rodovia, no seu território, de Lethem, vizinha a Bonfim no Brasil, até Mabura Hill, que dista cerca de duzentos quilômetros da capital guianense e está ligada a esta por rodovia asfaltada. Essa ligação é altamente importante por permitir o acesso brasileiro ao Caribe, através da Guiana, como uma outra opção, que não apenas pela Venezuela. Acresce o fato de o governo da Guiana, pela palavra do então presidente Hoyter, ter oferecido ao Brasil um porto livre e uma área em Georgetown para a instalação de uma sucursal da Suframa. Isso permitiria à Zona Franca de Manaus exportar a sua produção, em condições vantajosas, para os países do Caribe. Georgetown poderia ser, por sua vez, uma porta de entrada opcional para os produtos com destino a Roraima e a Manaus, e vice-versa.

A viabilização da construção da estrada Lethem-Mabarume Hill se deve ao empenho pessoal do presidente Sarney junto ao senhor Carlos Andrés Pérez, então presidente da Venezuela, por ocasião da reunião dos países do Pacto Amazônico, em Manaus, no final de 1989. Naquela ocasião, o presidente Sarney tratou diretamente do assunto, resolvendo pessoalmente a questão que já se arrastava por três anos. Havia um certo temor em se tratar, em nível diplomático de chancelarias, da possibilidade de o Brasil financiar a construção da referida rodovia, por ela se situar em território em litígio, entre a Guiana e a Venezuela. Sarney, muito incisivo, falou do interesse brasileiro em criar as condições para um futuro mercado comum no norte do continente. Para isso, a Venezuela forneceria ao Brasil energia da hidrelétrica de Guri, trazendo inicialmente as linhas de transmissão até Boa Vista e futuramente levando-as a Manaus e a Georgetown. O Brasil, por seu lado, ajudaria a Guiana a construir a rodovia Lethem-Mabarume Hill, ligando Manaus e Boa Vista a Georgetown. As reações contrárias à declaração do presidente brasileiro foram muito menores do que as esperadas, não se mantendo na mídia venezuelana por mais de 48 horas.

As ligações Manaus-Boa Vista, no Brasil, com Caracas, na Venezuela, e com Georgetown, na Guiana, constituem as bases para a implantação de um mercado comum naquela região. Cabe lembrar que Georgetown está ligada por rodovia a Paramaribo, no Suriname, de onde se vai a Caiena, na Guiana Francesa, também por rodovia.

Palavras do presidente José Sarney, em Tabatinga, em 22 de novembro de 1989:

"Durante quase cinco anos, trabalhamos em silêncio na conquista deste Brasil rico e ignoto que ocultava na profundeza da mata seu fascínio e seu mistério.

No Programa Calha Norte, plantamos a verdadeira semente do desenvolvimento econômico que é a oferta de condições básicas de bem-estar: o conjunto de realizações na área de habitação, saúde, educação, segurança, infra-estrutura viária e de saneamento, entre outros numerosos e essenciais benefícios, abrem novas e radiosas esperanças no amanhã para as populações de fronteira.

José Sarney"

O Programa de Desenvolvimento da Faixa de Fronteira da Amazônia Ocidental – PROFFAO

Sempre preocupado com os espaços vazios e as fronteiras da Amazônia, o governo Sarney lançou, ainda no decorrer de 1986, o Programa de Desenvolvimento da Faixa de Fronteira da Amazônia Ocidental – PROFFAO, como contraponto do Programa Calha Norte. A precariedade da infra-estrutura política, social e econômica da faixa de fronteira da Amazônia ocidental mostrava a necessidade de aumentar a presença e a atuação dos órgãos de governo, tanto na esfera federal quanto na estadual e municipal.

Com base no sucesso do projeto-piloto realizado na cidade de Tabatinga, AM, no âmbito do Programa Calha Norte, em que a ação integrada de governo vinha obtendo êxitos significativos, o presidente Sarney determinou que a experiência fosse estendida a algumas cidades e localidades da faixa de fronteira ao sul da calha dos rios Solimões-Amazonas, de Benjamin Constant, de 150km dos estados do Amazonas, Acre, Rondônia e Mato Grosso, ao longo das nossas fronteiras com o Peru e a Bolívia.

O seu propósito era o aumento da presença governamental nessa extensa faixa de fronteira, com base na criação criteriosa de organizações político-administrativas de nível municipal, na realização de obras de infra-estrutura e na oferta de recursos sociais básicos às populações carentes. Para tanto, o programa tinha como principais objetivos:

- a recuperação, a ampliação e a integração da infra-estrutura viária;
- a ampliação da oferta de recursos sociais básicos;
- a aceleração da produção de energia elétrica;
- o fortalecimento e a racionalização das atividades de extração e manufatura da borracha, castanha e madeira;

- os estímulos para a realização de uma agropecuária orientada;
- o fomento para a implantação de atividades industriais adequadas à região;
- o incremento das relações bilaterais e o desenvolvimento das interconexões viárias com os países vizinhos.

O Programa de Desenvolvimento da faixa de fronteira da Amazônia Ocidental foi conduzido pela secretaria-geral do Conselho de Segurança Nacional, mais tarde transformada em Secretaria de Assentamento da Defesa Nacional – Saden, com os recursos orçamentários alocados à faixa de fronteira e com o apoio dos Ministérios do Interior, da Saúde e da Previdência e Assistência Social, da Secretaria Especial, Ação Comunitária e Legião Brasileira de Assistência, entre outros.

O Programa de Assistência Social Especial Integrada – Pasei

Na área de ofertas de recursos sociais básicos, para atender às populações ribeirinhas e interioranas da Amazônia, cabe destacar a criação e a implantação do Programa de Apoio Social Especial Integrada – Pasei, atualmente extinto, que funcionou sob a supervisão geral e coordenação do Estado-Maior das Forças Armadas – Emfa.

O Pasei, criado através do decreto n.º 93.870, de 23 de dezembro de 1986, e implementado progressivamente a partir de 1987, tinha por base uma ação integrada dos Ministérios do Exército, da Aeronáutica, da Saúde, da Previdência e Assistência Social, da Agricultura e do Interior, utilizando recursos humanos especializados provenientes do voluntariado ou da convocação de médicos, dentistas, farmacêuticos e veterinários que optassem pela sua participação, de acordo com os termos da lei n.º 5.292/67 e com o disposto no diploma legal de sua criação — lei do Serviço Militar.

O Pasei caracterizava-se como de excepcional valia e revelava possuir extraordinário potencial para o incremento da assistência médico-sanitária às populações da Amazônia, particularmente no setor de oferta de recursos sociais básicos e enquanto não fosse instituído e implantado um serviço de natureza civil adequado.

A política ambiental

- A reestruturação da política ambiental brasileira
- A educação ambiental – formal e informal
- O Ibama
- O zoneamento ecológico e econômico
- A Eco 92

No decorrer dos anos de 1986 a 1988, o nosso país e principalmente o governo brasileiro sofreram intensa campanha promovida, no exterior, contra as queimadas e as devastações das florestas e as contaminações dos nossos rios por mercúrio, em conseqüência das atividades dos garimpeiros que vinham ocorrendo na Amazônia. Dessa campanha participavam autoridades governamentais estrangeiras e organizações internacionais não-governamentais. Dela faziam parte também políticos e militares brasileiros ligados aos movimentos ecológicos. Naquela época, chegaram a vir ao Brasil alguns congressistas americanos, entre os quais o então senador Al Gore, que foi vice-presidente dos EUA, para visitar a Amazônia e dizer da preocupação que tinham com a devastação daquela região, que, segundo os dados por eles disponíveis, já atingia cerca de 13% da área total.

O Brasil estava correndo o risco de ser identificado mundialmente como um "vilão do meio ambiente", tal era a intensidade com que a questão repercutia na mídia internacional, e mesmo dentro do país, acompanhada, segundo se fazia crer, da imagem de descaso do governo brasileiro em relação à defesa do meio ambiente em geral e o da Amazônia em particular.

Entretanto, os dados disponíveis pelos congressistas americanos, segundo os quais a degradação da Amazônia havia atingido cerca de 14% da área florestal original, não eram corretos. Foi comprovado, através de estudos feitos pelo Instituto Nacional de Pesquisas Especiais – INPE, confrontando-se fotografias de satélites da época com dados anteriores a 1970, que o percentual de degradação da área amazônica, em 1988, não tinha ultrapassado 7,5%. Acresce que esse percentual (7,5%) correspondia à soma da degradação histórica, realizada na fase da ocupação tradicional, com a atual, conseqüente da ocupação iniciada na década de 1970, com a construção das grandes rodovias e a implantação das agrovilas e das novas frentes de colonização. Esses dados foram demonstrados em vários simpósios internacionais de meio ambiente.

> "Na realidade, um cientista americano lotado no Inpa extrapolou os dados obtidos no início da década de 1970, sem considerar que, a partir de 1975, houve uma grande diminuição das pressões sobre a Amazônia, em o estímulo dado à ocupação do cerrado pelas atividades agropecuárias viabilizadas pelo 'Programa Pólo Noroeste'."

De qualquer forma, fazia-se necessária, e também urgente, uma demonstração, em nível externo, da vontade política do governo e da nação e, acima de tudo, da capacidade dos brasileiros de defender a nossa Amazônia da degradação, realizando a ocupação e o desenvolvimento sustentável da região. Sem uma demonstração cabal que tornasse convincente tal propósito, o país correria o risco de sofrer pressões internacionais, cada vez mais intensas, para preservar o complexo dos ecossistemas amazônicos.

Era imperativa, portanto, uma clara tomada de posição do governo brasileiro nesse sentido. E a decisão a respeito foi o lançamento pelo presidente Sarney, em 12 de outubro de 1988, do Programa de Defesa do Complexo dos Ecossistemas Brasileiros e da Amazônia Legal, em particular.

Com a denominação de Programa Nossa Natureza, teve o propósito de rever toda a política ambiental brasileira e estabelecer as condições para as adequadas e corretas utilização e preservação do meio ambiente e dos recursos naturais renováveis de todo o país, e em especial os da extensa Região Amazônica. O seu lançamento foi acompanhado de algumas medidas corretivas das atividades de exploração dos recursos naturais, que se faziam impositivas e urgentes, para reverter o processo de degradação e, sobretudo, a imagem negativa do país e do governo, na mídia internacional. Tais medidas foram:

- restrição à implantação, na área da Amazônia Legal, de projetos pecuários com incentivos e créditos oficiais e à concessão de incentivos fiscais do Finam – Fundo de Investimentos da Amazônia a projetos agrícolas e pecuários;
- proibição dos incentivos e dos créditos oficiais aos projetos agropecuários na Mata Atlântica; e
- instrução normativa, baixada pelo Conselho Nacional do Comércio Exterior – Concex, proibindo totalmente a exportação de madeiras

em toras, visando impedir que o Brasil fosse o fornecedor exclusivo de madeira bruta.

Na formulação dos objetivos, procurou-se dar grande abrangência ao Programa Nossa Natureza, como não poderia deixar de ser, pois ele tinha o propósito de realizar a completa reformulação de nossa política ambiental. Formulados, assim, dentro desse propósito os objetivos visaram:

- conter a ação predatória do meio ambiente e dos recursos naturais renováveis;
- estruturar o sistema de proteção ambiental;
- desenvolver o processo de educação ambiental e de conscientização pública para a conservação do meio ambiente em todo o país e na Amazônia, em particular;
- disciplinar a ocupação e a exploração racionais da Amazônia Legal;
- regenerar o complexo de ecossistemas afetados pela ação antrópica;
- proteger as comunidades indígenas e as populações envolvidas no processo de extrativismo.

Para conduzir as atividades de planejamento, de coordenação e de controle do Programa Nossa Natureza, foi criada uma comissão executiva constituída com representantes dos Ministérios do Interior, da Ciência e Tecnologia e da Reforma e do Desenvolvimento Agrário, do Gabinete Civil e das Secretarias de Planejamento e Coordenação e do Assessoramento da Defesa Nacional da Presidência da República, que funcionaria sob a presidência do secretário-geral da SADEN. Integrariam também a Comissão Executiva, a convite, representantes dos estados da Região Amazônica.

Para atingir os objetivos propostos, foram instituídos grupos de trabalho interministeriais que tiveram por missão relatar, cada qual, uma das seguintes proposições:

- a estruturação de um sistema de proteção da cobertura florística;
- medidas reguladoras do uso de substâncias químicas e dos processos de mineração, com vistas a conter os riscos para a vida e para o meio ambiente decorrentes do uso inadequado de substâncias químicas e de processos de mineração;
- estruturação de um adequado e eficaz sistema de proteção ambiental;
- um processo formal de educação ambiental e de conscientização pública sobre ecologia e meio ambiente;

- a organização e a reestruturação dos órgãos federais da Amazônia Legal, que atuam na área científico-tecnológica;
- medidas que disciplinem a ocupação e a exploração racionais da Amazônia Legal, fundamentadas no ordenamento territorial e no zoneamento ecológico-econômico, com vistas à proteção do meio ambiente, das comunidades indígenas e das populações envolvidas nos processos extrativistas e as ribeirinhas.

Os trabalhos e estudos desenvolvidos pelos GTI desenvolveram-se ao longo de um período de quatro a cinco meses, durante os quais as propostas de reformulação de toda a política ambiental brasileira foram amplamente debatidas em audiências públicas, em várias capitais da Amazônia.

Nesse meio tempo foi criado, em 22 de fevereiro de 1988, o Instituto Brasileiro do Meio Ambiente e dos Recursos Naturais Renováveis – Ibama, com a reunião dos acervos de vários órgãos federais com atividades ligadas à proteção do meio ambiente e à exploração e preservação dos recursos naturais renováveis que foram extintos: o Instituto Brasileiro de Desenvolvimento Florestal – IBDF, a Secretaria Especial do Meio Ambiente – Sema, a Superintendência do Desenvolvimento da Pesca – Sudepe, e a Superintendência da Borracha – Suidhevea.

A 6 de abril de 1989, em solenidade realizada no palácio do Planalto, foram apresentadas as conclusões dos estudos e as propostas dos seis grupos de trabalho interministerial para a implementação da nova política ambiental brasileira.

Implantado com sucesso em final de 1988, o Programa Nossa Natureza acumulava, em 7 de março de 1990, o seguinte acervo de realizações:

- as leis, encaminhadas ao Congresso Nacional, foram ali aprovadas e promulgadas pelo Poder Executivo, completando o conjunto de diplomas legais do "Programa Nossa Natureza", baixados pelo Executivo em 6 de abril de 1989, o que proporcionou ao país uma das mais modernas legislações voltadas para a proteção do meio ambiente e dos recursos naturais renováveis;
- em conseqüência das medidas mencionadas, o Código Florestal foi adaptado à nova realidade nacional, o consumo de matéria-prima florestal foi ordenado e os créditos e incentivos fiscais para as atividades agrícolas e florestais na Amazônia foram normatizados;
- concluiu-se a primeira etapa de criação do novo sistema de unidades protegidas, com a demarcação de quatro Áreas de Proteção Ambiental,

seis novas Reservas Biológicas, uma Estação Ecológica, seis Parques Nacionais e 12 Florestas Nacionais totalizando 9.214.566ha;

- instituiu-se, ainda, o Plano Emergencial de Controle de Derrubadas e Queimadas na Amazônia;
- criou-se e estruturou-se o Instituto Brasileiro do Meio Ambiente e dos Recursos Naturais Renováveis – Ibama;
- instituíram-se o Plano Nacional e o Programa Nacional do Meio Ambiente, este elaborado pela Seplan e Ibama;
- criou-se, na Embrapa, o Núcleo de Monitoramento Ambiental e dos Recursos Naturais, por satélite;
- lançou-se, pelo Ministério da Educação, o Programa de Educação Ambiental, destinado numa primeira etapa à pré-escola e ao ensino fundamental nos estados que integram a Amazônia Legal;
- foram incluídas nos programas de teleducação noções de ecologia e de preservação do meio ambiente, nos currículos de matérias apresentadas nos telecursos de primeiro e segundo graus;
- instituiu-se a Comissão Coordenadora Regional de Pesquisas na Amazônia, através da lei n.° 7.796/89 e do decreto n.° 98.829/90;
- realizou-se um convênio entre o Banco do Brasil e o Instituto de Pesquisas na Amazônia, fortalecendo as atividades desta entidade;
- com relação à proteção do meio ambiente e das comunidades indígenas e populações envolvidas no processo extrativista, especificamente:
  a) concederam-se prioridades para assentamentos extrativistas;
  b) criou-se o Fundo do Meio Ambiente;
  c) estabeleceram-se as bases para a realização, pelo IBGE, do zoneamento ecológico-econômico da Amazônia Legal.

Respeitados os limites e atrasos naturais nas atividades de desencadeamento do programa, é justo afirmar-se que a gestão ambiental ganhara impulso e fôlego com o Programa Nossa Natureza.

Os trabalhos realizados no âmbito do Programa Nossa Natureza situaram-se na área de um macroplanejamento, que podia ser apresentado em qualquer foro para discussão. Muitas das metas estabelecidas em sua formulação foram atingidas. No entanto, é importante ressaltar que, sendo o programa de âmbito nacional, a continuidade das medidas preconizadas deveria receber atenção especial e permanente não apenas do governo federal, mas também dos governos estaduais e municipais, no sentido de fortalecer e agilizar as ações em andamento, para que a implementação se tornasse efetiva em todos os campos programados.

Para finalizar, poder-se-ia dizer que o Programa Nossa Natureza já alcançara os seus objetivos iniciais ainda no final do mandato do presidente Sarney. Ele havia proporcionado, por sua vez, uma demonstração bastante clara de que o governo brasileiro estava determinado a preservar os complexos de ecossistemas ecológicos do país, em particular os da Amazônia, e que tinha capacidade para fazê-lo com a implantação de uma política ambiental mais adequada e correta e a adoção de novas e eficazes medidas. Elas vieram reverter significativamente o quadro em vigor de degradação do meio ambiente.

Por ocasião da Conferência da Eco 92, graças ao Programa Nossa Natureza, já tinha sido implantada e desenvolvida uma significativa consciência ecológica no seio da sociedade brasileira e suas medidas tinham frutificado. Assim, o nosso país pôde apresentar resultados bastante satisfatórios na execução de medidas de proteção do seu meio ambiente e fazer proposta de providências objetivas para aplicação em âmbito mundial. A Eco 92, cabe aqui lembrar, foi trazida para o Rio de Janeiro graças a um grande esforço do governo brasileiro, inclusive pessoal do presidente Sarney junto à primeira-ministra da Noruega, com o propósito de assinalar, mundialmente, a nossa firme determinação de proteger e melhorar as condições ambientais do país e o nosso empenho na discussão das medidas de proteção do meio ambiente, nacional e mundial.

Poder-se-ia também dizer que, durante a Eco 92, o Brasil conseguiu, face à opinião de autoridades governamentais estrangeiras e do mundo científico, reabilitar a sua imagem no trato das questões ambientais, mormente em relação à Amazônia.

A política nacional de energia nuclear

- O acordo nuclear Brasil-Alemanha e o Programa Autônomo
- A Comissão de Avaliação do Programa Nuclear Brasileiro (CAPNB)
- A reformulação da política nacional de energia nuclear
- A capacitação brasileira no enriquecimento do urânio
- A cooperação Argentina-Brasil no desenvolvimento nuclear para fins pacíficos
- O fechamento do "buraco do cachimbo"

Em meados da década de 1970 o governo brasileiro assinou um acordo diplomático com a República Federal da Alemanha para a realização de um programa de transferência de conhecimentos e de tecnologia na área nuclear, visando à capacitação nacional para realizar, no país, todas as etapas do ciclo do combustível nuclear, bem como a construção e a fabricação de todos os principais componentes das centrais nucleares. Essa transferência dar-se-ia, por completo, a partir da construção da quarta usina nucleoelétrica, de um total de oito a serem construídas, conforme inicialmente acordado.

A iniciativa do governo brasileiro de realizar o referido acordo justificava-se pela existência, na época, da crise mundial do petróleo, do qual o Brasil era muito mais dependente da importação do que atualmente, e pela necessidade de ser atendida a demanda de energia elétrica do país, a médio e longo prazos, através de usinas nucleoelétricas. O potencial de energia hidrelétrica levantado, de que se dispunha na ocasião, não atenderia satisfatoriamente à demanda prevista para o ano 2000.

O programa nuclear argentino de desenvolvimento de tecnologia autônoma estava mais adiantado do que o brasileiro, que vinha sofrendo sucessivas interrupções. Esperava-se que esse atraso pudesse ser diminuído com o acordo nuclear Brasil-Alemanha Federal.

Entretanto, o acordo não foi totalmente satisfatório para os interesses nacionais. A transferência da tecnologia de enriquecimento do urânio, pelo processo de ultracentrifugação, pretendida pelo governo brasileiro, não nos foi autorizada, por decisão da Holanda, proprietária da URENKO juntamente com a Inglaterra e a República Federal da Alemanha. Em seu lugar, acertou-se a transferência da tecnologia pelo processo do jato centrífugo, *jet nozzle*, ainda em desenvolvimento e sem comprovação comercial e de sucesso duvidoso. Por outro lado, não constava do acordo a transferência da tecnologia da produção do hexafluoreto de urânio (UF6), etapa anterior à do enriquecimento.

Diante disso, entre o final de 1979 e o início de 1980, o governo brasileiro, após meticulosa avaliação e atento aos interesses nacionais, resolveu realizar um outro programa nuclear, o Programa de Tecnologia Nuclear Autônomo, com os seguintes objetivos:

- domínio completo do ciclo do combustível;
- capacitação nacional nas diferentes aplicações da energia nuclear.

A finalidade do Programa Nuclear Autônomo era, portanto, a de promover o domínio completo da tecnologia nuclear para o seu emprego em todas as formas de utilização pacífica, a serviço do desenvolvimento econômico, científico e tecnológico nacional, bem como do bem-estar social do povo brasileiro. Por decisão governamental, esse programa não foi colocado sob a supervisão da Agência Internacional de Energia Atômica (AIEA), como o anterior. Este, para ser objeto de acordo, dependia da supervisão da Agência.

Dessa forma, as atividades pertinentes à política de energia nuclear desenvolvidas no país, no início do governo Sarney, compreendiam o programa nuclear originário do acordo Brasil-Alemanha Federal, conduzido pela Nuclebrás, e o Programa de Tecnologia Nuclear Própria, mais conhecido como Programa Autônomo, desenvolvido sob a supervisão e a orientação da Comissão Nacional de Energia Nuclear (CNEN), através de institutos de pesquisas da mesma Comissão e das Forças Singulares (Marinha, Exército e Aeronáutica) e de departamentos universitários, como o Instituto de Pesquisas Energéticas e Nucleares (Ipen) na USP, o Centro de Desenvolvimento de Tecnologia Nuclear (CDTN) na UFMG, e o IEN no *campus* da UFRJ.

O governo brasileiro não aceitava, naquela conjuntura, por uma questão de princípios, que o seu desenvolvimento autônomo nuclear fosse submetido às salvaguardas da Agência Internacional de Energia Atômica (AIEA). A tônica predominante na implementação do Tratado de Não-Proliferação de Armas Nucleares (TNP) sempre foi a da discriminação. O TNP cria obrigações aos estados não-nucleares, enquanto que as potências nucleares ficam, na prática, dispensadas de quaisquer obrigações, inclusive as de submeter às salvaguardas da AIEA suas atividades nucleares para fins pacíficos.

O Brasil vinha invariavelmente defendendo, nos foros internacionais, o seu direito inalienável de explorar todos os meios de que dispunha para o seu desenvolvimento, sobretudo a partir da recusa em assinar o TNP, posto em vigor em 1970. A reiteração desse direito surge na Declaração Conjunta dos presidentes Sarney e Alfonsín, em novembro de 1985.

A posição do Brasil era muito clara. Como signatário do Tratado de Tlatelolco, entendia que a utilização da energia nuclear deveria ser exclusivamente para fins pacíficos. Este tratado, em seu art. 1.°, diz que "as Partes Contratantes se comprometem a proibir, nos seus territórios, o ensaio, o uso, a fabricação, a produção por quaisquer meios de armas nucleares". Esse tratado fora assinado pelo Brasil em 1967, aprovado em seguida pelo Congresso Nacional e ratificado em 1968 pelo governo brasileiro, que não abriu mão da cláusula 28 (direitos e deveres iguais na área geográfica da América Latina). Assim, um compromisso explícito nesse sentido já fora assumido pelo país. Acresce também que, em 1986, o Brasil propôs e foi acolhida pela Assembléia-Geral da ONU a iniciativa diplomática relativa à constituição da Zona de Paz e de Cooperação do Atlântico Sul com reflexos positivos para o maior entendimento e aproximação dos povos sul-americano e africano.

Entretanto, a dualidade de programas — o do acordo com a Alemanha Federal, sujeito às inspeções da AIEA, e o autônomo, não submetido às mesmas — suscitava desconfianças quanto aos propósitos, objetivos e encaminhamento da política de energia nuclear brasileira, não obstante a opção clara, já assumida pelo país, de utilizar a energia nuclear exclusivamente para fins pacíficos. Na sua maior parte, tais desconfianças eram alimentadas por insinuações, de origem interna ou externa, que procuravam levar o governo brasileiro a assinar o TNP.

No início do primeiro governo da "Nova República", tais desconfianças estavam a recomendar, portanto, uma ampla avaliação de toda a política de energia nuclear nacional, de forma competente e isenta, que fornecesse orientação firme e adequada quanto aos rumos a seguir e, simultaneamente, trouxesse a necessária transparência para as atividades e os propósitos do Programa Autônomo.

Bem compreendendo esse quadro, o presidente Sarney determinou que essa avaliação fosse executada por uma comissão integrada por 12 cientistas representativos da sociedade científica nacional e possuidores de notório conhecimento do setor nuclear e um representante de cada órgão ou entidade a seguir: Ministério das Relações Exteriores; Ministério de Ciência e Tecnologia; Secretaria-Geral do Conselho de Segurança Nacional; Instituto Brasileiro de Qualidade Nuclear e da Associação dos Empregados da Nuclebrás. O decreto n.º 91.606, de 2 de setembro de 1985, cria a Comissão de Avaliação do Programa Nuclear Brasileiro (CAPNB), com o prazo de 180 dias para apresentar relatório e recomendações, e lhe dá ampla liberdade de inspeção, consulta e acesso a todas as atividades de pesquisa e desenvolvimento que se realizavam no país na área nuclear. O doutor Israel Vargas, por proposta do ministro das Minas e Energia, foi designado presidente da comissão.

A CAPBN, no desempenho das suas atividades, ouviu associações científicas, técnico-profissionais e empresariais e inspecionou as instalações da Nuclebrás e das instituições de pesquisas civis e militares. Suas conclusões e recomendações abordaram aspectos gerais e institucionais da política de energia nuclear que foram apreciadas conjuntamente pelo Ministério de Minas e Energia e pela Secretaria-Geral do Conselho de Segurança Nacional. Desse exame conjunto resultaram diretrizes que foram submetidas à consideração e à aprovação presidencial, com a exposição de motivos n.º 009/86, de 1.º de agosto de 1986.

Dentre as diretrizes propostas convém destacar a de que se deveria manter o programa nuclear brasileiro convenientemente redimensionado, face à importância estratégica que o domínio pleno e autônomo da tecnologia nuclear deverá desempenhar no atendimento da demanda de energia elétrica e na ampliação de benefícios múltiplos à medicina, à agricultura e à indústria nacional.

Uma outra diretriz prescrevia que, à vista do adiantado estágio de avanço dos programas nacionais de aplicações pacíficas da energia nuclear do Brasil e da Argentina, que eram largamente equivalentes, se deveria promover empreendimentos conjuntos no campo do uso pacífico da energia nuclear e o entendimento mútuo em tais atividades, buscando, *inter alia*, intensificar a cooperação bilateral no terreno nuclear.

Quanto ao programa de construção de centrais e de equipamentos pesados e à implantação do ciclo de combustível nuclear, foi previsto:

- continuar os trabalhos de construção das usinas de Angra II e Angra III, de modo a garantir o suprimento da demanda prevista tanto no Balanço Energético Nacional como no Plano de Recuperação do Setor de Energia Elétrica/1984;
- manter as atividades de fabricação de componentes pesados em um ritmo compatível com as necessidades das centrais em construção;
- prosseguir a implantação do ciclo de combustível nuclear, adequando-o à demanda provável da geração nucleoelétrica e promovendo sua nacionalização progressiva.

Dando continuidade a esses estudos e avaliações, foi instituído um Grupo de Trabalho Interministerial (GTI) para examinar os aspectos institucionais do setor nuclear, à luz das conclusões e recomendações da CAPNB e das conseqüentes diretrizes ministeriais para o setor nuclear, anteriormente descritas, e propor a reformulação da política nuclear brasileira, ajustando-a à nova conjuntura nacional. A portaria interministerial n.º 18, de 17 de maio de 1988, institui o referido GTI, integrado por representantes dos Ministérios da Fazenda e das Minas e Energia, da Secretaria-Geral do Conselho de Segurança Nacional, da Secretaria de Planejamento e Coordenação da Presidência da República e da Comissão Nacional de Energia Nuclear.

Em pouco menos de quatro meses, o GTI concluiu os seus trabalhos, aprofundando inclusive os estudos até então efetuados quanto a implicações legais e organizacionais do setor nuclear, com vistas à sua reformulação. O seu relatório final, submetido à consideração presidencial em 31 de agosto de 1988, com a EM n.º 7/88, contempla, na hipótese de permanecer a atual situação, os seguintes pontos essenciais:

- inviabiliza-se a construção das usinas de Angra II e Angra III;
- aumenta o risco de racionamento de energia elétrica na região Sudeste;
- deteriora-se a Nuclebrás na dependência exclusiva do Tesouro Nacional, sem condições de sustentação econômica com seus próprios recursos;
- fica dificultada a participação da iniciativa privada nacional nas atividades do setor nuclear;
- persiste o sentimento de que o governo sustenta dois programas independentes, um civil e outro militar; e
- mantém-se o descrédito da sociedade na energia nuclear.

Com relação à reformulação da política de energia nuclear, para a qual o GTI fora incumbido de sugerir medidas, e que bem se justificava pelas considerações anteriores, o relatório propôs a observância dos seguintes princípios:

- preservação do estatuto do monopólio em atividades no setor nuclear;
- criação de uma instância de nível elevado, destinada a assessorar o presidente da República na formulação da política nacional de energia nuclear e no estabelecimento de diretrizes governamentais para a energia nuclear, contando com a participação dos mais diversos segmentos da sociedade;
- adequação e unidade institucional das entidades ligadas às atividades de energia nuclear, buscando a otimização dos recursos envolvidos e a estruturação sistêmica da pesquisa, do desenvolvimento tecnológico e da produção de combustíveis nucleares, o que propiciaria continuidade à implantação do programa nuclear brasileiro, em um ritmo compatível com a situação econômico-financeira do país;
- atribuição ao setor elétrico da responsabilidade pelo planejamento e construção das usinas nucleoelétricas, a par da incumbência de operação que já lhe cabe no momento;
- obediência a diretrizes governamentais quanto ao controle do déficit público e à desestatização de empresa;
- manutenção dos compromissos internacionais, respeitados os interesses do país.

Finalmente, para a implementação dos princípios mencionados, o GTI propôs as seguintes medidas que consubstanciariam as bases da reformulação do setor nuclear:

- a ampliação e a consolidação da competência da Comissão Nacional de Energia Nuclear;
- a criação de um Conselho Superior de Política Nuclear, com cinco comissões consultivas (Radioproteção e Segurança Nuclear, Desenvolvimento Nuclear, Rejeitos Radioativos, Aplicações e Industrialização e Comercialização);
- a transferência para o setor elétrico da responsabilidade pelo projeto e construção de usinas nucleoelétricas;
- a alteração da denominação Empresas Nucleares Brasileiras S.A. – Nuclebrás para Indústrias Nucleares do Brasil S/A, envolvendo: redefinição de seu objeto social, transferência de atividades executadas

por órgãos integrantes de sua atual estrutura com a correspondente redução de capital social, absorção parcial de seu passivo pelo Tesouro Nacional e redução de seu quadro de pessoal ao contingente estritamente necessário ao desempenho das atividades remanescentes;

- a dissolução e a desestatização de subsidiárias da Nuclebrás;
- a criação da Urânio do Brasil S/A, subsidiária das Indústrias Nucleares do Brasil S/A, aberta à participação da iniciativa privada, tendo por finalidade operar as etapas já rentáveis do ciclo do combustível nuclear, sendo seu capital integralizado mediante uma conferência de bens de propriedades da nova empresa Indústrias Nucleares do Brasil S/A.

No que respeita ao campo econômico-financeiro, e ainda em obediência aos princípios assinalados, o relatório final do GTI propôs que a participação do Tesouro Nacional e do setor elétrico, para efetivar a conclusão das obras e a entrada em operação das usinas de Angra II e Angra III, respeitasse a uma programação, na qual a parte do setor elétrico fosse calculada pelo critério da hidrelétrica equivalente e a financiada, correspondente a saldos a sacar em operações externas, fosse a já contratada.

O relatório final do GTI ressalta também que a conclusão das usinas Angra II e III assegurará a viabilidade econômica futura das atividades do ciclo do combustível nuclear, sob a responsabilidade das Indústrias Nucleares do Brasil S/A. Enquanto tal condição não fosse atingida, o Tesouro Nacional permaneceria assegurando os recursos necessários à continuidade de tais atividades.

Importa ressaltar, continua o relatório do GTI, que a sociedade brasileira clama por urgentes decisões que permitam retirar o setor nuclear do seu estado atual de indefinições e de dificuldades, uma vez que o país não pode prescindir de continuar avançando no domínio dos usos da tecnologia nuclear para fins pacíficos, aproveitando ao máximo seus singulares recursos naturais e humanos, através de nova estrutura que lhe permita unificar e conjugar todos os esforços que despende.

A EM n.º 7/88, concluindo que as medidas propostas no relatório final do GTI têm caráter de urgência e interesse público relevante, envolvem matéria de segurança nacional e finanças públicas e não implicam aumento da despesa, propõe o encaminhamento de um decreto-lei ao Congresso Nacional, ao amparo do art. 55, item I e II, da Constituição Federal.

O presidente Sarney, acolhendo a proposta contida na EM n.º 7/88, assina os atos legais que consubstanciariam as bases da reformulação do setor nuclear brasileiro (decreto-lei n.º 2.464, e Decretos n.ºs 96.620 a 96.624, todos de 31 de agosto de 1988).

Assim, a Nuclebrás S/A passou a denominar-se Indústrias Nucleares do Brasil S/A – INB S.A., e teve transferida para o patrimônio da CNEN a totalidade das suas ações, com a obrigação de esta manter, sempre, no mínimo 51% do capital acionário. A nova empresa INB S.A. perdeu parte de seus bens para a União, que os recebeu mediante doação em pagamento de seus créditos junto à antiga empresa que lhe deu origem. Esses bens tiveram a seguinte destinação: a Nuclebrás Engenharia – Nuclen, responsável pela construção das usinas nucleoelétricas Angra II e III, passou a integrar a Eletrobras; o Centro de Desenvolvimento de Tecnologia Nuclear – CDTN passou a integrar a CNEN; o Centro de Treinamento Avançado com Simuladores – CTAS e os acervos das usinas nucleoelétricas Angra II e III passaram para Furnas S/A.

A competência da CNEN foi bastante ampliada, de forma que pudesse de fato exercer atividades de assessoramento e de execução da política de energia nuclear brasileira, além das suas atividades normativas, de controle e de fiscalização, que já vinha realizando.

Foi autorizada a constituição da Urânio do Brasil S/A, como empresa subsidiária da INB S/A.

A Nuclebrás Enriquecimento Isotópico S/A – Nuclei e a Auxiliar de Mineração S/A – Nuclan foram dissolvidas e a Nuclebrás Equipamentos Pesados S/A – Nuclep e a Nuclebrás de Monazita e Associados Ltda. foram incluídas no Programa Federal de Desestatização.

Criou-se o Conselho Superior de Política Nuclear – CSPN, com a finalidade de assessorar o presidente da República na formulação da política nacional de Energia nuclear e no estabelecimento de diretrizes governamentais para o setor nuclear. Presidido pelo presidente da República, o CSPN é integrado por ministros de Estado com envolvimento no setor, pelos presidentes da CNEN, da Eletrobras e da INB e por três cidadãos de reputação ilibada e de notório saber no campo de energia nuclear. O CSPN dispõe ainda de comissões consultivas para analisar, estudar e opinar sobre assuntos que lhe forem submetidos.

A criação do CSPN atendeu ao pressuposto de que as decisões sobre as atividades do campo nuclear devessem ter a necessária transparência e ser amplamente discutidas antes de postas em execução. A primeira de suas preocupações foi estudar e propor as bases da nova Política Nacional de Energia Nuclear, cuja formulação e posterior envio ao Congresso Nacional, para exame e aprovação, atenderiam ao pressuposto mencionado e completariam a reformulação do setor nuclear brasileiro. Assim, ainda em 1989, a nova política nacional de energia nuclear – PNEN, elaborada pelo CSPN, foi enviada ao Congresso Nacional, com a mensagem n.º 306/89, do Poder Executivo, dando origem ao projeto de lei n.º 2.951, de 1989, da Câmara dos Deputados.

O projeto de lei sobre a Política Nacional de Energia Nuclear tinha por finalidade orientar o desenvolvimento e a utilização da energia nuclear, com o propósito de contribuir para que o Estado garantisse os valores supremos da sociedade brasileira, em especial a liberdade, a segurança, o bem-estar e o desenvolvimento.

Dentre os preceitos condicionantes da nova política destacavam-se o de que "toda atividade nuclear em território nacional somente seria admitida para fins pacíficos e mediante aprovação do Congresso; e de que competia exclusivamente ao Congresso aprovar iniciativas do Poder Executivo referentes a atividades nucleares."

Na definição dos objetivos a alcançar e na determinação das diretrizes para a sua consecução, a PNEN estaria condicionada a alguns pressupostos básicos. Dentre estes poderíamos citar: o direito de utilizar soberanamente a energia nuclear; o respeito a todos os compromissos internacionais assumidos pelo país no campo da energia nuclear; o princípio de não-proliferação de armas nucleares, tanto horizontal quanto vertical, sempre em bases não-discriminatórias, que deverá ser defendido pelo Brasil; as conquistas científicas, tecnológicas e industriais nacionais, obtidas no campo nuclear serão resguardadas em proteção aos interesses brasileiros.

Os objetivos da PNEN estabeleciam, em seu conjunto, orientação mais ampla e abrangente para o desenvolvimento das atividades nucleares brasileiras. Dentre eles, cabe citar:

- domínio do ciclo completo do combustível nuclear, preferencialmente por tecnologia autônoma, tanto no nível científico-tecnológico quanto no nível industrial;
- capacitação científico-tecnológica e industrial adequada à produção de materiais e de equipamentos destinados ao campo da energia nuclear;
- desenvolvimento e execução de projetos de reatores nucleares, usinas e instalações necessários à consecução dos programas decorrentes desta política;

- promoção do uso de tecnologia nuclear nos diversos setores do desenvolvimento econômico e social do país, em especial nas áreas de saúde, agricultura, indústria, energia e proteção ao meio ambiente;
- transferência da tecnologia gerada no setor científico-tecnológico para o setor industrial.

No governo Sarney, a Política Nacional de Energia Nuclear atingiu a sua completa maturidade. Havia uma estrutura organizacional que assegurava as necessárias unidade e transparência ao conjunto de atividades realizadas no campo nuclear, dentro dos propósitos e objetivos da PNEN, obedecendo a decisões emanadas do nível político — presidente da República assessorado pelo Conselho Superior de Política Nuclear — e do nível técnico — Ministérios e Comissão Nacional de Energia Nuclear. O funcionamento dessa estrutura organizacional se fazia segundo o disposto no texto do anteprojeto da PNEN.

Por outro lado, nessa época o Programa Nuclear Autônomo, criado para desenvolver tecnologias próprias para a fabricação do hexafluoreto de urânio e para o enriquecimento do urânio, já alcançara seus objetivos. O Brasil havia conseguido o completo domínio do ciclo do combustível nuclear, estando apto, portanto, para prosseguir o seu desenvolvimento tecnológico e industrial nesse setor com absoluta independência e soberania.

O desenvolvimento científico-tecnológico, visando à capacitação nacional na produção do hexafluoreto de urânio por meio de tecnologia própria, desenvolvida no Instituto de Pesquisas Nucleares – Ipen, na USP, obtivera completo sucesso. Em 1986, já possuíamos uma usina-piloto com capacidade para produzir 180t/ano do produto. Convém citar que a fabricação do hexafluoreto de urânio é uma etapa anterior àquela do enriquecimento do urânio.

Por sua vez, a capacitação na produção de urânio enriquecido com tecnologia própria, outra importante etapa que deveria ser vencida pelo Programa Nacional de Energia Nuclear, para então se obter o completo domínio tecnológico do combustível nuclear, também já fora cumprida. O projeto de enriquecimento do urânio pelo método da ultracentrifugação, desenvolvido pelo Centro de Pesquisa de Aramar, da Marinha, com apoio do Ipen, da USP, tivera completo êxito e o feito fora anunciado pelo presidente Sarney em setembro de 1987. No seu discurso proferido na ocasião, ele limitou a 20% o nível máximo de enriquecimento a ser realizado.

Ao ter início o governo Sarney, em março de 1985, a Argentina e o Brasil já haviam avançado os primeiros passos no sentido de aproximação para a cooperação no campo nuclear. A Comissão Nacional de Energia Atômica – CNEA e a Nuclebrás, no início dos anos 1980, já haviam acordado o fornecimento, pela Argentina ao Brasil, de concentrado de urânio e zircaloy, e o fornecimento e a montagem pelo Brasil do vaso de pressão para Atucha II, central nuclear da Argentina. A cooperação limitava-se ao fornecimento de itens necessários aos programas nucleoelétricos, sob o controle internacional. O fato reduzia as tensões entre os dois países, conseqüentes das disputas no setor nuclear, não obstante a cooperação ser ainda de pouco vulto.

Com o presidente Sarney, essa cooperação expandiu-se rapidamente, graças ao seu estreito relacionamento com o presidente Alfonsín. Nesse período, pela primeira vez as instalações consideradas sensíveis nos dois países foram visitadas pelos respectivos presidentes e suas comitivas, quer em Aramar e Ipen, do lado brasileiro, quer em Picaniyeu e em Ezeiza, do lado argentino. A presença dos principais técnicos envolvidos com os programas nucleares argentino e brasileiro, nas comitivas presidenciais dos respectivos países, estreitou o relacionamento entre os dois lados e praticamente tirou das observações estrangeiras possíveis especulações de uma corrida armamentista entre o Brasil e a Argentina.

Convém recordar que os presidentes Sarney e Alfonsín, já em seu primeiro encontro em Foz do Iguaçu, em novembro de 1985, iniciaram os entendimentos para uma aproximação no campo nuclear visando à distensão nas disputas entre os dois países. Inclusive, na Declaração Conjunta dos dois presidentes, feita naquela ocasião, Brasil e Argentina reiteraram as posições que vinham defendendo nos foros internacionais sobre o direito inalienável dos respectivos países de explorar todos os meios de que dispõem para o próprio desenvolvimento, sobretudo, a partir de suas recusas em assinar o TNP, posto em vigor em 1970. Tanto a posição do Brasil quanto a da Argentina eram muito claras. Como signatários do Tratado de Tlatelolco, ambos os países entendiam que a utilização da energia nuclear deveria ser exclusivamente para fins pacíficos.

Havendo a Política Nacional de Energia Nuclear atingido a sua completa maturidade e alcançado o pleno domínio do ciclo do combustível nuclear, como já referido, o governo Sarney passou a envidar esforços no sentido de demonstrar que ela era conduzida fundamentalmente dentro dos pressupostos básicos do direito de utilizar soberanamente a energia nuclear, do respeito a todos os compromissos internacionais assumidos pelo país no campo da energia nuclear e do princípio de não-proliferação de armas nucleares, tanto horizontal quanto vertical, sempre em bases não-discriminatórias, que deverá ser defendido pelo Brasil.

Foi dentro desse propósito que buscou, junto ao governo Alfonsín inicialmente, e ao governo Menem posteriormente, estreitar o relacionamento Brasil-Argentina no campo nuclear, realizando pesquisas e desenvolvimento de tecnologia própria, conjuntamente, e adotando publicamente posições solidárias relativamente aos pressupostos anteriormente citados.

Ainda com esse propósito, foi providenciado o fechamento do "buraco do cachimbo", tido como provável campo de provas para testes nucleares e que havia sido localizado, segundo se propagava, por fotografia de satélites a serviço de um país, "potência nuclear". O Ministério da Aeronáutica, responsável pela administração do Campo de Provas de Cachimbo, providenciou o seu fechamento com uma placa de concreto que foi coberta com terra e, esta, com grama.

Entretanto, o presidente Collor mandou destampar o buraco e lançou nele uma pá de cal, obstruindo-o em seguida. O fato, um "jogo de cena" espetacular, se deu justamente dias antes de o senhor Collor ir à ONU oferecer gratuitamente uma posição de subserviência aos países nuclearizados, aceitando as suas pressões para assinar o TNP, tratado discriminatório, e assim abdicando, em nome da nação, do direito soberano de decidir livremente sobre o seu destino no que se refere ao aproveitamento da energia nuclear. Na fotografia da revista *Veja*, que noticia o evento, aparece ao fundo o movimento de terra retirada de cima do buraco que fora previamente destampado para a encenação.

A Política Nacional de Desenvolvimento Rural – PNDR

- A reforma agrária
- A política agrícola
- As outras medidas de apoio às atividades agrárias e ao homem do campo
- O direito

A reforma agrária, em seus diversos aspectos, entre os quais releva a questão fundiária, foi colocada com muita lucidez pelo presidente Sarney como prioridade de seu governo, em decisão que respondia ao programa da Aliança Democrática.

Essa prioridade era corolário da preocupação do governo Sarney com o homem, a dignidade do ser humano, a valorização do seu trabalho, vistos em sua realidade concreta. Preocupação dirigida em primeiro lugar ao social e só depois ao econômico.

A "Nova República" iniciara em 15 de março de 1985, com expectativas de grandes mudanças na política agrária do país. O Ministério Extraordinário de Assuntos Fundiários – MEAF, dera lugar ao Ministério da Reforma e do Desenvolvimento Agrário – Mirad, cujo primeiro titular foi o doutor Nélson Ribeiro, paraense, pessoa tranqüila e ponderada, então ligado à Pastoral da Terra. A sua designação para o cargo, integrando o Ministério Tancredo Neves, fora certamente devido a essa ligação. A Presidência do Incra, que integrava o Mirad, fora entregue ao doutor José Gomes da Silva, proprietário rural, entusiasmado com a reforma agrária, porém com uma visão um tanto radical da sua implantação e particularmente quanto à arrecadação e à desapropriação de terras.

Assim, no decorrer do ano de 1985, as atividades do Mirad e, principalmente, as do Incra, pela forma como estavam sendo conduzidas, começaram a criar muita inquietação nos meios rurais. As desapropriações se faziam com muito açodamento, traduzindo mais um simples propósito de realizá-las e não uma correspondente perspectiva de proporcionar a valorização do homem do campo e o desenvolvimento rural.

Nessas circunstâncias, viu-se o governo Sarney frente à necessidade de definir uma política de governo que objetivasse o desenvolvimento harmônico do meio rural, conciliando no seu contexto a indispensável integração dos fins econômicos (produtividade) e social (justiça).

Na formulação da nova política, tornaram-se pertinentes algumas ponderações que a seguir são comentadas.

A reforma agrária que o país ansiava, e que a Aliança Democrática apregoava, deveria garantir o direito de propriedade e buscar a paz no campo, para isso suscitando debate racional dentro da convivência pacífica e tendo lastro na sociedade, visto ser um programa que transcende a governos. Portanto, haveria que se realizar dentro dos princípios da ordem e da democracia, tornando, inclusive, a propriedade rural acessível ao homem do campo.

Para se desenvolver em sua plenitude, tal reforma agrária comportaria forçosamente alguns períodos de governo, pois deveria ocorrer de forma gradual, contínua e ordenada. Por outro lado, ela não seria um fim em si mesma, mas meio de realizar a justiça social e de aumentar a produtividade no meio rural; não existe isoladamente, nem exaure as medidas necessárias à paz social; é parte de um todo e como tal deve ser tratada. Os problemas do campo não se resolvem apenas com a melhor distribuição da propriedade rural, mas esta contribui decisivamente para um desenvolvimento rural mais equilibrado.

Assim, ao tratar da questão da terra, de sua melhor distribuição, o governo não poderia descurar também o problema do trabalhador rural. Deveria cuidar para que as relações de trabalho fossem justas e para que os trabalhadores rurais tivessem acesso aos benefícios do aumento da produtividade, fruto do seu trabalho em propriedade alheia.

Essas e outras circunstâncias relevantes e inadiáveis demonstravam que a questão agrária brasileira estava a reclamar tratamento global, no qual se fazia importante a definição de uma política agrícola, firme e duradoura, em perfeita harmonia com a reforma agrária, como condição básica de êxito de uma ação transformadora de governo na área rural. Sem alterações significativas na estrutura de posse e uso da terra, torna-se difícil a superação de distorções que afetaram a política agrícola em anos recentes.

Paralelamente, a modificação e o fortalecimento da política agrícola colocar-se-iam como indispensáveis para a implantação, com sucesso, do processo de reforma agrária, cujos beneficiários deveriam contar, de forma prioritária, com assistência técnica e crédito adequados, atenção diferenciada por parte dos órgãos de pesquisa, canais ágeis de comercialização e treinamento intensivo para gestão das novas unidades produtivas.

A política agrícola deveria, ademais, ser compatível com as prioridades sociais estabelecidas pelo governo, as quais dão ênfase à expansão da produção dos alimentos básicos e atenção aos pequenos produtores rurais, sem descuidar dos outros segmentos da agricultura.

O presidente Sarney percebera, naquela conjuntura de início da "Nova República", que o país carecia na realidade não apenas de reforma agrária e de política agrícola, mas de uma política de desenvolvimento rural. Política que respondesse aos anseios do meio rural, política que oferecesse aos rurícolas as condições para a construção da classe média rural estável, que tivesse como fim o homem e se colocasse a seu serviço, criando meios para ele viver no seu *habitat.*

A política de desenvolvimento rural, por sua vez, para ser viável, necessitaria do comprometimento de todos — União, estados, Distrito Federal, municípios, classes trabalhadoras e produtoras —, da sociedade em geral. A sua sustentação está na sociedade, uma vez que os governos são transitórios. Desse trabalho integrado depende a sua exeqüibilidade. Dessa forma, na sua implementação e na sua execução, o governo federal articular-se-ia com os estados, Distrito Federal e municípios para equacionar os problemas rurais e buscar os meios e modos mais adequados para a solução de cada caso. A administração federal, por seus entes e órgãos, deveria apoiar, na forma da lei, as unidades da federação e os municípios na busca de recursos necessários, inclusive financeiros.

A idéia de implementar uma política de desenvolvimento rural não era nova. Ela já estava inserida no Estatuto da Terra e este, a seu turno, deveria ser o instrumento de sua formulação e execução. Nela deveriam ser tratados aspectos, relevantes e de solução inadiável, do contexto rural, que constituiriam as medidas complementares de apoio e sustentação da reforma agrária e da política agrícola.

Entre tais aspectos, mereceriam destaque o cooperativismo e o associativismo rurais, os quais deveriam ser difundidos e exercitados; o crédito rural, que deveria ser colocado à disposição dos agricultores, incluindo os assentados; a habitação rural, que exigiria prioridade do governo.

Dessa forma, consideradas as ponderações acima como os fundamentos da política de desenvolvimento rural do governo da "Nova República", a comissão de alto nível que fora encarregada da sua formulação e constituída com representantes dos Ministérios da Agricultura e da Reforma e do Desenvolvimento Agrário, das Secretarias de Planejamento da Presidência da República e da Secretaria-Geral do CSN, após os trabalhos necessários, elaborou o texto da nova política de desenvolvimento rural, submetendo-o à apreciação do presidente Sarney com a Exposição de Motivos n.º 501, que a aprovou, em 8 de outubro de 1985, nos seguintes termos:

> "Aprovo.
> 1. Adoto como Política Nacional de Desenvolvimento Rural – PNDR a proposta consubstanciada neste documento.
> 2. A administração federal direta e indireta, por seus órgãos e entidades, deve, de imediato, implementar e executar, completa e fielmente, a PNDR e realizar os estudos atinentes à legislação aqui referida.
> 3. Convoco os estados, territórios, municípios, Distrito Federal, a iniciativa privada, e especialmente produtores e trabalhadores rurais, a sociedade em seu todo, para que somem esforços aos da administração federal, visando ao atingimento dos fins da PNDR, à consecução da justiça social e do aumento da produtividade.
>
> Em 10/10/85
> José Sarney"

A Política Nacional de Desenvolvimento Rural – PNDR, como foi lançada no governo Sarney, englobava a reforma agrária e a política agrícola que deveriam ser apoiadas e sustentadas por outras medidas complementares de assistência às atividades agrárias e ao homem do campo. Deveria contar ainda com direito eficaz à sua implantação, no qual seriam merecedoras de atenção não apenas as atividades agrárias, como também o trabalho rural em suas várias faces.

A seguir, serão transcritos alguns excertos da referida exposição de motivos, em seu teor original.

A reforma agrária

A reforma agrária, ensejando o advento de novas estruturas fundiária e agrária, da justiça social e do aumento da produtividade, deverá ser realizada de forma gradual e ordenada, sem desorganizar os segmentos produtivos, observados, no seu planejamento e na sua execução, as disposições constitucionais, o Estatuto da Terra e demais leis pertinentes.

No seu planejamento, deverão ser observadas, com destaque, entre outras, as seguintes diretrizes:

- assegurar o direito à propriedade privada da terra rural, nos termos da Constituição Federal;
- zelar para que a propriedade da terra desempenhe a sua função social, estimulando-lhe a racional utilização;
- preservar a propriedade de extensão compatível com a exploração existente, desde que utilizada de maneira racional, assegurando a função econômica e social da terra;
- propiciar ao agricultor sem-terra, ao minifundiário e ao trabalhador rural as condições de acesso à propriedade da terra economicamente útil, de preferência na região onde habite, ou em zonas previamente ajustadas quando assim imponham as circunstâncias, entre estas a pressão demográfica;
- utilizar também as terras públicas, não originárias de desapropriação, para a distribuição a trabalhadores rurais e agricultores, inclusive aquelas que, pertencentes a entidades e órgãos federais, não tenham destinação específica, e que apresentem a capacidade de uso, localização e garantia de infra-estrutura adequadas;
- nortear a eleição de áreas prioritárias, e de imóveis expropriáveis, inclusive pelo interesse público regional e nacional, tendo presentes a justiça social e a produtividade;
- utilizar formas de alienação e titulação de terras públicas, inclusive as desapropriadas, que:
  a) prevejam a permanência do agricultor na terra que lhe for destinada por um período mínimo de cinco anos, inserindo-se nos atos as respectivas condições resolutivas de alienação;
  b) assegurem o pagamento, pelo adquirente, de adequada remuneração ao poder público, salvo nos casos de doação previstos em lei.

O planejamento da reforma agrária compreenderá planos periódicos, nacionais e regionais, com prazos e objetivos determinados, de acordo com projetos específicos. No planejamento e na execução, o Mirad deverá contar com a co-participação e a co-responsabilidade dos diversos entes e órgãos federais e assegurará a participação dos estados, municípios, Distrito Federal e da iniciativa privada.

No planejamento e na execução da reforma agrária (como na implantação da Política Nacional de Desenvolvimento Rural), será imprescindível conferir-se especial atenção aos seguintes aspectos complementares:

- a colonização de terras públicas e privadas com propósito primordial de:
  - a) abrir novas fronteiras agrícolas;
  - b) aliviar pressões demográficas de áreas já congestionadas;
  - c) planejar o processo migratório interno desordenado;
- a discriminação de terras devolutas, bem como a sua arrecadação, as quais cumpre sejam direcionadas para o atendimento das necessidades da PNDR. A discriminação será utilizada, também, para pôr termo a conflitos originários de dúvidas quanto à propriedade da terra, de forma que sejam conhecidos os reais proprietários e a dimensão de suas terras, efetuando-se as demarcações destas, bem como separando-as daquelas que sejam objeto de apropriações espúrias;
- a tributação da terra rural utilizará, sobretudo, o princípio da incidência progressiva, levando em consideração fatores que fazem variar o imposto, tais como tamanho, localização e condições de exploração, tanto no que se refere ao caráter social como aos aspectos econômicos;
- o zoneamento e o cadastro rurais, sua atualização, bem como reestudo das áreas dos módulos rurais, que propiciarão o conhecimento mais real das diversas zonas do país, das formas de exploração das terras rurais e das dimensões necessárias aos módulos rurais;
- o crédito fundiário, que permita aos agricultores sem-terra e aos proprietários minifundiários adquirir pequenas propriedades, na medida das disponibilidades financeiras.

A política agrícola

A política agrícola deverá ser formulada e implantada com o objetivo de amparar a propriedade, a posse legítima e o uso adequado da terra e também com o de orientar, no interesse da economia rural, as atividades agrárias, no sentido de garantir-lhes o pleno emprego, harmonizando-as com o processo de industrialização do país. Deverá ainda ter presentes, entre outras, as seguintes diretrizes:

- revigorar a atividade de planejamento do setor agrícola no contexto do Plano Nacional de Desenvolvimento – PND, concentrando a ação planejadora particularmente no sentido de:
  a) coordenar a montagem do zoneamento agroecológico e econômico para a agricultura brasileira;
  b) acompanhar a evolução do emprego rural;
  c) montar, em articulação com outros organismos do setor público, uma política de urbanização e industrialização rurais;
- estabelecer um novo sistema de financiamento para o setor agrícola;
- orientar a pesquisa agropecuária e intensificar a divulgação dos seus resultados junto aos produtores rurais;
- adequar a extensão rural às peculiaridades regionais;
- desenvolver tecnologia que distinga e articule seus usos sociais e as modalidades de apropriação de seus frutos;
- adequar a política de preços mínimos de forma a torná-la instrumento mais eficaz e estável.

O Ministério da Agricultura contará, na formulação e na implementação da política agrícola, com a co-participação e a co-responsabilidade dos diversos órgãos federais, particularmente do Mirad, do Minter e do Ministério da Fazenda, e buscará, através do sistema de planejamento agrícola, a efetiva participação dos estados, municípios, do Distrito Federal e da iniciativa privada.

As outras medidas

No contexto da PNDR, a par com a reforma agrária e a política agrícola, ao seu lado, surgem como indispensáveis à sua efetiva sustentação as seguintes medidas:

- a assistência socioeconômica às populações rurais, assegurada através de:
  a) apoio a programas de construção de habitações rurais;
  b) intensificação do ensino rural, voltado para a profissionalização e a capacitação do homem do campo nas atividades agrárias;
  c) incremento da assistência à saúde, da previdência social e, especialmente, da assistência ao menor;

d) melhoria das condições de vida e do bem-estar das populações rurais, propiciando-lhes o acesso aos meios de comunicação em geral (correios e telégrafos, telefone, rádio e televisão), aos transportes, ao comércio, ao lazer etc.;

- os contratos agrários (arrendamento e parceria, formas de uso e posse temporária de terras privadas que a lei reconhece) terão ampliada a fiscalização do seu cumprimento, objetivando a obediência da legislação agrária aplicável, a realização da justiça social e o aumento da produtividade;
- a abertura e a conservação das estradas necessárias ao pronto escoamento da produção para os armazéns e centros consumidores, evitando-se o perecimento dos bens produzidos, particularmente em projetos de colonização;
- a compatibilização das políticas agrícola, florestal, do meio ambiente, fundiária, indigenista e minerária, de modo que se ajustem perfeitamente e possam coexistir em harmonia com os interesses maiores do país.

No planejamento e na execução dessas medidas, os Ministérios envolvidos deverão agir de forma integrada com os responsáveis pela reforma agrária e pela política agrícola, com os estados, municípios, o Distrito Federal e a iniciativa privada (entidades representativas do setor rural), com vistas a melhor atender às necessidades das populações rurais.

O direito

É imperioso focalizar o direito, sem restringi-lo ao direito agrário. Isso porque se tem em mente não apenas a legislação agrária (de que é parte a fundiária), mas também outros passos do ordenamento jurídico brasileiro, por exemplo, o relativo ao trabalho rural.

Direito é o instrumento básico, regulador, da Política Nacional de Desenvolvimento Rural – PNDR.

Na consolidação e no aprimoramento da legislação agrária deverão estar presentes os aspectos fundamentais da questão agrária. A esse trabalho se acrescerá a elaboração de normas especiais regedoras do processo e do procedimento agrários (destinadas a agilizá-los e a possibilitar o eficiente desempenho das funções da Justiça).

Relativamente à Justiça Agrária, a experiência de outros países tem evidenciado que, sendo o direito agrário ramo da ciência jurídica ainda em fase de sistematização, de definição de seus instintos, de interpretação dos seus princípios frente às diversas realidades nacionais, cabe a ela papel relevante nesse mister construtivo e também estabilizador.

Há de se reconhecer também a necessidade de ajustar à realidade brasileira a legislação sobre o trabalho e a previdência rurais, com o objetivo de prestar assistência aos trabalhadores.

A exposição de motivos, em suas considerações finais, reitera que a Política Nacional de Desenvolvimento Rural – PNDR teria como centro o homem do campo, a valorização e a proteção de seu trabalho, a elevação do nível de vida, objetivando o surgimento de uma classe média rural estável.

No que se refere à sua implantação — através da execução do Plano Nacional de reforma agrária, da política agrícola e das outras medidas —, ressalta que ela deveria efetivar-se, preferencialmente, nas áreas mais carentes, nas de sérios conflitos ou forte tensão social e naquelas cujo desenvolvimento seja de relevante interesse do país.

Enfatiza que, sempre que a administração federal, direta ou indireta, tiver de agir nas unidades da federação e nos municípios, deverá previamente entender-se com umas e outros, para que a ação federal não gere desequilíbrios, ou ônus, que a eles caberá corrigir. Assim, os Ministérios, seus entes e órgãos, firmarão convênios com o objetivo de lhes transferir a execução da PNDR, naquilo que julgarem conveniente. As referidas unidades participarão da proposição das medidas a serem adotadas, tais como: a definição de imóveis rurais desapropriáveis para fins de reforma agrária; a implantação de projetos de colonização; a discriminação e a arrecadação de terras devolutas; a irrigação de terras; a eletrificação rural; a instalação de armazéns; a construção de habitações rurais; a abertura de estradas etc.

Finaliza com as incumbências aos Ministérios envolvidos e dá a uma Comissão Interministerial, a ser presidida pela Seplan e integrada, ainda, pelos Ministérios da Agricultura e pelo Mirad, a coordenação geral, o acompanhamento e a avaliação da implementação da PNDR, podendo a referida comissão convidar outros Ministérios para colaborarem com os seus trabalhos.

Entretanto, a PNDR, como foi proposta, não chegou a ser completamente implantada. Ainda no final de 1985, o doutor José Gomes da Silva deixou a presidência do Incra. No início de 1986, houve mudanças ministeriais que incluíram as Pastas envolvidas com a PNDR. Na pasta da Agricultura saiu o senador Pedro Simon e entrou o senador Íris Rezende, e na do Mirad o doutor Nélson Ribeiro foi substituído pelo deputado Marcos Freire. Com o falecimento deste, poucos meses depois, o deputado Dante de Oliveira assumiu o Mirad. Tais fatos acarretaram certa descontinuidade administrativa nos Ministérios e órgãos envolvidos com a PNDR, contribuindo para prejudicar a sua implementação.

Os fundamentos e as diretrizes que consubstanciam a referida PNDR ainda estão adequados à conjuntura atual, embora a Constituição Federal vigente seja outra. Certamente modificações fazem-se necessárias, especialmente quanto à forma de abordar e conduzir a sua implementação nos diferentes níveis de governo.

Muitas questões ainda ficam à espera de soluções, melhores e mais criativas, que dinamizem o desenvolvimento rural e a reforma agrária. Alguns desafios: o envolvimento da iniciativa privada no processo; a retirada da carga ideológica da questão; o financiamento do processo pelos organismos nacionais e internacionais de investimento; assentamentos autofinanciáveis; organização de um eficiente sistema governamental de administração do processo, preferencialmente com um planejamento centralizado em âmbito federal e execução descentralizada em nível regional.

Para ele, a política era a arte de resolver conflitos

Visão de Tancredo Neves*

O senhor presidente (Antônio Carlos Magalhães)

— Concedo a palavra ao senador José Sarney.

O senhor José Sarney (PMDB – AP. Pronuncia o seguinte discurso.)

— Senhor presidente, senhoras e senhores senadores, há 15 anos morria Tancredo Neves. É um tempo em que as névoas e as garoas da memória descem e encobrem os homens.

Venho a esta tribuna, por um dever de consciência, recordar essa figura excepcional da História brasileira, a quem deve o país uma análise correta e abrangente do talento político e papel decisivo desempenhado por ele em momentos cruciais de nossa vida republicana.

---

* *Este "retrato" de Tancredo Neves, feito da tribuna do Senado, é também, ou sobretudo, uma descrição de "afinidades eletivas".*

Já muito se escreveu neste país sobre o "espírito de conciliação" que se aponta como um dos pilares da longevidade do Segundo Reinado. O centro da ação política de Tancredo Neves reside justamente nesse espírito histórico de conciliação. Os franceses dizem que não existe democracia sem *l'ésprit de minorité*. Posso estender essa concepção para afirmar que não existe o verdadeiro democrata se dentro dele não existe o conciliador.

Conciliar é admitir que não somos os donos da verdade e que nossas idéias podem conviver com outras idéias. É o campo da pluralidade, muito difícil de chegar na política, onde muitas vezes se torna como inaceitável a própria convivência. Mas essa postura é a do político menor, aquele que limita suas obrigações às suas verdades e aos interesses de seus partidos e facções.

O outro terreno é o dos estadistas quando, acima da política, está o interesse de todos. Para isso é necessário tecer alianças, articular, ceder, ter paciência, prudência e, sobretudo, espírito público, fora do caráter pessoal e do caráter partidário.

Tancredo definia que a conciliação não podia ser confundida com um mero oportunismo, mas uma opção pragmática e circunstancial para um "legítimo meio de resolução de conflitos vividos pela sociedade".

É dele a definição: "Sou um pragmático e conciliador na ação, mas sou inflexível em matéria de princípios. Sempre que você transige em princípios, ganha um episódio, mas apenas um episódio. Perde na permanência e na substância." São palavras de Tancredo Neves.

Os extremistas e radicais nunca transformaram o mundo. A revolução e a revolta são as responsáveis pelos momentos mais tristes e sangrentos da história universal. A luta contra a iniqüidade é mais eficaz pela denúncia que pela violência. A denúncia acaba com a iniqüidade. A violência cria uma nova iniqüidade.

Desejo situar Tancredo Neves na continuidade dessa linha histórica da conciliação que construiu e assegurou a permanência do Brasil.

Vejamos o Segundo Reinado: o imperador era sempre inclinado ao diálogo e à moderação, graças a uma unidade subjacente de interesses de classe comandando a política interna, mesmo nas horas de grande tensão emocional, como no período que se seguiu à Regência e o das guerras do Prata. A política era uma arte da aristocracia rural, que influía na formação dos quadros do Estado e da elite. Daí essa "situação de equilíbrio" que Euclides da Cunha atribuiu ao Segundo Reinado e cuja descrição mais famosa e, ao mesmo tempo, mordaz, está contida na *boutade* de Holanda Cavalcanti: "Não há nada mais parecido com um Saquarema do que um Luzia no poder." Foi tão forte esse espírito de conciliação no Brasil em defesa do regime monárquico que o seu mais ferrenho inimigo, Justiniano José da Rocha, terminou aceitando, como "fruto do tempo", o Ministério de 7 de setembro de 1853, presidido pelo então marquês do Paraná, justamente denominado de "Ministério da Conciliação".

Cito essa fase da nossa História para fixar que há grande diferença entre Tancredo e o seu herói, o marquês do Paraná — e ele que sempre dizia que tinha como farol o marquês do Paraná: o tipo de conciliação que cada um deles exerceu na História do Brasil.

Não foi esse tipo de conciliação de Paraná, fundado na preservação do *statu quo*, que caracterizou Tancredo Neves. Ele viveu um tempo de dilaceração da sociedade e da própria humanidade. Um tempo descrito por outro grande mineiro de sua geração como um "Tempo de partidos. De homens partidos". Foi assim que Carlos Drummond de Andrade marcou, em seus versos, essa época. Um tempo de antagonismos ideológicos inconciliáveis que, expostos pelos novos meios de comunicação do século XX, intensificam-se perante a opinião pública e tornam muito mais difícil a aproximação, sobretudo a conciliação política. Pois foi justamente nesse tempo, diferente daquele tempo em que as posições políticas eram beatificadas ou satanizadas em função da bipolaridade ideológica, que Tancredo exerceu, com grande sabedoria e orgulhosa humildade, o sacerdócio da conciliação.

Falo hoje por um dever de consciência. Tancredo é uma falta que não pode um só momento deixar de ser invocada e uma saudade que não permite passar um só dia sem doer.

Cada vez mais fica nítida, em nossa História, a figura de Tancredo Neves como Patrono da Democracia, o construtor da transição democrática, o mártir da liberdade política.

Muitas vezes tenho afirmado que Tancredo Neves foi o homem preparado pela História para aquele momento difícil que o país viveu. Ninguém melhor do que ele seria capaz de construir o Brasil em que hoje vivemos, de uma democracia exemplar, em que a sociedade civil questiona e, num sistema de capilaridade, se derrama por todo o tecido social em organizações de classe, categorias, crenças, bairros, ruas, clubes, associações. A opinião pública, nova interlocutora da sociedade democrática, participa, expressa-se numa mídia viva, moderna, livre, sem limites, e ajuda o país a melhorar seus costumes políticos num combate sistemático contra os abusos e desvios do poder. É natural que, nesses momentos inaugurais, os excessos aconteçam. Mas o tempo os corrigirá.

Um provérbio chinês diz que, toda vez em que se vai beber água num poço, deve-se lembrar quem descobriu o poço.

Depois que deixei o governo, recusei-me a discuti-lo, a defender-me, a dedicar-me à arte do ressentimento, da lamúria ou da exaltação. Invoquei mesmo um poema de Miguel Torga sobre Afonso de Albuquerque, que foi vice-rei da Índia, para justificar minha conduta: "Do que fiz e do que não fiz não cuido agora; as Índias todas falarão por mim." E incorporei ao meu comportamento a lição de George Washington, quando disse: "Sem nenhum ressentimento ou inveja, resolvi ficar satisfeito com todos."

Minha grande missão, da qual tenho profundo orgulho, foi a de administrar o legado de Tancredo Neves.

Ele nunca foi um cientista político nem pensador. Não era de enredar-se em doutrinas. Era um tático e um estrategista.

Toda sua vida foi dedicada a encontrar caminhos para o Brasil, com as virtudes que só estadistas possuem — repito —, da paciência, da prudência, da compreensão, do diálogo, sem que isso implicasse abdicar dos seus princípios.

Seu momento mais alto foi quando articulou a transição democrática, restaurou a democracia no Brasil, promoveu a alternância do poder sem dividir a casa, sem deixar hipotecas de tutela — e isso é muito importante —, fato inédito que não ocorreu em nenhum país da América Latina nem em nenhum país que tenha vivido um ciclo de autoritarismo.

Ele restaurou a linha histórica do Brasil que, ao contrário da América Espanhola, não construiu a sua unidade nem o seu Estado-Nação no sangue dos seus irmãos e nas cruéis batalhas de hegemonias feudais. Tancredo construiu essa etapa importante do país como um oleiro, trabalhando pacientemente o seu barro. E o fez com o cuidado, a sabedoria e a capacidade em que ninguém o superava.

Reafirmo: a História o preparou para aquele instante. Ele foi o tático e o estrategista dessas grandes causas. Tinha uma experiência dos homens e da política alicerçada nos cargos que exerceu de vereador e presidente da Câmara de São João del Rei, passando por todos os cargos da República até a Presidência da República.

O líder é aquele que consegue harmonizar vontades, unificá-las com determinado objetivo. Por isso mesmo, liderar não é uma tarefa solitária; necessita de adeptos, de coadjuvantes, de co-autores, de seguidores. Tancredo Neves liderava líderes e, nesse nível, como dizia Guimarães Rosa em relação à vida, liderar é muito perigoso.

Ele corria esse perigo permanentemente, até mesmo porque essa atividade política é feita num terreno de vaidades, interesses, frustrações, invejas, ciúmes e todos os pecados capitais do exercício de comandar.

A saída do estado autoritário para o estado de direito podia ter duas estradas: a da violência, da tomada do poder pelas armas, pela revolução sangrenta. Esta, sem dúvida, seria a escolha de exaltados em que nós devemos reconhecer que são sempre plenos de idealismo e de coragem. Mas, aqui e no mundo inteiro, essa virtude tem custado sangue e sacrifício. No nosso caso, não se vislumbrava nessa saída nenhuma chance. O outro caminho, o da denúncia, da luta contra os erros, da pregação, da permanente vigilância e da demonstração da injustiça. Foi o caminho que ele escolheu. O caminho da política. Tancredo sempre acreditou nesse caminho que, ao contrário do que pode parecer, possui maiores perigos, exige maior coragem, maiores sacrifícios.

No primeiro caminho, a única preocupação é com a morte, com o sacrifício pessoal; no segundo, com a vida, com a sobrevivência de todos. Todos. Nessa palavra-chave está a chave do homem de estado. Quem melhor o definiu foi Tiradentes.

Nos autos da devassa existe uma passagem na qual se relata que, para demonstrar a prova do crime de Tiradentes, foi armada uma cilada, para que ficasse provado que Tiradentes estava conspirando. Ele foi levado perante duas testemunhas do rei que ali estavam para comprovar o desvio de sua conduta e o possível seu ex-amigo e conspirador lhe diz: "Eu aqui estou a trabalhar para ti."

E Tiradentes responde: "E eu, a trabalhar para todos."

Considero essa simples passagem dos autos da devassa como a mais precisa e mais sintética demonstração do grande estadista. Tancredo tem a marca de pensar em todos. Toda a sua vida é marcada pela palavra conciliação, pela busca de servir a todos. Não era sem motivo que ele considerava Honório Hermeto Carneiro Leão, o marquês do Paraná, que chefiou o Gabinete de Conciliação, como o seu ídolo, a pessoa que ele mais admirava na História do Brasil.

Quando a História conduz Tancredo Neves ao comando das difíceis articulações para o fim do regime autoritário, ele não chega com as mãos vazias. Já era o ponto de referência, quando se desejava unir, neste país.

Quando Getúlio se suicida, é Tancredo Neves quem vai falar no seu túmulo. O país vive um instante de grande comoção, os sentimentos estão em combustão À beira do túmulo de Getúlio estão as lágrimas, mas também estão as cobranças e as revoltas, estão os desejos de revanche.

Nestes momentos, a sedução do político é usar a tragédia para usufruir dividendos, destruir os adversários, estimular o povo à vingança.

Disto, encontramos exemplos emblemáticos na literatura e na história. Lembremos o discurso de Marco Antônio à beira do cadáver de César, com o povo ali em volta. Então ele diz: "Quem tem lágrimas prepare-se para derramá-las."

E apontando para o manto de César, diz:

> "Todos conhecem esse manto... Capaz de levantar vossas almas e pôr a língua em cada ferimento de César, capaz de mover as pedras de Roma, até se levantarem, revoltadas.
> Queimaremos a casa de Brutus.
> Avante! Vamos agarrar os conspiradores."

Era o seu discurso. Mas Marco Antônio, ele mesmo dizia: "Sou um homem simples e tosco." Não era um estadista; era simplesmente um político oportunista.

Tancredo Neves não era esse tipo de político; era a sublimação do político, era o estadista.

Vamos fazer a comparação do discurso de Marco Antônio como um exemplo iconográfico e o discurso de Tancredo à beira do túmulo de Getúlio Vargas naquela manhã fria de São Borja:

> "Com minhas palavras não desejo agitar a opinião pública nem trazer um elemento a mais para a instabilidade política na morte de Vargas (...) Por isso vos falo nesses termos, ditados pela verdade e pela franqueza."

Podemos sentir a dimensão do espírito e da grandeza deste homem público que teve o Brasil.

Naquela manhã também — não resisto —, ao ouvir a voz de Oswaldo Aranha, quando disse:

> "O teu apelo — apontava para o cadáver de Getúlio — será atendido. Tudo faremos para atendê-lo, para que o Brasil não viva dirigido por ódios, por sentimentos subalternos nem por vinganças ou recriminações, mas dentro da realidade generosa e fraterna."

Assim falaram esses homens naquele momento trágico da História do Brasil.

Dias antes, Getúlio ouvira o seu filho Luthero propor-lhe: "Vamos levantar as barricadas. Vamos armar ninhos de metralhadoras. Vamos levantar o Rio Grande do Sul." E Getúlio responde: "De jeito nenhum. Não quero ver sangue nem luta. A única morte que admito aqui é a minha. De mais ninguém."

Esses episódios mostram perfeitamente como esses grandes homens conduziram os momentos mais difíceis da vida nacional.

Mas não é somente aí.

Como disse, Tancredo não chega de mãos limpas e vazias. Vem a crise de 1961, da renúncia de Jânio. Negocia-se. As paixões e interesses políticos estão na mesa, de forma irreconciliável. Nestes momentos, o que menos se pode exigir é que os perdedores não sejam atingidos pelo sentimento de revanche.

Havia o exército da legalidade no Sul, uma opinião pública dividida chamando em defesa da continuidade democrática. Havia uma imensa gama de interesses que se sentiam legítimos na eleição de Jânio Quadros e frustrados ali estavam, querendo a quebra do regime, com apoio militar, dispostos a tudo. Era o confronto.

A hora do confronto é a hora da política. Mas tem de se encontrar sempre um homem que assegure que a solução não seja a dissolução. Que resolva um caso emergente para não surgir outro maior. Quantas vezes houve situações dessa natureza?

Naquele instante, só havia um homem para essa tarefa, que foi aceito por todos. E quando se diz que Jango Goulart foi empossado — e criam-se várias teses —, meu testemunho, de quem viveu os fatos naqueles tempos, é de que foi o penhor do equilíbrio de Tancredo Neves, à frente do governo parlamentarista, a chave da solução. O presidente Antônio Carlos Magalhães estava presente no Congresso Nacional àquela época.

Como Tancredo Neves exerceu a sua capacidade de negociar, como formou um gabinete que, na sua heterogeneidade, tinha unidade de objetivos? Quais eram eles? Manter Jango no poder? Uma questão pessoal? Não. Era atravessar uma etapa. E ele o fez admiravelmente bem. Em seguida, conseguiu quase um milagre: baixou a temperatura política do país, com a sua capacidade, com o seu temperamento, e impessoalizou sua tarefa.

Muitas vezes nos esquecemos de pequenos fatos que são demonstrativos de momentos fundamentais. É desse período uma das suas mais brilhantes tarefas que mostram o temperamento de Tancredo Neves, talvez a única em nossa história, de uma engenharia dessa natureza. Ele consegue que Jango viaje aos Estados Unidos, na era Kennedy, acompanhado de todos — todos — os presidentes de partidos do Brasil. Mostrava, assim, à comunidade internacional, o clima de normalidade depois do vendaval por que tínhamos passado. E foi assim que tentou e negociou a dívida externa, unindo o Brasil em torno de uma questão vital naquele momento.

Mas é o mesmo Tancredo Neves, grande tático, que, depois de cumprir essa tarefa de evitar a ruptura do regime, ao renunciar ao mandato de primeiro-ministro para candidatar-se a deputado, denuncia o parlamentarismo como uma solução injusta para uma crise e, uma vez que esta foi superada, com toda a coragem, ele pedia o regresso do presidencialismo.

É o mesmo Tancredo Neves que tenta mudanças no governo Goulart, condena a rebelião dos cabos e sargentos, procura evitar a derrocada das instituições que ele mesmo salvara. Mas sem resultado. O PSD todo apóia a Revolução de 1964, e ele, solitário, é o único a não votar em Castello Branco, de quem era amigo pessoal. Afirma: "Sou conciliador, mas em matéria de princípios não transijo." Castello Branco, também num gesto de grandeza, escreve em letras vermelhas no processo em que a linha dura propõe a cassação de Tancredo: "Este, não!"

Tancredo Neves sabia que nem a revolução nem a sedição iriam derrubar o regime autoritário. Era a competente negociação política, a sua arte, a arte que sabia construir e manejar.

Em março de 1978, Tancredo torna-se líder da bancada do MDB na Câmara. Em novembro, mês que acaba o bipartidarismo, elege-se senador. Articula, então, a criação do Partido Popular – PP, de centro, que reúne dissidentes do MDB e da Arena, inclusive o histórico rival Magalhães Pinto, na solução mineira que tanto gostava: Tancredo é o presidente, e Magalhães, o presidente de honra. É a tentativa de criar uma opção de poder de centro, democrática, diferenciada de uma esquerda radical e de uma direita também radical. No final de 1981, o governo Figueiredo passa o voto vinculado e abate o PP, que então se funde com o PMDB. No final de 1978, cai o AI-5, de uma emenda constitucional da qual fui relator no Congresso Nacional.

Eleito governador de Minas em 82, Tancredo assume, em março de 1983, e prossegue a luta pela redemocratização. "O primeiro compromisso de Minas — diz ele — é com a liberdade." "Liberdade é o outro nome de Minas Gerais." No Congresso, na imprensa, na prática permanente do diálogo e da conciliação ele exerce sua atividade. No governo de Minas, acerta com Aureliano o Acordo de Minas. Aureliano, outro patriota, também grande brasileiro, a quem a nação muito deve. Se um dos dois saísse candidato a presidente, o outro apoiaria. Participa da campanha por eleições "Diretas-Já" para presidente no início de 1984. Prega a união nacional. Trabalha exageradamente. Tem aquela famosa frase: "Para descansar, eu tenho a eternidade."

Com apoio de amplo espectro ideológico, compõe, costura, aglutina as forças de oposição e dissidentes de governo, como Marco Maciel, Antônio Carlos Magalhães, Jorge Bornhausen, eu próprio e muitos outros, e sai candidato à Presidência da República. Tece engenhosa teia política dentro do PMDB. Une os diversos grupos e as diversas correntes, rompe resistências do seu próprio partido, recebe a adesão do grupo autêntico, atrai o apoio de Ulysses Guimarães, numa missão quase difícil, numa engenharia extraordinária de filigranas que ele sabia tão bem manejar na arte da política. Dialoga com setores do governo, vai à sociedade civil, articula-se com lideranças militares, quebra resistências, vence manobras. Faz vibrante campanha por todo o país, recebendo a aprovação direta do povo nas ruas e nas praças. Prega a conciliação nacional como saída para o impasse e a crise.

Transige e negocia. Transforma a energia política da campanha das "Diretas-Já" em combustível da sua vitória no Colégio Eleitoral. Faz impecável engenharia política. Coerente, é sempre o moderado fiel à liberdade. Prega mudanças, promete a convocação da Assembléia Constituinte, pede união e condena o revanchismo. O projeto é a democracia. Tranqüiliza a todos, militares e civis. Faz o que adora fazer: política. A grande política. Daí nasce o caminho de toda a tranqüilidade, e a democracia que o Brasil vive até os tempos atuais.

Ninguém governa os tempos. Como uma tragédia grega, Tancredo Neves lidera o final da transição política convivendo com doença que talvez só ele soubesse. Dois irmãos seus haviam morrido. Luta contra o tempo: receia que se instaure uma crise político-militar de desenlace imprevisível, se não for empossado. Comprometimento do projeto democrático da Nova República. Estava informado de que o presidente Figueiredo não daria posse a mim, o vice-presidente eleito. Luta desesperadamente contra o tempo, sofre. Ele sabia que estava doente. Confere seu esquema militar de apoio à transição. A doença se agrava e, com ela, o temor de crise e mesmo de retrocesso político, caso não assuma. Decide correr o risco de perder a própria vida. Imolação?

Depois de 51 anos de vida pública, a dor implacável a 15 horas da posse na manhã de 15 de março de 1985. A internação, a indicação cirúrgica e sua tenaz resistência. Não quero deter-me nos problemas médicos que atravessou, mas não admite ser operado antes da posse. Era preocupação pessoal? Não. Aos médicos resiste, luta, implora:

> "Eu peço, pelo amor de Deus: me deixem até amanhã e depois de amanhã façam de mim o que vocês quiserem. Mas eu tenho a obrigação. É um compromisso que eu tenho. Eu sei, de fonte fidedigna, que o Figueiredo não dá posse ao Sarney e eu preciso concluir a transição democrática."

No hospital, sua preocupação não é a sua saúde. É o país. É a conclusão da transição. Chama Dornelles e diz a ele: "Não me operarei, o Figueiredo não transmite o poder ao Sarney." Dornelles, no interesse de sua saúde, diz-lhe que acaba de estar com o doutor Leitão de Abreu e que o presidente vai transmitir o governo a Sarney.

Só aí ele aceita a decisão e diz: "Os médicos decidam."

A dor sem fim da família. O exemplo superior de amor e dedicação de Risoleta Guimarães Tolentino Neves e de todos que passaram aqueles momentos tão trágicos da República.

Sua longa operação demora até a manhã. Ao acordar da anestesia, sua preocupação não é com ele — é um fato extraordinário que não devemos esquecer na linha sem curvas ou desvios da conduta desse homem durante toda a sua vida. Ao acordar, sua primeira pergunta aos médicos é a seguinte: "Então, como foi? O Sarney tomou posse? Correu tudo bem?" Não perguntou se com ele as coisas haviam corrido bem. Perguntou se as coisas haviam corrido bem com o país.

Foi o dia mais angustiante de minha vida. Queria assumir junto com ele. Assumi contra minha vontade. Por imperativo jurídico e pela vontade dele, Tancredo, que disse ao sobrinho Francisco Dornelles antes de consentir com a cirurgia — aí então, já um pouco envolvido nos problemas jurídicos: "Mas tem que ser o Sarney, Dornelles."

Do hospital, o anúncio de sucesso, a euforia dos médicos, a alegria e esperança de todo o país. A informação de que ele vai assumir na semana seguinte. Mas a situação se agrava. Vem a segunda cirurgia, no dia 20 de março de 1985, que complica ainda mais o quadro. A preocupação com o país e o governo. A carta de aprovação e apoio que me enviou em 23 de março de 1985 é uma carta para mim e também para o país, com uma finalidade política extraordinária. Tancredo sabe que eu, vice-presidente, tinha dificuldades, grandes dificuldades naquele instante. Dentro e fora do partido. E ele então, no hospital, em meio às suas agruras, resolve me enviar uma carta, a qual é menos a mim, a meus dotes e a minha conduta, e mais pensando em consolidar, em legitimar o governo, em reforçar a transição, para que eu tivesse condições de conduzir o país naquele instante.

A imprensa toda publicou naqueles dias esta carta, que teve um efeito extraordinário na legitimação do poder que se instalava:

> "Caro Sarney,
>
> A Nação está registrando o exemplo de irrepreensível correção moral que o prezado amigo lhe transmite no exercício da Presidência da República.
>
> Na política, o exemplo é mais importante que o discurso. O discurso é efêmero pela sua própria natureza. O seu efeito termina com a leitura de sua divulgação por mais eloqüente e oportuno que seja ele. O exemplo, ao contrário, contribui para a construção ética da consciência do nosso povo que, na solidariedade que tem demonstrado, tem me dado forças para superar estes momentos."

E conclui com outras palavras de gentileza a meu respeito, que me dispenso de ler.

Mártir, como bem definem as religiões, é aquele que não resiste ao sofrimento, que não se revolta, que aceita o sacrifício pela sua fé. Essa é a definição de mártir. Tancredo, assim, é o nosso mártir político. Ele aceita morrer porque esse é seu destino, é a exigência de sua fé — e a sua fé era a democracia e a transição democrática.

Ele sabia o que custara chegar àquele instante. Se ele aceitasse hospitalizar-se dias antes, a transição não ocorreria. O problema institucional estava implantando. Por isso, no silêncio da sua dor, com as mãos frias que tantas vezes apertei, havia um sofrimento que ele não revelava, porque sua preocupação com o Brasil era maior.

Caminhou até o fim. E até o fim foi fiel ao povo brasileiro e à causa da transição democrática.

O legado de Tancredo está aí. Não devemos esquecer — e é esse o sentido de minhas palavras —, que os dias que vivemos hoje têm o legado de Tancredo, a genialidade de sua construção política. Seu projeto, ao qual permaneci fiel, frutificou. Os que falam da década perdida acham que a economia é maior do que a liberdade.

O Brasil chega ao fim do século com uma poderosa sociedade democrática e uma das maiores democracias de massa do mundo. Atravessamos o gargalo institucional.

Em 1900, tínhamos um país feudal, uma República sem povo. Era um país institucionalmente atrasado. Não existiam caminhos nem perspectivas de romper o subdesenvolvimento. O Brasil era formado de ilhas estanques. Cada uma com uma cultura própria. Com a interligação territorial, abandonamos o mar como instrumento de unidade. O país intercomunicou-se. O povo passou a ser um só, e esse confronto de diversidades despertou a chama da igualdade. Sempre fomos elitistas e autoritários. Quando o autoritarismo não estava na lei, estava nos homens.

Com a vitória de Tancredo Neves, o Brasil muda. Legalizam-se os partidos ideológicos. As centrais sindicais são legitimadas. Acabam-se as leis autoritárias.

A Constituinte é convocada. Os direitos sociais avançam. E o povo passa a existir.

Nasce um movimento sindical legítimo, com sindicatos livres. A Igreja desagregou o padroado das elites, buscando uma ponte política com os pobres. São importantes as conseqüências das idéias que ele pregou.

A partir de 1985, nossa sociedade encontrou um dinamismo efervescente, profundo, refletido pela liberdade que tomou formas de expansão e exercício. Foi tão rápido que tivemos Luís Inácio da Silva, um operário, metalúrgico, emigrante das secas, candidato a presidente da República, que chega ao segundo turno e quase chega à Presidência da República. Mostra a ruptura do processo de domínio das elites e a mobilidade social.

Chegamos ao fim do século com a conquista de uma exemplar sociedade democrática e uma democracia de massas. Essa é a chave do futuro com a qual podemos superar os problemas sociais, que são graves, e as desigualdades e atrasos, que não podem mais ter efeito paralisante. A sociedade moveu-se, move-se, e mover-se-á.

Não se criaram só instituições democráticas. Floresceu no Brasil uma sociedade democrática. Esse é um ponto de reflexão. Não restauramos somente instituições democráticas. A sociedade democrática passou a existir no Brasil, e isso foi obra do gênio da articulação política, Tancredo Neves.

O Brasil não passa apenas a ter o estado de direito, mas um estado social de direito. O consumidor, a cidadania, a opinião pública passam a existir, opinam, decidem.

Lembro apenas pequenos e importantes pontos nesse caminho: vale-transporte, vale-alimentação, seguro-desemprego, impenhorabilidade da casa própria, salário móvel, extensão da Previdência Social aos trabalhadores do campo, universalidade da saúde, direitos e conquistas sociais. O desemprego foi o mais baixo da história do Brasil.

O desemprego liquida toda a força de expansão do movimento trabalhador. Seu poder de participar das decisões, com desemprego, é nulo. Com ele não há transformações políticas importantes, e todas as decisões ficam com o capital. Não é por acaso que a maior liberdade no país corresponde à menor taxa de desemprego já existente na história do Brasil.

Foram aqueles tempos de liberdade, quando a liberdade se abria para o país.

Muitas batalhas foram perdidas, como a luta contra a inflação, mas não fomos à recessão. O Brasil cresceu 25%, e a renda, 12%, vindo de uma queda de 13%. Seguindo o exemplo de Tancredo Neves, tive a oportunidade de afirmar:

> "Cercados, ilhados, enfrentamos o boicote da comunidade financeira internacional e a suspensão de investimentos. Mas a resistimos. Não entregamos um milímetro da soberania e dos interesses nacionais como contrapartida para qualquer negociação. Não cedi, não concedi."

São palavras minhas ao deixar a Presidência da República.

O projeto de Tancredo Neves inspirava-me, protegia-me, conduzia-me, com a noção da responsabilidade que eu tinha de administrar o seu legado político.

Governar é difícil. O suicídio, a deposição, a renúncia, o *impeachment* rondam os que governam este país. É preciso ter a invocação de Tancredo Neves para resistir e administrar.

O Brasil saiu tão forte que atravessou as dificuldades quase intransponíveis que surgiram depois.

Lanço os olhos no tempo. Recordo aquele 15 de março de 1985. Com a doença e depois a morte de Tancredo Neves, coube-me dirigir a nação no seu período mais difícil, porque cheio de cobranças políticas, as mais altas de toda a nossa História.

Somavam-se esperanças e dificuldades. As liberdades, até então represadas, explodiam em reivindicações e gestos muitas vezes de intolerância. A ânsia de mudanças atropelava os fatos. Tive a tarefa gigantesca e quase impossível de administrar e dar equilíbrio a uma aliança de forças heterogêneas, que fora construída em precária engenharia política, para possibilitar a travessia do regime autoritário para o pleno estado de direito, com a presença de Tancredo Neves no comando desse processo. Sua ausência fazia falta.

Há um tempo de semear e outro de colher. É possível que o tempo de colher seja mais glorioso. Mas é o tempo de semear que determina o que se vai colher. Num período de múltiplas transições internas e externas que vivemos, coube-me plantar em nome de Tancredo e poucas vezes colher, no exemplo de Tancredo.

Plantei, seguindo o exemplo da paciência política, essencial à convivência democrática.

Semeei o exemplo de respeitar a liberdade de imprensa, do rádio e da televisão até o extremo, porque entendo que a prática da liberdade corrige os excessos.

Mas Tancredo era e é a nossa inspiração. Nada fiz sem pensar no que ele faria. Substituí-lo era tarefa maior do que eu mesmo.

Tancredo Neves, como diz o senador Antônio Carlos Magalhães, "até hoje faz muito falta". Pedro Simon fala "que ele se imolou pelo país, como mártir". Afonso Arinos reduziu em uma frase o que se podia dizer sobre Tancredo, o que todos gostaríamos de dizer: "Há homens que dão a vida pelo país. Tancredo deu muito mais que a vida, deu a morte."

Quinze anos se passaram. Passarão, sem dúvida alguma, séculos, mas sua memória está na pedra eterna da nossa nacionalidade.

Muito obrigado. (Palmas)

O senhor Eduardo Suplicy (Bloco/PT – SP)

— Senhor presidente, peço a palavra pela ordem.

O senhor presidente (Antônio Carlos Magalhães)

— Concedo a palavra a Vossa Excelência.

O senhor Eduardo Suplicy (Bloco/PT – SP. Pela ordem. Sem revisão do orador.)

— Cumprimento o senador José Sarney pela extraordinária peça e pela lição de História que deu a todos nós. Muito obrigado.

O senhor José Sarney (PMDB – AP)

— Muito obrigado.

O senhor presidente (Antônio Carlos Magalhães)

— A mesa do Senado faz suas as palavras do presidente José Sarney, numa homenagem a essa grande figura que foi Tancredo Neves, imortalizado na História do país pelo seu trabalho, pelo seu êxito na vida pública, mas sobretudo pela sua paciência em saber gerir a administração e os conflitos políticos. Daí por que a palavra autorizada do presidente José Sarney, que o substituiu numa hora de grande dificuldade para a nação e que soube honrar a memória de Tancredo Neves, como hoje todos estamos honrando com suas palavras, nessa homenagem que não é apenas do Senado, mas de todo o Brasil. (Palmas)

(O orador é cumprimentado.)

Cartas:
Três Momentos da História

Reprodução de três cartas, cujos autores (Jânio Quadros, Juscelino Kubitschek e Tancredo Neves) falam pela mão da História e depõem sobre qualidades pessoais de José Sarney: a competência política, segundo Jânio, a coragem moral, segundo Juscelino e a lealdade, segundo Tancredo.

(Fotos das cartas retiradas do arquivo pessoal do presidente José Sarney.)

Comitê Central JANIO QUADROS

Av. Brigadeiro Luiz Antonio, 1486
Fone 37-5100 — São Paulo

São Paulo, em 18 de julho de 1962.

Meu caro Sarney

Parabens pelo sucesso de sua campanha. É do interesse do Maranhão e dos que desejam uma vigorosa presença do seu Estado no debate dos grandes temas nacionais, a sua reeleição a Camara dos Deputados.

O meu testemunho de candidato, amigo e Presidente, é o da sua dedicação, lealdade, honestidade, alto espirito público e profundo amor ao Maranhão.

Nos meses do meu govêrno nunca recebi de sua parte sinão a mais desinteressada colaboração e sempre nos contactos que mantivemos estavam presentes os problemas do seu Estado, sem preocupações politicas de natureza subalterna. A essa colaboração estão ligadas as providências então adotadas sôbre o Pôrto do Itaqui, BR.22 e 21, Plano de Colonização da Sudene, financiamento e prêços mínimos do arroz maranhense, expansão creditícia, apoio à luta de emancipação dos lavradores, plano de cabotagem com a doação de navios ao Maranhão, equipamento do pôrto, além dos magnos problemas nacionais que eram assuntos de sua preocupação e interesse constantes.

Entre poucos amigos que encontrei, depois que deixei o poder, assinalo a sua bravura parlamentar em minha defesa e dos ideiais que nos fizeram amigos.

Espero poder ir ao Maranhão, se assim permitirem as minhas obrigações com a candidatura a Governador de São Paulo, para ajudar-lhe e pedir àqueles que em nós confiam, a sua permanência no parlamento que será a presença de uma das melhores figuras dos novos politicos brasileiros que desejam uma patria mais humana.

Um grande abraço do

JÂNIO QUADROS

Rio de Janeiro, 4 de março de 1970.

Meu caro Governador José Sarney,

Ao chegar ao Maranhão no dia 12 de dezembro de 1968, tive uma das mais agradáveis surprêsas que um homem público no Brasil pode receber. Encontrei o Estado entregue a um governador jóvem, inteligente, corajoso, digno e que realizava uma obra indispensável ao seu progresso e desenvolvimento.

Conhecia-o muito de nome, já o havia encontrado, porém, só depois de nossa conversa em São Luiz é que dimensionei bem o valor e a capacidade do jóvem governador.

Aquêle discurso pronunciado no jantar do Club, realizado em minha homenagem, deixou-me muito sensibilizado e, ao mesmo tempo, preocupado. Temí, sinceramente, pelas consequências de suas palavras generosas a meu respeito, porém, graves e corajosas no tocante às afirmações que fazia.

Voltei para o sul convencido de que na fileira das boas figuras do país, o governador do Maranhão se colocava, incontestavelmente, em primeiro lugar.

Acabo de receber, agora, o "Norte das Águas" e lhe confesso o outro grande prazer que você me proporcionou.

O livro é uma coleção de contos admiráveis e a linguagem que emprega, os motivos que escolheu, são autênticas fotografias dêsse pobre interior do Brasil que você, num relâmpago de gênio, retratou.

Lí-o de um só fôlego. Não conseguí me deter no meio da leitura e, quando virei a última página, tive um grande pesar de que êle ainda não prosseguisse por muitos e muitos capítulos.

Achei justo o que Josué Montelo fêz, comparando-o a Afonso Arinos, o velho, aquêle que, também, bateu tôdas as estradas do sertão mineiro e as reproduziu, depois, em admiráveis páginas que constituem orgulho para a literatura mineira e brasileira. Embora sejam diferentes os cenários em que trabalharam, ambos recolheram com uma fidelidade fascinante, os instantes que fixam e guardam para a posteridade, os hábitos de um povo.

\- 2 -

Queira aceitar, meu caro governador, as palavras do meu sincero e caloroso entusiasmo pelo seu livro, com os votos que formulo para que prossiga com o mesmo brilho nos dois difíceis caminhos que escolheu: A política e a literatura.

O abraço do amigo e admirador,

Juscelino Kubitschek de Oliveira

Av. Copacabana, 1072 C/01
Copacabana - GB

Tancredo Neves

Brasília, 23 de março de 1985

Caro Sarney,

A Nação está registrando o exemplo de irrepreensível correção moral que o prezado amigo lhe transmite no exercício da Presidência da República.

Na política, o exemplo é mais importante que o discurso. O discurso é efemero pela sua própria natureza, o seu efeito termina com a leitura de sua divulgação por mais eloquente e oportuno que seja ele. O exemplo, ao contrário, contribui para a construção ética da consciência do nosso povo que, na solidariedade que tem demonstrado, tem me dado forças para superar estes momentos.

O seu exemplo, Presidente Sarney, ficará memorável em nossa história.

Um cordial abraço para Marly

Tancredo Neves

Comparativos dos Indicadores Socioeconômicos no Período de 1985 a 2000

Taxa de Desemprego - Brasil (média)

% P.E.A.

Periodo	Média Anual % P.E.A.	Dezembro % P.E.A.	
1985	5,25	3,15	
1986	3,41	2,16	
1987	3,73	2,86	
1988	3,85	2,92	
1989	3,35	2,36	
Média (1985/1989)	**3,92**	**2,69**	**José Sarney**
1990	4,28	3,93	
1991	4,83	4,15	
1992	5,76	4,50	
1993	5,31	4,39	
1994	5,06	3,42	
Média (1990/1994)	**5,05**	**4,08**	**Collor/Itamar**
1995	4,64	4,44	
1996	5,42	3,28	
1997	5,66	4,84	
1998	7,60	6,32	
1999	7,64	7,30	
2000	7,36	6,80	
Média (1995/2000)	**6,39**	**5,59**	**F.H.C.**

- Elaboração: DIEESE/Sistema SERVE
- Fontes Secundárias: Análise de Conjuntura - SEADE Boletim Conjuntural - IPEA; Cenários BBT; Relatório Anual BACEN

Transações Correntes - Saldo
Período: 1984/2000

Período	Transações Correntes - Saldo US$ Milhões	Governo
1984	45	
1989	1.033	José Sarney
1994	(1.689)	Collor/Itamar
2000	(24.800)	F.H.C.

Fontes: Revista *Conjuntura Econômica* - FGV e *Gazeta Mercantil.*

Setor Externo: Balança Comercial e Balanço dos Serviços
US$ Bilhões Período: 1985/2000

Período	Saldo da Balança Comercial no Período: (A)	Saldo no Balanço dos Serviços no Período: (B)	Déficit no Período: (A -B)
1985-1989 (5 anos)	(67,26)	(69,68)	(2,42)
1990-1994 (5 anos)	(60,35)	(70,58)	(10,23)
1995-2000 (6 anos)	(25,64)	(146,61)	(120,97)

Setor Externo: Balanço dos Serviços

Período: 1985/2000

Período	Saldo Acumulado do Período US$ Bilhões	Governo
1985 - 1989 (5 anos)	**(69,68)**	José Sarney
1990 - 1994 (5 anos)	**(70,58)**	Collor/Itamar
1995 - 2000 (6 anos)	**(146,61)**	F.H.C.

Fluxo de Comércio Exterior

US$ Bilhões Período: 1985/2000

Período	Exportações % P.I.B. do Período	Importações % P.I.B. do Período	Comércio Exterior % P.I.B. do Período	Governo
1985-1989 (5 anos)	9,69	5,11	14,80	José Sarney
1990-1994 (5 anos)	8,10	5,39	13,49	Collor e Itamar
1995-2000 (6 anos)	7,16	7,77	14,93	F.H.C.

Obs: O fluxo total mostra que não se verificou maior abertura econômica, mas, sim, desorganização.

- PIB: Convertido pela taxa média de câmbio (anual)
- Comércio Exterior: US$ FOB
- Fonte: Revista *Conjuntura Econômica* - FGV.

Balança Comercial Brasileira

Período: 1985/2000

Período	**Exportações** US$ Bilhões	**Importações** US$ Bilhões	**Saldo: Superávit ou (Déficit)** US$ Bilhões	**Saldo Médio Anual** US$ Bilhões/Ano
1985-1989 (5 anos)	**142,38**	**75,12**	**Gov. José Sarney 67,26**	**13,45**
1990-1994 (5 anos)	**180,94**	**120,59**	**Gov. Collor/Itamar 60,35**	**12,07**
1995-2000 (6 anos)	**301,45**	**327,09**	**Gov. F.H.C. (25,64)**	**(4,27)**

- Fontes: BACEN, SECEX e Revista *Conjuntura Econômica* - FGV.

Produto Interno Bruto - Per Capita

Período: 1985 - 2000

Período	**P.I.B. - Brasil** US$ Bilhões	**População Brasileira** 10^6 Habitantes	**P.I.B. Per Capita** US$/hab/ano	**Crescimento P.I.B. Per Capita Percentual**
1985	**210,84**	**131,64**	**1.601,64**	
1989	**411,74**	**141,71**	**2.905,51**	Governo Sarney (5 anos) **81,41%**
1994	**543,09**	**153,14**	**3.546,36**	Governo Collor/Itamar (5 anos) **22,06%**
2000	**594,17**	**169,54**	**3.504,60**	Governo F.H.C. (6anos) **(1,18%)**

PIB: Taxa Média de Câmbio;
- Fonte: Revista Conjuntura Econômica - FGV.

Produto Nacional Bruto - Brasil

Período: 1985 - 2000

Período	P.N.B. (taxa média de Câmbio) US$ Bilhões	Crescimento percentual do P.N.B. no período
1985	198,97	
1989	398,07	Governo Sarney (5 anos) **100,06%**
1994	534,02	Governo: Collor/Itamar (5 anos) **34,15%**
2000 (estimado)	580	Governo F.H.C. (6 anos) **8,61%**

- Calculado pela taxa média do Câmbio.
- Fonte: Revista Conjuntura Econômica - FGV.

Produto Interno Bruto - Brasil

Período: 1985 - 2000

Período	P.I.B. (taxa média de Câmbio) US$ Bilhões	Crescimento Percentual do P.I.B. no período
1985	210,84	
1989	411,74	Governo Sarney (5 anos) 95,28%
1994	543,09	Governo Collor/Itamar (5 anos) 31,90%
2000 (estimado)	594,17	Governo F.H.C. (6 anos) 9,4%

- Calculado pela taxa média do Câmbio.
- Fonte: Revista Conjuntura Econômica - FGV.

Impressão e acabamento:

IPIRANGA
EDITORA GRÁFICA IPIRANGA
SIG - QUADRA 8 - LOTE 2095 - BRASÍLIA - DF - 70610-400
TEL.: (61) 344-2266 / Fax (61) 344-1077
e-mail: ipiranga@apis.com.br